幕末の長州藩

―西洋兵学と近代化―

郡司 健

鳥影社

幕末の長州藩　西洋兵学と近代化

目次

第三章　ペリー来航と長州藩
――嘉永末期の西洋兵学受容――

第四章　安政期の近代化活動と長崎伝習
――洋式帆船・反射炉・長崎伝習・兵制改革――

第五章　万延・文久期の近代化努力と攘夷戦争

第六章　元治元年の下関戦争

――欧米連合艦隊の来襲――

第七章　元治・慶応期長州藩の近代化
——内訌・幕長戦争を中心として——

幕末の長州藩　西洋兵学と近代化

第一章　幕末への移行と長州藩

――長州藩神器陣と西洋兵学の導入――

はじめに

嘉永六年（一八五三）にペリーが来航し、これ以後（「癸丑《きちゅう》以来」）をもって幕末とするのが一般的であろう。ペリー来航後、以前にも増して徳川社会は著しく変化し、西洋兵学や大砲技術の導入が一層注目されるようになったからである。とはいえ、西洋の兵学・大砲技術は　むしろそれ以前からすでに幕府や諸藩にとって重大な関心事であり、その導入に多大の関心が払われてきた。その最大の出来事は天保一二年（一八四一）における高島秋帆の徳丸原での西洋銃陣の操練であろう。これは前年に中国で勃発したアヘン戦争にみられる西洋列強の侵略に対する危機感に由来するものでもあった。さらにさかのぼれば、天保八年（一八三七）の大塩平八郎の乱からを幕末とするという説もある。大塩事件は、大坂（大阪）だけでなく、江戸幕府を揺るがしかねない大事件であり、これを契機として、幕末にいたる諸事象が発生したとみてよいであろう。

Ⅰ　天保期の徳川社会

一　大塩平八郎の乱、モリソン号事件、蛮社の獄

天保八年（一八三七）一月韮山代官江川太郎左衛門英龍は幡崎鼎《はたざきかなえ》の教示により海防（伊豆国防禦策「伊豆国御備場之儀ニ付存付申上候書付」）と世界情勢（「不容易儀承候ニ付申上候書付」）とについて幕府に建議

した。二月大塩平八郎の乱が起こった。大塩の乱は、大坂の民衆が蜂起し、しかも島原の乱後はじめて銃砲が争乱に使用された事件でもあった。

大塩事件は、大坂町奉行所だけでなく幕府を揺るがしかねないものであった。この時、大塩平八郎が幕閣・要人等に宛てた建議書には幕府関係者の不祥事も含まれていた。この書類は、江戸への飛脚が運ぶ途中、韮山代官の江川英龍によって押さえられ、その影響は未然に防がれた。それとともに江川英龍の声望は高まった。[1]

三月に江川英龍は、大塩事件の実情調査のため江川家家臣で神道無念流・練兵館主の斎藤弥九郎を大坂に派遣した。四月幡崎鼎が長崎で捕縛される。九月江川英龍は渡辺崋山と初めて対面し、以後崋山を中心とする蘭学・儒者の集まり（尚歯《しょうし》会）にも関与する。このなかには、高野長英はじめ川路聖謨《としあきら》、旗本寄合席松平内記、西丸小姓組でのち江川とともに高島流を相伝される下曾根金三郎信敦、安積艮斎《ごんさい》、鈴木春山、村上定平等の名が見える。[2]

同年六月モリソン号が日本人漂流民を連れて浦賀港に接近した時、浦賀奉行与力見習の中島三郎助は久里浜に接近したモリソン号に小舟から砲撃し、褒賞された。天保九年（一八三八）このモリソン号打ち払いに対して尚歯会は、海防の危機に警鐘を鳴らすとともに、異国船打ち払いに反対する文書を流布した。

天保一〇年（一八三九）五月には鳥居耀蔵《ようぞう》（忠耀《ただあき》）により尚歯会への厳しい弾圧がはじまり、渡辺崋山と高野長英とが捕縛された（蛮社の獄）。老中水野忠邦政権下において保守派鳥居耀蔵等と改革派江川英龍等との対立は一層深まった。

尚歯会のメンバーの中でも江川英龍や下曾根信敦は、西洋兵学とくに高島流（西洋流）砲術に強い関心を示した。高野長英はその後の長い逃亡生活の中で歩兵・騎兵・砲兵という西洋式軍隊の戦術（Taktiek、タクティーク）に関する『三兵答古知幾《たくちいき》』（弘化四年頃）や『礮（砲）家必読』（嘉永元年頃）等の重要な西洋兵学書（蘭学書）の翻訳書を残した[3]。これらは後に幕府・諸藩の西洋銃陣等の西洋兵学の導入による兵制改革、軍事組織の近代化に貢献することとなる。

二　アヘン戦争と徳丸原操練

さらに天保一一年（一八四〇）七月に英国東洋艦隊が清の舟山島を占領したことから勃発した、アヘン戦争は、欧米列強による日本侵略への危機感を大いに高めた。

アヘン戦争によるわが国の海防の危機に対し、長崎の西洋流砲術家高島秋帆は西洋式兵備・銃陣を採用すべきであることを幕府に上書した。その翌年には、高島秋帆等は徳丸原で西洋銃陣による操練を行い、西洋兵学への関心は、大いに高まった。これを背後から推進したのは先の江川英龍であり、さらには蘭学者たちの集まった尚歯会のメンバーであった。これに対し、保守派の鳥居耀蔵等はこれを阻止し幕府の従来の体制を維持しようとした[4]。

このような流れの中において、萩藩もまた西洋兵学を中心とする近代化を指向するようになる。萩藩は、早くから海防のために銃砲を中心とする陣立てを他藩に先駆けて展開し、これを「神器陣」と名付け、毎年大々的に演習を行っていた。しかし、それは和流砲術を中心とするものであった。徳丸原の操練以降、萩藩もまた秋帆の高島流を取り入れて、西洋銃陣の採用により、軍制の近代化を図ろうとした。

Ⅱ　萩藩の藩政改革と銃陣「神器陣」の形成　——天保八年までの状況——

一　和流砲術天山流（荻野流増補新術）と銃陣形成

一般に江戸期における砲術といえば鉄砲あるいは砲術家が抱えて打つ「抱えの大筒」（大型の鉄砲）の技（命中率・精度）を競うことが中心であった。他方、抱えの大筒以上に大きな大型大砲は、仏郎機（フランキー）あるいは石火矢と呼ばれ、関ヶ原・大坂の役まで使用されたが、江戸時代には島原の乱で使用されて以来、泰平の世にはほとんど注目されることはなかった。

江戸初期から九州・長門の沿岸地区へは唐船と呼ばれる異国船（唐船）が頻繁に侵入した。これに対して、幕府はこれを打ち払うよう西南諸藩に命じたが、とくに将軍吉宗の時代には、荻生徂徠らの献策もあって唐船打ち払いとともに大砲等火器を中核とする陣法についても多くの関心が払われた。萩藩では、各種砲術流派の抱えの大筒だけでなく、石火矢等の大型大砲が打ち払いに用いられ、その功績・技能に応じて大筒役として任用された(5)。

大筒立打ち（筆者模写、以下同じ）

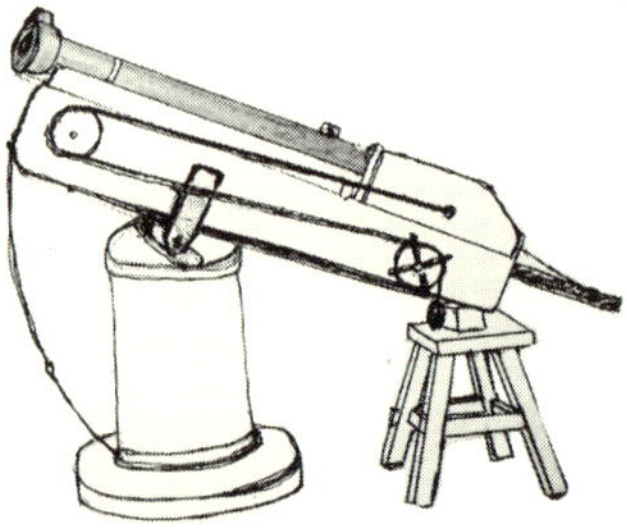

周発台模型

一八世紀末にはロシアやイギリスの艦船が日本近海に出現す

るようになった。それとともに西洋列強による異国船の侵入にそなえて、これに対抗しうる銃陣の編成と大型大砲の鋳造に関心が高まった。これを砲術についてみれば、従来の（抱え）大筒の技を競うだけではなく、より大型の大砲（台場砲・要塞砲）をふくむ銃陣の形成へ関心が移っていった。

このようなか高遠藩の荻野流砲術師範坂本（阪本）孫八俊豈《としやす》は、二百目玉から五百目玉くらいの大筒をその発射時の反動を吸収しうる砲筐に納め、これを上下左右自由に回転できる方円形の砲座に搭載することを考案し、これを「周発台」と名付けた。これを用いれば、抱え打ちのできる腕力を持たなくとも、大筒の射撃が自由にできるようになり、暴発の危険も回避できるようになった。彼は自己の砲術を「荻野流増補新術」と称したが、諸藩・諸方面からは彼の号「天山」をとって天山流と称され、大いに注目されるようになった。彼は、寛政九年（一七九七）以降近畿一円を遊歴し、寛政一二年には長崎を目指し大坂を発ち、途中周防三田尻から萩に立ち寄り、三田尻ではとくに村上（毛利）水軍に天山流砲術の指導を行っている[6]。

その後、大塩事件の時は、坂本孫八の末子で大坂の荻野流宗家坂本本家を継いだ坂本鉉之助が活躍し、乱の鎮圧に功があった。荻野流と天山流とは和流大砲術の中でも当時最も合理的な砲術として認められ、諸藩に広く受け入れられた。萩藩でも天山流は、他藩に先駆けて展開した銃陣「神器陣」にも採用された。

二　積極財政政策への転換と撫育制度

（一）撫育制度の創設

萩藩では一八世紀後半から撫育《ぶいく》局を中核とする積極的な財政改革に着手し、これからさらに産業振興・兵制・教育改革等の藩政改革へ拡張していった。第七代藩主である英霊公つまり毛利重就《しげたか》は、宝暦一一年（一七六一）には貞享三年（一六八六）の検地以来七五年ぶりに検地を実施した。その結果四万一〇〇〇石増加し実高七〇万九〇〇〇石となった。

宝暦一三年（一七六三）五月には、先の検地によって得られた収入を本部の一般会計（本勘定）に組み入れず、特別の用途に使用するために特別会計（特別財政）として扱うこととした。そして、これを管轄する藩公直轄（スタッフ）部門として、撫育方あるいは撫育局とよばれる新たな組織を創設した[7]。

撫育方の基本目標は危機に対する準備すなわち危機管理であり、藩公決済による士民の救済・廃儀再興教育・幕命による手伝普請（河川・城郭改修）のような、緊要緊急の支出に備えることであった。

他方で、この撫育方は、新田開発・開作地の購入・産業開発（長州の四白―米・紙・塩・蠟《ろう》―のうち塩・蠟の直営化）・西回り海運、北前交易の活用・米の売り捌きのための港湾整備、越荷方貸銀所の設置による商業金融倉庫業の推進・御用商人の育成等の事業を通じての財政（撫育金）の充実・強化を図っていった。この撫育金は、後に洋学を中心とする優秀な人材の抜擢、教育政策、兵制政策等各種の藩政改革の推進のために運用されるようになる。

（二）寛政・文化・文政期の財政施策

一七〇〇年代末には藩主の度重なる逝去と家督相続の経費、江戸大火による藩邸焼失とその復旧・風水害の救恤《きゅうじゅつ》、日光手伝普請等の支弁により、一般会計が窮乏し藩士が疲弊した。このため寛政一二年（一八〇〇）には撫育方の貯蔵銀（宝蔵銀）五三二〇貫目全額を本勘（一般会計）に流用した。これにより撫育方は最大の困難に陥った。しかし、宝蔵銀は撫育方の財産の一部に過ぎず、藩内一〇箇所の用心米の貯蔵や撫育方名目の囲米、開作地の財産は残っていた。文化五年（一八〇八）の段階では撫育金（銀貨）の支出は大砲鋳造費の一二九貫目、萩諸川の浚渫費の三〇〇貫目のみにとどまり、他方で本勘も安定した。

なお、文化五年（一八〇八）に萩藩は三貫目玉大砲一門、二貫目玉砲三門、一貫六百目玉砲一門、一貫三百目玉砲一門、一貫目玉砲二門、六百目玉筒二門、五百目玉筒四門、三百目玉筒八門、百目玉筒八門（内二門銑鉄製）、五十目玉・三十目玉筒各一門、等を鋳造しており、これに大砲鋳造費の一二九貫があてられたとみられる。

しかし、文化六年（一八〇九）以降、藩公逝去・跡目継承や江戸藩邸の経費増大・参勤交代の負担増もあって本勘は再び不振となり、倹約令を発し士卒からの正規の貢租以外に特別に徴収する馳走米（藩への返上米）を増額するなどの方策が講じられた。文化七年には村田清風が密用方に任命され、文化一四年（一八一七）には神器陣操練が行われた。密用方は、安永三年（一七七四）七月七代藩公重就の時に創設され、当初は修史事業・記録編纂・文書調査が主であったが、情報収集に長じ、とくに海防・軍備（武備）問題にもかなり深くかかわっていた。このことが後の神器陣の創設へ繋がったとみられる。

文政二年（一八一九）以降、桜田藩邸の類焼・藩公の任官・世子結婚等の出費もあり、倹約令を発し、士卒・庶民からの馳走米という藩への返上米を増額しても、財政は逼迫し、大坂および国元の借金も増え続け、多年累積した藩債もいっこうに減少しない有様であった[8]。

三　村田清風と神器陣

（一）神器陣の精神

文化年間（一八〇三～）にはロシアやイギリスの軍艦が日本沿岸に出没するようになり、諸藩もようやく兵制を一新する必要性を認識するようになった。長州藩（萩藩）では、文化九年（一八一二）頃から、海外からの侵略に備えるために、水軍の演習と銃砲を積極的に取り入れた戦陣の研究と演習を行うようになった。

このような兵制改革の一環として、重臣村田清風を中心に大筒・鉄砲を中心とする新たな銃陣を考案し、文化一四年（一八一七）にこの銃陣中心の陣容による大がかりな操練を行うこととなった。この銃陣は他藩に先駆けて考案されたものであり、明の趙士禎の兵法書「神器譜」に因んで「神器陣」と名付けた。神器陣を長州藩のお家流と定め、毎年一回必ず操練を行うものとした。

村田清風は神器陣の編制について、台車（砲車）に搭載した大筒を中心とし、左右両翼に一〇匁筒（鉄砲）三、四〇挺を備え、刀槍の数隊をその後に配置する。大筒小筒を交々乱射して敵兵の動揺するところを機として刀槍の諸隊が硝煙もうもうとなった間から突然出現して敵兵を撃つものであり、いかなる強敵も必ず敗走するにちがいない、というものである(9)。

この表現の背景には次のような事情がある。古来、武士にとって戦とは弓馬刀槍が主であり、「飛び道具」である銃を執って隊をなすことは必ずしも本意ではない。そのような藩士からの反発を考慮に入れて、この度は銃陣を導入するが、それはあくまでも緒戦のいわば攪乱戦法であり、その後の本戦における刀槍の諸隊の働きこそが大事である、という形でこの陣容を容認せしめようとしたとみてよいであろう。しかし、その本来の趣旨は、従来の鉄砲隊と弓馬刀槍を中心とする陣法ではとても実際の用に立たず、周発台等の大筒を中心とする銃陣を本格的に導入しこれへ移行しようとするものである。

(二) 天山流周発台と森重流砲車

神器陣の銃陣は、坂本天山の天山流（荻野流増補新術）と合武三島流（森重流）を中心とする。かつて天山坂本孫八が周防の三田尻にやってきて飯田七郎右衛門等はじめ毛利（村上）水軍を指導したことがあった。これにより飯田等は天山流の周発台を用いた砲術に熟練することになった。他方、合武三島流の森重曾門もまた水軍にあって、村田清風等とともに新陣法について考究していた。

坂本天山の考案した周発台は、回転するように作られた円筒形の砲座の上に砲筐付きの大筒を搭載する。これにより、左右一八〇度回転できるだけでなく、上下にも動かすことができるように工夫されている。これに対し、森重曾門の用いた家伝の独輪車は、一本の巨木丸太を車輪とし、上に平台の砲架をおいた極めて簡素な砲車であり、その移動も特に砂地では困難を極め、その効力も天山流・周発台にはるかに及ばなかった。しかし、その後、曾門は飯田等とともにいろいろ工夫し、天山流の長所を取り入れつつ車輪に改善を加えて、独自の砲車を開発し、犇雷車《ほんらいしゃ》と名付けた(10)。

四　神器陣の操練

習練もすでに熟したので、前述のように文化一四年二月二六日を以て神器陣第一次操練を萩城下菊ヶ浜において行った。その陣立ては先頭に第一斥候、次に第二斥候をおき、次に左右両備え、次に本陣、そして殿《しんがり》の六隊に分け、歩騎合計一三〇人の将士とこれに従卒・旗手・小筒台持足軽、輓夫《ばんぷ》等を含む約三〇〇人がこれに参加した。

各隊が行進し勢揃いした後に、まず、第一斥候（戦士二〇余人皆騎馬小筒携帯）が菊ヶ浜に至り、沖の仮設敵艦の位置を探知し吹螺《ほらがい》の伝令に応じて操練開始の木砲を放つ。次に第二斥候（戦士三〇余人皆騎馬小筒携帯）もまた菊ヶ浜に入り地理を視察し水際近くの位置を定めて左右両備えの犇雷車をそれぞれ配置し、その両翼の中間に周発台を置き五百目玉の大砲を台上に設置する。この間に殿の一隊は左方に出て第二斥候の左に集合する。総隊長の森重曾門は周発台の後方に移って周発台と犇雷車の発射準備を確認し、しばらくしてから戦闘開始の合図に小筒二発を放つ。続いて左右の犇雷車がまず発射し、ついで周発台で急射撃を行う。この日の各砲発射の弾丸は八発に限って砲撃し、終了後右方の隊から後方に退き適宜の地に集合する。これらの犇雷車が後方に退いた段階で遠戦の操練が終わる。

次は敵兵がすでに海浜にせまるという接戦を想定して左右の銃隊（鉄砲隊）が二人一組となって水際に突進し交々小筒を乱射する。各兵五発を発射し終えたら、軍貝《ほらがい》・木砲をもって終局の音譜を奏した後、戦士は皆整列し、陣笠を脱いで藩公に拝礼し操練を終えた。

このように神器陣の第一次操練では、菊ヶ浜沖の擬装の敵艦に向かって五百目玉筒を搭載した周発台と、三百目玉筒一挺および二百目玉筒二挺を搭載した犇雷車三両がそれぞれ左右に配置された。この神器陣は、藩のお家流とされ、以後毎年一回必ず操練を城下において行うようになった。しかし、その間には伝統的な武術や階級に応じた陣備えを第一と考える明倫館派と近代銃陣を重視する神器陣派との間で軋轢を生じるなど停滞することもあったが、創設以来逐次改良が加えられていった。(11)

五　天保期前半の状況

天保二年（一八三一）には農民一揆が多発し、直後に村田清風が江戸用談役の表番頭格に任じられた。天保三年（一八三二）には借金総額は八万貫目を超えた。村田清風等はこれを「八万貫目の大敵」と呼び、負債の解消を含む財政改革は重大な課題となった。

天保七年（一八三六）には藩公が二代相次いで亡くなり、夏には未曾有の大洪水に見舞われ、その復旧と被災者救済に巨額の費用（二二万八八〇〇両）を要した。

天保八年（一八三七）には前年の洪水によって凶作・飢饉となり、時あたかも大塩平八郎の変事もあり三月には各地で百姓一揆が多発した。四月毛利敬親《たかちか》（当初は慶親、忠正公）が一八歳で家督を継いだ。(12)

Ⅲ　天保の改革と神器陣の維持発展

一　天保の改革

天保九年（一八三八）、藩は村田清風を中心に思い切った人材登用を開始し、藩政・財政改革と再建のための組織強化に着手した。いわゆる「天保の改革」（一八三八年～一八四四年）がこれである。

天保九年閏四月に敬親公は常例の輿に乗らず、菅笠に木綿の紋付き羽織で馬に乗って初の国入りを行い、改革の決意を藩内に強く示した。翌月から児玉資昌を仕組掛（財政改革の実務担当者）とし、村田清風・香川景長を補佐に任じ、財政改革に着手した。当時の藩債は総額九万二〇二六貫目となり、利息だけでも銀一万二一七五貫目を要した。[13]そこで、財政窮乏の実情を諸士に示して士民の協力のもとにさらに徹底した倹約と士民の馳走米の増額等により負債の整理に努めた。上下心を合わせての苦心と米価の騰貴（米一石が銀五〇匁であったのが、一石が銀約八三・五匁に上昇、米価約一・六七倍上昇）も手伝い、天保一三年（一八四二）には負債三万貫目を償却した。

翌天保一四年には公内借三七カ年皆済《かいさい》仕法を断行して、藩からの借入はすべて三七年賦とし、年三％の利息支払いをもって三七年後に元利完済とした。私債もまた藩が肩代わりし年二％の利息を支払えば三七年後に元利完済とした。しかし、村田清風のこの改革は藩と家臣団に貸し付けていた商人達の大きな反感を買った。[14]

二　神器陣の充実発展

神器陣も一時停滞したが、天保一一年（一八四〇）に藩は村田清風に神器陣用掛兼務を命じ、天保一三年一月には密用方山田亦介・蔵元両人役木原通貫・遠近方内藤貞正を準備掛として神器陣の拡充・準備にあたらせた。

天保一四年（一八四三）四月一日には、萩近郊の羽賀台に藩兵三万五〇〇〇人近くと馬一三三五頭を集結して神器陣の大規模演習が行われた。これにより、藩首脳は洋式演習の重要性を認識し、藩士はアヘン戦争のような異国船来襲の危機感をもち、異国船の来襲に備え軍事組織と兵器の近代化を強く認識するようになった。[15]

Ⅳ　西洋兵学の受容

一　西洋流砲術の導入

天保・弘化期には天保八年（一八三七）のモリソン号事件や天保一一年（一八四〇）のアヘン戦争とともに高島秋帆を中心とする西洋流（高島流）砲術への関心が西南諸藩においていち早く高まった。高島流はもともと天山流を基礎としており、和流砲術とくに荻野流・天山流砲術と親近性が高かった。とりわけ佐賀藩や薩摩藩は、高島秋帆を通じて西洋兵学・西洋技術の導入を図ろうとした。

高島秋帆は、アヘン戦争に危機感を抱き、幕府に対し西洋流砲術・大砲の導入を強く上書した。そして、高島秋帆等による徳丸原での西洋銃陣操練は幕府にも大きな衝撃を与えた。とくに江川英龍は、強大な破壊力を持つボンベン弾やガラナート玉（小ボンベン弾）とこれを発射しうる西洋式大砲に大いに関心を抱いた。

幕府では、高島秋帆の徳丸原操練に続き、高島流を相伝された江川英龍と下曾根信敦を中心に西洋兵学（西洋式大砲技術と西洋銃陣）が推進されていったが、鳥居耀蔵等保守派や和流砲術家を中心とする幕府鉄砲方

る西洋式大砲に強い関心を抱いた。長州藩もまた例外ではなかったが、その抵抗も大きかった。

幕府だけでなく長崎の警固にあたる佐賀藩や薩摩藩等の諸藩もまた、ボンベン弾やガラナート弾を発射する西洋式大砲に強い関心を抱いた。長州藩もまた例外ではなかったが、その抵抗も大きかった。

二　長州藩の砲術演習

（一）萩藩の砲術流派

天保一〇年（一八三九）三月砲術家三輪市郎左衛門、湯浅九郎次、郡司源太左衛門が相談して砲術実射を願い出て、小畑村狐島で砲術の実射を試みた。四月にも砲術実射を行った。藩主敬親公はこの両演習とも見学している。萩藩の砲術は、六派七家といわれ、荻野、天山、隆安、筒習、種子島（種ヶ島）、円極（圓極）の六派、山県、石川、湯浅、山崎、三輪、郡司、中村の七家が師範家（大筒師、大筒打）であった。時山弥八説（『もりのしげり』）に従えば、大筒師（七〇石以下八組士）として筒習流（山崎、石川、湯浅）、荻野流（湯浅、山崎）、天山流（山崎、石川、三輪）、隆安流（郡司、中村）、種ヶ島流（山崎）、圓極流（三輪）があげられている。この他にも、先の神器陣においてみてきたように、軍学の師家であった森重氏も砲術を教授し、飯田氏も天山流を研究していた。[17]七月にはアヘン戦争が勃発し、わが国における列強侵略・海防の危機が一層高まった。

（二）砲術演習　―野砲から陣地砲へ―

天保一一年（一八四〇）五月郡司源太左衛門等が各師家の中から選出した一〇人の射手による六百匁玉と三百匁玉の実射演習と源太左衛門・源之允親子による両玉の模範試射、さらに九人の射手による三百匁玉の一斉発射演習を、藩公の前で行った。その後も小畑村狐島で引き続き砲術演習が行われた。また、藩公は、文武奨励・兵制教育改革の一環として村田清風、赤川忠通、長屋春幸を神器陣練習掛とし、八月には壮年の者を神器陣に入学させ、藩公自ら小畑村狐島に行って巨砲の試発を試みるなど士気の鼓舞に努めた。同八月藩は地江戸仕組掛であった村田清風に神器陣用掛の兼務を命じた。清風は、神器陣が最近では衰退の一途をたどっており、異国船襲来の恐れのある現今、神器陣の充実発展を図ることが大切であるとした。そのための大演習の実施と人心一新の必要性を力説した。この清風の意見書にしたがって藩は来る神器陣大演習の実施に向けて具体的な準備に着手するようになった。[18] 後述する松本の鋳造所の郡司喜平治はこの頃より度々大筒鋳造を行うようになった。

天保一二年（一八四一）になると砲術演習にもこれまでのような野砲だけではなく、陣地から撃つ陣地砲の練習が加えられるようになった。異国船に対する台場備砲の操作が重視されるようになったからである。三月には源太左衛門が陣地砲の発射練習を願い出て優先的に許可された。五月には武州徳丸原で高島秋帆による西洋銃陣の操練がなされ、これもまたのちの神器陣大演習に大きく影響したとみられる。

三　徳丸原操練と高島流砲術の導入

（一）高島秋帆の徳丸原操練

天保一二年（一八四一）五月長崎御奉行所調役与力格高嶋四郎大夫（秋帆）が武州徳丸原で西洋銃陣の操練を行い、大きな衝撃をもたらした。その操練には、岩国吉川家の有坂淳蔵や周防（現在の光市）の医者出身の手塚律蔵（謙蔵）が参加していた。長州藩（萩藩）は藤井平左衛門と内藤左兵衛を派遣して見分させた。手塚はのちにヒューゲニン（U.Huguenin）の著書（『ロイク王立鉄製大砲鋳造所における鋳造法』、以下「鉄製大砲鋳造法」と略称）について翻訳することとなる[19]。

徳丸原操練（調練）に関しては、勝安房守（海舟）「陸軍歴史」（巻一）に（一）進行予定表（プログラム）と（二）実際の調練記録とが記録されているが[20]、これを大砲関係と鉄砲関係に分けて整理すれば以下のように示すことができる。

①大砲関係

（イ）モルチール（臼砲）―ボンベン（炸裂弾・爆母弾・榴弾）・ブランドコーゲル（焼打玉、焼夷弾）を八町（一町＝一〇九㍍強）先の標的に各三発・二発打込［高島秋帆・浅五郎親子］

（ロ）ホイッツル（忽《こつ》砲）―ガラナート（小型ボンベン、榴散弾・柘榴《ざくろ》弾）を八町先の標的に二発、ドロイフコーゲル（数玉、葡萄弾）を四町先の標的に一発打込［高島親子］

（ハ）野戦筒（三門各八人）［高島親子ほか、三門各八人計二四人］

②鉄砲関係

（イ）馬上筒往返［長崎地役人近藤雄蔵］

（ロ）ゲベール備打（銃隊訓練）［高島親子・門人九七人一斉射撃］（八匁筒に相当）

（ハ）槍付小筒打方（剣付ゲベール銃）［高島親子・門人九九人］

これから明らかなように、徳丸原操練では、カノン砲（加農砲）は用いられず、モルチール砲（臼砲）とホイッツル砲（忽砲、忽微砲）が用いられた。モルチールつまり臼砲では口径の大きなボンベン弾を用い、より口径の小さなガラナート弾はホイッツルによって約九〇〇メートル先の標的に打ち込まれた。野戦筒は、和流でいえば四百目玉・三百目玉・百目玉筒に相当する野戦砲が用いられた。

なお、馬上筒往返は、短筒三挺に火薬を込め一挺を腰につけ二挺を鞍袋に入れ、乗り出し駈けながら三方

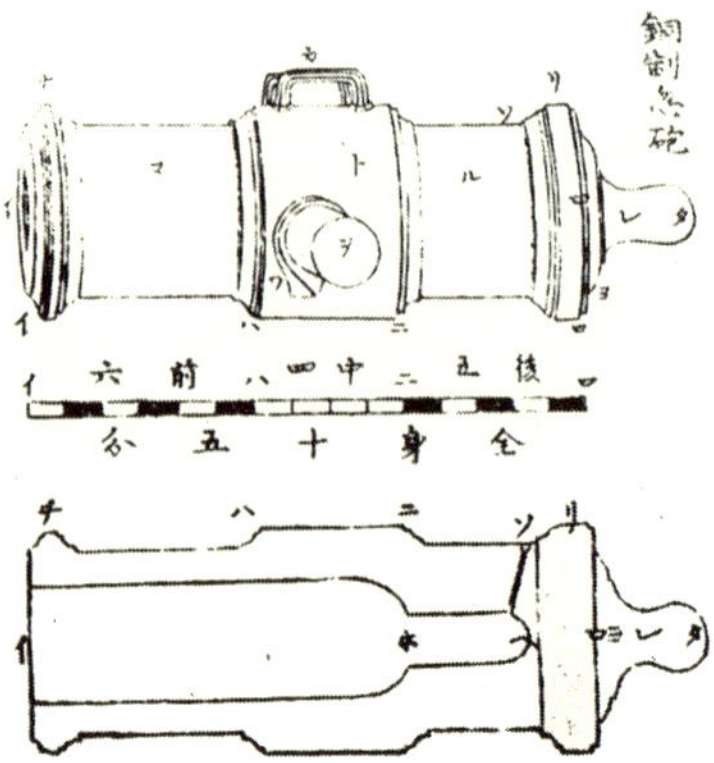

ホイッツル（忽砲）

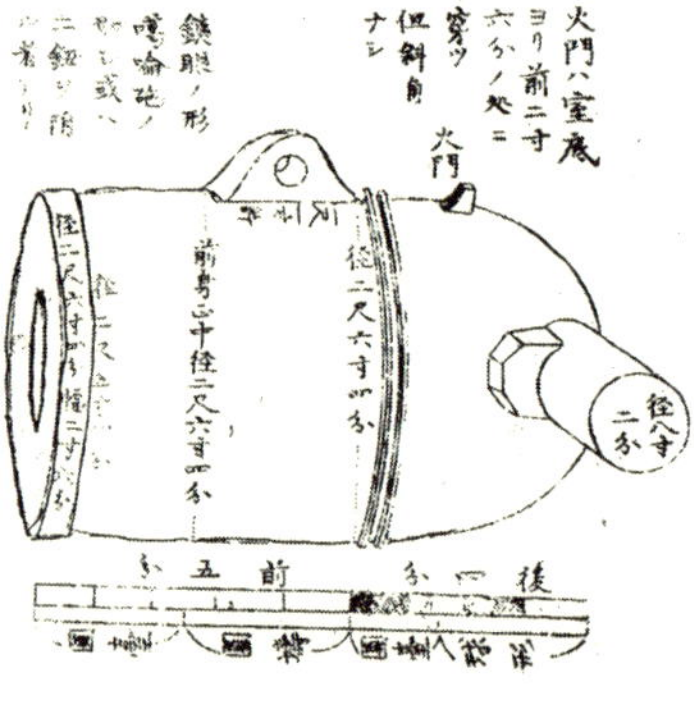

モルチール（臼砲）

（上田帯刀『西洋砲術便覧初編上』三八、三二、三五丁、筆者所蔵）

へ打ち放ち往復計六発馬上で発射するものである。ゲベール銃は、オランダ語で小銃一般を意味する言葉であるが、わが国では当時輸入された洋式鉄砲（燧石式つまり火打石式で先込滑腔銃）を指す固有名詞として使われた。これは着剣できるようになっていた。ゲベール備打は高島親子の指揮のもとに九七名が一斉射撃した。剣付ゲベールはゲベール銃に着剣して、指揮官の命令のもと理路整然と銃陣を展開するものである。馬上筒・野戦砲・ゲベール銃はすべて空包で行われた。このことが、トンキョ帽等の異装とともに井上左大夫等の鉄砲方による批判の対象となった[21]。

（二）西洋流（高島流）砲術の導入

この徳丸原操練は、幕府諸藩はもとより、これを見学した庶民まで西洋火器の威力に大きな驚きを与えた。

これを見分した長州藩でも、高島流銃陣はおおよそ自藩の神器陣と同様、大砲と鉄砲を組み合わせた陣法であり、非常に便利の良法とみられ、大砲（ボンベン砲）や焼打（焼夷弾発射）の仕方等詳細に観察する必要がある、ということになった。このことから、藩は大組大筒打郡司源之允と栗屋翁助を長崎へ派遣し秋帆に入門させ、長崎聞役井上與四郎とともに西洋流砲術等を学ばせることになった。彼等は、秋帆のもとにおいて、百日の期限内に、砲術・銃陣の伝授だけでなく、「向風走り之阿蘭陀作之船作り方」（洋式船の建造法）や、「阿蘭陀流大筒張調」（洋式大砲鋳造法）の修得と、秋帆の高弟山本清太郎の招請を命じられた。

同年七月秋帆の長崎帰途、藩内の舟木で源之允ら三名が入門を願い出て認められた。彼等は、長崎で高島流砲術・西洋銃陣について研究し、その修業の中で、「ボンベン玉その他相伝書銃陣編立の大意等を会得」して帰萩した。彼等はそこで学んだ西洋火器および銃陣について建議した。高島流は天山流（荻野流増補新術）を基礎としており神器陣もまた同根であるから、源之允等にとってその大意修得はさほど困難ではなかったであろう。栗屋と源之允はその後また大砲の操練とオランダ船の視察のため長崎へ向かった[22]。

四　長州藩の陣地砲演習と神器陣羽賀台大演習

天保一三年（一八四二）一〇月に藩公は小畑村狐島での陣地砲の発射演習を参観した。この後、藩は家臣の所持している大砲を調査し、発砲練習をするときは弾薬その他の雑費を支給することを決めた。一一月以降各砲術家は競って砲術演習を願い出て許された。すなわち、一一月一、二日山県東馬・石川揚佐（狐島）、三日郡司源之允（菊ヶ浜）、七、八日郡司政之進（鶴江台）、一四～一六日山崎五郎兵衛（狐島）、一三、一四日三輪兵馬（赤坂）、一五～一七日郡司権助・十左衛門合同（赤坂）、二一、二二日山崎（狐島）、一二月二、三日湯浅馬之助（赤坂）といった状況であった。

前述のように天保一四年（一八四三）四月には藩兵三万五〇〇〇人近くを動員して、萩近郊の羽賀台で神器陣の大規模演習が行われた。それは藩士の士気を鼓舞するとともに、これに加えて洋式操練の必要性を感得させるなど、その効果は非常に大きかった。

この年は台場を築造し、軍制を改め、砲術演習や大砲鋳造が活発になされた。すなわち、三月に藩は明倫館演習場で新造鉄砲の試射を行い、また砲術家山崎五郎兵衛等五名に陣地砲の研修を命じた。四月には菊ヶ浜台場で郡司源太左衛門・源之允親子の指導のもと新造大砲（一貫六百目玉＝約一三ポンド砲）の試射を行った。これには藩公も参観し、多くの藩士も見学した。この頃の砲術演習の重点は陣地砲の演習・研修が中心となり、以後、多くの藩士が陣地砲の射手として砲家に入門するようになった[23]。

Ⅴ　萩の鋳造所における大砲鋳造活動

一　荻野流一貫目玉青銅砲

萩藩にも主要な砲術流派の砲術師範が藩士として仕えてきた。そのなかに、中村若狭守隆安（隆康）を開祖とする隆安流（隆安函三流、隆康流、高安流ともいう）がある。中村若狭は、大坂の陣では幕府鉄砲方の井上外記と共同で「旋風台」という回転と照準に非常に便利な砲架を開発し、大きな成果を挙げた。隆安流は鉄砲・抱えの大筒だけでなく大銃（大型大砲）についても得意とした。

中村若狭守隆安は大内氏の家臣であったが、その後毛利家に砲術で仕えた。その嫡子中村市郎右衛門・第三代目中村助之進は、細川家に仕官することによって隆安流は肥後熊本藩にも伝えられた。萩では若狭守の娘婿郡司讃岐信久が隆安流を継承した。

郡司讃岐信久は、隆安流砲術の技によって萩藩に仕えるとともに、参内鋳物師として萩に二つの鋳造所を開いた。将軍吉宗の時代に荻生徂徠は、讃岐の三男喜兵衛信安の砲術を高く評価し『郡司火技序』という讃を表した。このこともあって江戸初期・中期の長州藩（萩藩）では、おもに幕府の唐船打ち払政策に応じて、讃岐の子孫達が大筒役として任用された(24)。

その子孫は、八家に分かれ、江戸初期から隆安流砲術と大砲・洪鐘等の鋳造とに携わってきた。そののち七家つまり隆安流大筒打（藩士、大組士一家、遠近付士三家、御徒士一家）五家と鋳造所の鋳物師（準士、御細工人）二家とに分かれた。鋳造所二家の家長（当主）は、それぞれ萩の東郊松本の鋳造所と、南郊青海の鋳造所を運営するとともに、大砲だけでなく梵鐘等銅製品を鋳造するとともに、藩内の鋳物師連盟の総代として訴訟・揉め事の処理にあたってきた(25)。

荻野流一貫目玉青銅砲（筆者撮影、以下同じ）
（上、郡司喜平治作―長府博物館所蔵）
（下、英王立大砲博物館の喜平治・富蔵砲）

高島流を修得した郡司源之允は大組士隆安流大筒打砲術師範であるとともに、荻野流も相伝されている。萩松本の鋳造所の当主郡司喜平治（右平次）信安は、天保一一年（一八四〇）頃から大砲鋳造に着手し、百目玉重目三〇貫目長筒、小筒各一挺と長筒周発台用具一巻を造った。これらは要塞砲のような大型大砲ではないから、おそらく神器陣（操練）用の和流大筒であろう。さらに、藩命により天保一四年（一八四三）から準備を始め、天保一五年には、荻野流一貫目玉大砲一六門を鋳造した。他方、青海の鋳造所の方は、郡司弥三郎信實・富蔵信成の親子が運営していた。富蔵は、天保一五年に荻野流一貫目玉青銅砲を鋳造している。

このように、天保一五年には両鋳造所の当主がそれぞれ荻野流一貫目玉大砲を製作した。喜平治は一貫目筒を一六門造ったが、そのうち二門がロンドンの王立大砲博物館と長府博物館とに現存している。ロンドンの同博物館にはまた富蔵作の青銅砲も保存されている。喜平治の一貫目玉砲の制作番号が「子四番」と「子九番」であり、富蔵のそれが「子二十四番」であるから、この種の大砲は「子」の年（天保一五年）に二四門以上が鋳造された可能性が高い[26]。少なくとも一貫目玉青銅砲二四門のうち一六門は喜平治が鋳造したということができるであろう。この大砲は、陣地砲・台場砲（要塞砲）の演習等で使用するためのものであったとみられる。喜平治はまたこの天保一五年（一二月三日より弘化元年）以降、臼砲・忽砲等の洋式大砲の鋳造も行うようになる。

二　青銅砲の鋳造法

（一）純銅・青銅・黄銅

銅の鋳造技術は奈良の大仏の建造により全国に広まったといって良いであろう。また、奈良時代から江戸時代まで日本は世界でも有数の銅の産出国であった。しかも、奈良の大仏には山口県の長登（「奈良登り」から転訛）銅山や蔵目喜銅山の銅が多く用いられたようである。

銅合金の熔解にあたっては燃焼中の溶解炉に銅と錫や亜鉛を投入し、鞴《ふいご》（吹子）で風を送って燃焼を強化して高熱化して熔解した銅合金を鋳型に流し込んで同製品を鋳造する方法がとられる。
いわゆる蹈鞴《たたら》を用いた製鉄法は「たたら製法」という。それと同じような方法が銅の溶解においても採用されていた。このような溶解炉では送風に多くの人手（番子）を要する。この蹈鞴の人力を節約するために、西洋では中世から反射炉が建造されるようになった。燃料の燃焼による反射熱を利用して原材料を溶解する。反射炉の高い煙突により自然に風力が強化され、燃焼の効率が高くなる。反射炉は鉄の熔解だけでなく銅の熔解にも役立つため、幕末の一時期に反射炉の築造が幕府・諸藩で多く試みられた[27]。

（二）青銅砲の鋳造

青銅砲の鋳造は、銅と錫との合金を溶解炉（蹈鞴）で溶解して鋳型に流し込んで鋳造する。そのさいに鞴で常に炉に風を送り燃料（木炭）の燃焼を盛んにする。鋳型に関しては、一対の長方形の木箱に半分ずつの鋳型を造り、これを合わせて一つの鋳型とする半割方枡による方法と、中空になった円筒鋳型を造ってそこに銅合金を流し込む方法とがある。そして、中子によってあらかじめ砲腔を空けておく方法（核鋳法）が長く採用された。また、和式大砲の大きな特徴は砲尾を強化するためにネジが用いられた。それにより、砲尾が強化され、これを取り外して火薬の残滓を除去することにより、その爆発を防ぐ役割があった。

洋式大砲の導入に伴い、安政・弘化期には、反射炉や鑽開台（錐台）が注目されるようになる。それとともに砲腔をあらかじめ空けないで鋳込み、あとで鑽開台で穿孔する実鋳法が採用されるようになる。しかし、当時のわが国では蒸気動力ではなく水車動力によって穿孔するため動力が弱すぎ時間がかかりすぎた。そこで、あらかじめ中子方式で穿孔しておき、その後さらに大口径に拡大穿孔する折衷的方法が採用される場合もあったとみられる[28]。

Ⅵ　萩藩の軍事・行政組織

一　萩藩の主要組織

毛利家の家臣団は、一門、永代家老、寄組、手回組、物頭組・大組・船手組・遠近付・無給通等に区分される。そして、一門、永代家老、寄組等の上級武士は、武家集団の本来の任務ともいうべき、軍事司令官・指揮官の役割を担うように組織編成されていた。

萩藩（長州藩）全体の組織としては、軍事組織と行政組織とに大きく区分される。各藩（大名家）は、本来、武士集団であり軍事組織が中心であった。戦時は軍隊組織として上層部が武将として、それぞれの石高に見合った騎馬隊・刀槍弓隊・鉄砲隊を準備することが求められた。戦時体制が終結するにともない、武家集団としての軍事組織は尊重されつつも、次第に形式化され、精神化・抽象化されて行くようになる[29]。

他方で、平和時（泰平の世）において、行政職はとくに大きな家臣団を維持しつつも、藩の財政をいかに切り盛りするか、ましてや参勤交代のもとに江戸表と国元とをいかに統治していくかを重要な課題とした。萩藩の要路（行政職）は二〇〇石前後から八組士（大組士）の中級武士を中心に構成された。

行相府（江戸方）は、おもに当役［家老］、用談役［二五〇石以下八組士］、手元役［二〇〇石以下八組士］、右筆役［一五〇石以下八組士］、矢倉頭人［二〇〇石以下八組士］、用所役［一二〇石以下八組士］からなる。

国相府（国元・地方《じかた》）は、おもに当職［家老］、裏判役［千石以下二五〇石寄組士］、手元役［二五〇石～二〇〇石以下八組士］、右筆役［一五〇石以下八組士／五〇石以下遠近付士］、蔵元両人役［二五〇石以下八組士］、所帯方［一五〇石以下八組士］、遠近方［一五〇石以下八組士］からなる。

二　行政組織の役割

江戸当役は藩公の参勤交代に従って藩地と江戸とを往復し、幕府・諸藩との応接から大組士以上の昇進降格等まで藩公の決済が必要な案件を総監する。当職は国元における金穀出納・租税収納はじめ藩内の行政全般を担当する。当役・当職は家老の中から任命され、両職とも称される。用談役は当役の参謀にして政務に老練なる信望ある士を優待するためのものである。

当役・当職のもとで、関係事務を処理し諸政策の起案等を担ったのが手元役等の諸役である。手元役は衆職を総理し、右筆役は、のちに政務方ともいい、当初は機密文書の応酬、政務に関する任免の辞令、往復の文書を管掌していたが、後年、諸役員の昇進降格、諸士の賞罰を判断疑義する重職となる。国元の裏判役は当職の事務が繁多となったためその付属の職として設けられ、重要でない案件について当職に代わって判断した。

蔵元両人役（二名担当）・矢倉頭人はそれぞれ国元と江戸の会計（金穀出納）にかかわり、その下で所帯方・用所方は国元と江戸の用度（定時金穀の統計、運転の計画）にかかわるとみられる。遠近方は、家臣団への軍役その他の賦役の分配を担当し、平時は江戸その他へ公務出張の路程の遠近要務の軽重に応じて諸役を分賦することを職務とした。また、いわゆる監査・検査に関する職務として各種「検使」役がある（江戸方大検使・御用方検使・蔵元検使等）。

また、撫育局は、いわば藩のプロジェクト組織・特別財政制度であり、本勘（本勘定）といわれる一般会計に対して特別会計として位置づけられる。それは行相府・国相府といえども関与できないようになっており、その出納命令は藩公直裁とした。この撫育局にかかわる御撫育方頭人は二〇〇石以下百石までの八組士がこれを務めた[30]。

【第一章注記】

（1）仲田正之『江川坦庵』吉川弘文館、一九八五年、四二一―四三一頁。仲田正之『韮山代官江川氏の研究』吉川弘文館、一九九八年、四〇二―四〇八頁、四一四頁、四一六頁、四三八―四四一頁、四五〇―四五一頁。安斎實『砲術―その秘伝と達人―』雄山閣、一九六五年、一九三―二二四頁。岡本良一『大塩平八郎』創元社、一九七五年、一四八―一五五頁。幸田成友「大鹽平八郎」『幸田成友著作集　第五巻』中央公論社、一九七二年、七九―二四一頁。森鷗外『大塩平八郎・堺事件』岩波書店、一九四〇年、五―八五頁。拙稿「江戸後期幕府・諸藩における西洋兵学受容と大砲技術―ペキサンス砲の衝撃と幕府・諸藩の対応―」『大阪学院大学通信』第四三巻九号、二〇一二年、五―一三頁、六九―七二頁。

（2）佐藤昌介『洋学史研究序説―洋学と封建権力―』岩波書店、一九六四年、一三二頁、一九一―二一四頁。仲田前掲書（『韮山代官…』）、三五五―三七六頁。拙稿前掲、一〇―一一頁。

（3）拙稿前掲、一一頁。高野長運『高野長英伝』岩波書店、一九四三年、五四〇―五六二、五六六、六六四―六六五頁。高野長英全集刊行会『高野長英全集　第三巻　兵書』高野長英刊行会、一九三〇年。高橋磌一監修『高野長英全集　第五巻　礮家必読』第一書房、一九八〇年。第二章注（3）も参照されたい。

（4）拙稿前掲、一一頁。

（5）拙稿「享保期の異国船対策と長州藩における大砲技術の継承」笠谷和比古編『一八世紀日本の文化状況と国際環境』思文閣出版、二〇一一年、三九三―四一五頁。

（6）これに関しては、毛利家文庫『天山流砲術師坂本天山来藩一件』（年代不詳）山口県文書館所蔵。拙稿「長崎歴史散歩」『大阪学院大学通信』第四一巻八号、二〇一〇年、四―一一頁、三八頁。なお、本文中の周発台の模写に関しては、砲術研究家小川忠文氏の周発台模型に基づくものである。同拙稿、六頁、三八頁。
(7)末松謙澄『修訂　防長回天史』柏書房、一九六七年、二六―二九頁。三坂圭治『萩藩の財政と撫育制度』春秋社、一九四三年、九五―一一四頁、一九六頁。小川國治『毛利重就』吉川弘文館、二〇〇三年、九三―一一二頁。これに関しては、小川國治『転換期長州藩の研究』思文閣出版、一九九六年、四七頁。林三雄『長州藩の経営管理』文芸社、二〇〇一年、五五頁、五八―六三頁。拙稿「天保・弘化期における長州藩の西洋兵学受容と大砲技術―神器陣と西洋兵学の導入―」『伝統技術研究』第五号、二〇一三年、一九―二〇頁等参照。
(8)三坂前掲書一六八―一六九頁。林前掲書六五頁。末松前掲書二八―二九頁。郡司源太左衛門信順『御筒数』毛利家文庫（類一五文　武、二八番）六―七丁。このうち銅製（唐金）一貫六百目玉大筒と六百目玉御筒を松本鋳造所の郡司喜兵衛信定が鋳造した。「安政五年差出郡司右平次勤功書」山本勉彌・河野通毅『防長ニ於ケル郡司一族ノ業績』藤川書店、一九三五年、五二頁。拙稿前掲（「享保期…」）、四〇六頁。山崎一郎「寛政～文化期前半における萩藩密用方について」『山口県文書館研究紀要』第三九号、二〇一二年、四五―四六頁、六八―七〇頁。
(9)村田清風「御講武一件上書」(天保一一年九月)山口県教育会編纂『村田清風全集上巻』山口県教育会、一九六一年、二〇五頁。末松前掲書、三九頁―四一頁。
(10)末松前掲書、三九頁。
(11)末松前掲書四〇―四一頁。このときの弾丸火薬の総数量は、総計すれば鉛量一六貫七二〇目その代銀約二五一匁、薬量三貫三六〇目その代銀約一貫七五匁であった。末松前掲書四一頁。
(12)末松前掲書、五五頁、七二頁。三坂前掲書、一六九―一七五頁。林前掲書六六―六七頁。
(13)三坂前掲書一七五―一七六頁。当時の年収（馳走米半知含む）は一万六四六五貫目、年赤字三七五三貫目で

あったので、藩債九万二〇二六貫目は年収の五・六倍、年赤字の二四・五倍という巨額なものであった。林前掲書六七頁参照。

(14)三坂前掲書一七七―一七九頁。田中彰著『幕末の藩政改革』塙書房、一九六五年、一三〇頁、一八四頁。富成博『江戸と幕末―意外に知らない素朴な疑問』新人物往来社、二〇一二年、二〇七頁。

(15)萩市史編纂委員会編『萩市史 第一巻』萩市、一九八三年、八四一頁、八四六頁。

(16)勝海舟「陸軍歴史」巻一「陸軍改制の端緒一」第十三条「金山山人の評」勝海舟『陸軍歴史Ⅰ』講談社、一九七四年、四六頁。拙稿前掲（「長崎歴史散歩」）、一一―一六頁。拙稿「江戸後期幕府・諸藩における西洋兵学受容と大砲技術―ペキサンス砲の衝撃と幕府・諸藩の対応―」『大阪学院大学通信』第四三巻九号、二〇一二年参照。

(17)萩市史編纂委員会編前掲書、八四五頁。時山弥八編『増補訂正もりのしげり』赤間関書房復刻、一九六九年（初版一九一六年）、三二四頁。拙稿「江戸期における隆安流砲術の継承と発展」『伝統技術研究』第三号、二〇一一年、一―二一頁。拙稿前掲（「長崎歴史散歩」）三―一九頁。また、長州藩の支藩長府藩には櫟木《いちき》流、岩国には石田流・有坂流などがあった。

(18)萩市史編纂委員会編前掲書、八三五―八三六頁、八四六―八四七頁。末松前掲書、五八頁。小川亜弥子『幕末期長州藩洋学史の研究』思文閣出版、一九九八年、二六―二七頁。

(19)Huguenin, U., Het Gietwezen In's Rijks Ijzer-geschutgieterij Te Luik, 1826. 吉田光邦「幕末反射炉考」『人文學報』（京都大學人文科學研究所）、第一九号、一九六四年、三一頁、三九頁。拙稿前掲（「江戸後期…」）、一九―二〇頁、七四頁参照。

(20)徳丸原操練（調練）に関しては、勝安房守「陸軍歴史」巻一「陸軍改制の端緒一」第十条「徳丸原調練業書《わざがき》」

に（一）進行予定表（プログラム）と（二）実際の調練記録とにわけて記録されている。また、ここではこれに続く幕府鉄砲方井上左太夫や江川英龍等の意見書等も参照。勝前掲書、三三一―三六頁。なお、次の論攷も参考になる。小西雅徳「西洋流砲術事始① 徳丸原―オランダ式三兵戦術の公開」『Gun Magazine』二〇一二年九月号、一八六―一八九頁。

(21) 勝安房守「陸軍歴史」巻一「陸軍改制の端緒一」第十一条「井上左太夫徳丸原火術見分の概況上申」勝前掲書四一頁。

(22) 毛利家文書『長崎大年寄高嶋四郎太夫江　郡司源之丞其外炮術入門として長崎被差越旨一件　天保十二丑八月』天保一二年（一八四一）、山口県文書館所蔵。なおこれに関する詳細は、次著にも詳しい。末松前掲書、八〇―八二頁。小川前掲書、二七―二八頁。藩から招請するように指示された山本清太郎は、長崎の地役人(船番)であり、秋帆三高弟の一人。佐賀蓮池藩主鍋島直与から砲術師範として召し抱えられたこともある。秋月辰一朗他監修『長崎事典・歴史編』長崎文献社、一九八八年、二一四頁。

(23) 萩市史編纂委員会編前掲書、八四〇―八四七頁、末松前掲書、八二―八四頁。ここでの新造大砲の種類は不明であるが、おそらく源之允が秋帆のもとで学んだ洋式大砲の一種であろう。

(24) 山本・河野前掲書、四―六頁、一四―二〇頁、二二一―二四頁。拙稿「享保期の異国船対策と長州藩における大砲技術の継承」笠谷和比古編『一八世紀日本の文化状況と国際環境』思文閣出版、二〇一一年、三九三―四一五頁。拙稿「江戸期における隆安流砲術の継承と発展」『伝統技術研究』第三号、二〇一一年四―一八頁。拙稿「わが国大砲技術の生成・発展―江戸初期までの大砲技術の発展―」『大阪学院大学通信』第四〇巻一〇号、二〇一〇年、二五―四二頁。細川潤次郎（編集総裁）他編『古事類苑　武技部』吉川弘文館、一九八〇年、九七〇―九七二頁、九六二―九六三頁。

(25) 山本・河野前掲書、二一頁、二九—三五頁。
(26) 拙著『海を渡った長州砲—ロンドンの大砲、萩に帰る—』萩ものがたり、二〇〇八年、三〇頁—三五頁。
(27) 拙稿「下関戦争における欧米連合艦隊の備砲と技術格差」『伝統技術研究』第一一号、二〇一八年、三三—三六頁。
(28) 拙稿「和式大砲の鋳造法—江戸のものつくり・伝統技術考—」『大阪学院大学通信』第三九巻五号、二〇〇八年、四〇—五一頁。
(29) 末松前掲書、一一—一四頁。時山前掲書、二六八—二六九頁。精神化という意味においては、「武士道」の振興があげられる。江戸期には集団戦闘よりも個人競技とその精神性が重視されるようになる。武士道に関しては、例えば、笠谷和比古『武士道—侍社会の文化と倫理—』ＮＴＴ出版、二〇一四年参照。
(30) 時山前掲書、二七八頁、二八八頁、二九二頁、二九三頁、二九九頁、三〇七—三〇八頁。末松前掲書、一五—一九頁。三坂前掲書、第五章参照。上田純子「幕末期萩藩の政治機構」『維新史　回廊便り』第九号、二〇〇八年。

第二章　西洋兵学受容とペリー来航前夜

――弘化・嘉永期における西洋兵学受容努力――

はじめに

天保一五年（一八四四）は、その年の一二月一日までであり、一二月二日から約一ヵ月が弘化元年ということになる。改元された場合、その年初から新元号を用いる方式に従えば、天保一五年は同時に弘化元年ということになる。ここでは、若干、天保一五年の出来事も踏まえて検討する。弘化五年（一八四八）はその年の二月二七日までで翌二月二八日からが嘉永元年である。

ペリー（M.C.Perry）提督の米国艦隊が米航したのが嘉永六年（一八五三）であるから、ここでは天保一五年（弘化元年）以降ペリー来航までの約一〇年間について、まず幕府・諸藩の主な出来事を概観し、つぎに長州藩の活動についてみていこう。

Ⅰ　弘化・嘉永期の幕府・諸藩の動き

一　弘化・嘉永期の状況

徳丸原における洋式銃陣操練以後、高島秋帆門下の江川英龍・下曾根信敦の影響もあって、幕府だけでなく佐賀藩・薩摩藩等の諸藩もペキサンス砲（ボンベカノン）に重大な関心を抱くようになった。

天保一五年（一八四四）九月佐賀藩公鍋島直正は、オランダ軍艦に乗り込み当時世界最強といわれたボンベカノン（ペキサンス砲）を初めて見た。老中水野忠邦の失脚とともに、九月には鳥居燿蔵が町奉行を被免され、一〇月に丸亀藩に永預けとなる。一一月には江川英龍も鉄砲方を被免された。江川は嘉永六年に復活するまで活動の重点を支配地の韮山に置き、佐賀藩の反射炉築造に協力するとともに、韮山塾教育等に力を注ぐようになる。[1]

弘化二年（一八四五）一〇月佐賀武雄領主鍋島茂義はペキサンス（フランス語読みではペクサン：H.J.Paixhans）の著書（「フランス海軍によるボンベカノン試射実験」一八二四年刊）の蘭訳本を購入し、翌年に長崎オランダ通詞（西記志十《にしきしじゅう》）に依頼してこの書を翻訳させた。[2]

弘化四年（一八四七）から嘉永元年にかけて高野長英は、前述のように、『三兵答古知幾』（弘化四年頃）や『礮家必読』（嘉永元年頃）等の翻訳を行った。『三兵答古知幾』は、プロシアの参謀本部付将校ハインリッヒ・フォン・ブラント（Heinrich von Brandt）著『歩兵騎兵砲兵三兵戦術の要諦』（一八三三）をオランダ王立陸軍大学校教官ファン・ミュルケン（J.J.van Mulken）が蘭訳したもの（『歩騎砲兵三兵戦術』一八三七年刊）を、さらに高野長英が邦訳したものである。最初は写本として流布し、安政三年（一八五六）と慶応二年（一八六六）に発刊され、また、刊年不明版もあるとされる。[3]この三兵戦術は、文久期以降に幕府や長州藩の軍制改革に大きな影響を与えることとなる。

二　ボンベカノン砲と反射炉

ペキサンス砲に関しては先のペキサンスの邦訳書『百幾撒私』（ペキサンス）や『盆鼈葛農』（ボンベカノン）（の写本）等を通じて広まっていったとみられる。嘉永二年末から翌年四月（一八四九〜一八五〇）にかけて、薩摩藩は八〇ポンドボンベカノン（ペキサンス）砲の鋳造・発射試験を行った。幕府も、嘉永三年（一八五〇）

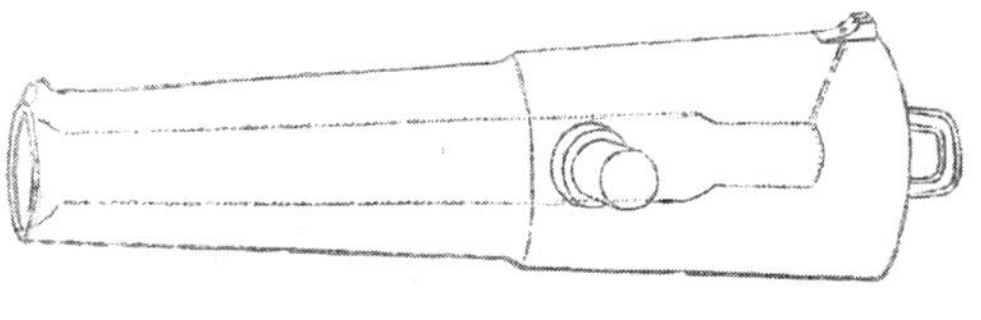

（上田帯刀『西洋砲術便覧初編上』嘉永三年、十一丁[5]）

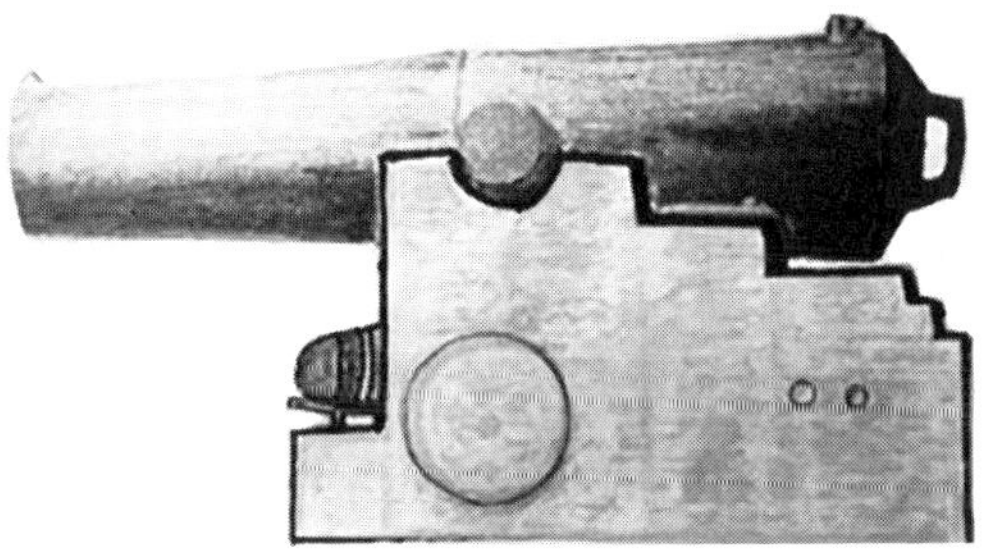

ペキサンス砲（筆者作画）

に二四ポンドカノン（加農）砲および八〇ポンドボンベカノン（爆母加農）砲を外国から輸入するとともに、これを鋳造するに至ったとされる。嘉永三年（一八五〇）一一月に吉田松陰（当時は大次郎、以下松陰で統一）は、九州遊学中に『百幾撒私』を借りて読み、その内容を詳しく記録した。会津藩は江川に一五〇ポンドペキサンス砲の鋳造を依頼し、長谷川刑部が鋳造した[4]。

三　鉄製大砲鋳造法と反射炉

ところで、これらのペキサンス砲は銅製砲として造られた。しかし、ペキサンス砲は本来鉄製砲であり、鉄製砲として鋳造できれば、銅製法よりもより安価にかつ大量に鋳造できることが期待された。鉄製（より純度の高い錬鉄製）のペキサンス砲等を鋳造するために反射炉が役立つことは、ヒューゲニン（U.Huguenin）の鉄製大砲鋳造法の邦訳本によって知られるようになった。幕府・諸藩は訳本をもとに反射炉の築造を目指した。

嘉永二〜三年（一八四九〜一八五〇）には、ヒューゲニンの鉄製大砲鋳造法の翻訳が相次いで公刊（手塚・韮山・佐賀藩）された。周防出身の手塚謙蔵（律蔵）の翻訳（『西洋鉄熕鋳造篇』）は弘化三年（一八四六）以前にすでになされており、その後南部（盛岡）藩の大島高任が校訂等を手伝ったとみられる。韮山ではこれを嘉永二年(一八四九)一〇月江川英龍が矢田部郷雲・石井脩三等に翻訳させた(『和蘭製鉄製炉法』)。なお、矢田部郷雲等の訳は手塚律蔵の訳とほとんど同じであり、手塚本をテキストにしたのではと推測されている。佐賀では伊東玄朴・杉谷雍介・後藤又二郎・池田才八により翻訳(『鉄熕全書』)がなされた。薩摩藩の島津斉彬は鍋島直正からヒューゲニン訳書(手塚本)を入手している。(6)

嘉永三年(一八五〇)に江川英龍は長谷川刑部を佐賀へ派遣し、佐賀藩は反射炉の築造を開始した。嘉永四年(一八五一)には佐賀藩は反射炉を完成し、大砲を試作している。嘉永五年(一八五二)には金森錦謙が『鉄熕鋳鑑』を完成し、後に『鉄熕鋳鑑図』(安政三年)を公刊した。嘉永六年(一八五三)には薩摩藩も一号炉を完成した。水戸藩は安政三年(一八五六)に築造に乗り出した。(7)同じ安政期には長州藩でも反射炉の建設が目指された。

II　西洋砲術と洋式大砲技術の導入 ——弘化期——

一　萩藩における新海防体制

天保一五年(一八四四)七月異国船の来襲に備えるため長門北浦海岸を七地区に分け各方面防備の総奉行を任命するとともに、各地区への藩士の非常時出動先を割り当てた。一〇月山田亦介公章(密用方異賊防禦手当掛)と郡司源之允に対し、北長門海岸調査のために出張を命じた。両名は、各地における台場築造(六二箇所)と陣地砲の設置(四〇箇所)案を復命し、了承された。一二月(弘化元年)に郡司源之允は洋式砲術を敬親公に進講し、栗屋翁助とともに嘉賞(紋付上下)された。それは洋式大砲発射法の講究と洋式巨砲鋳造の功によるものである。(8)

弘化二年（一八四五）五月には萩城および海岸防禦の部署を定めてこれを幕府に報告した。その大要は次のようである。

（イ）萩城下は萩城守備、城西瀕海、城東瀕海、海上水軍の各部署に合計一万三〇九〇余人・大砲二四七門・小銃三一三四挺・大小船一三五隻（海上水軍）を配置

（ロ）萩沖の相島、見島、大島に合計九三人・大砲四九門・小銃五六〇挺を配置

（ハ）北浦等における大津瀕海、豊浦瀕海、赤間関沿海、阿武瀕海の各部署に合計　九七〇〇余人・大砲二二二門・小銃五六九九挺を配置

総計二万二八八三余人・大砲五一八門・小銃九三九三挺（＊ただし、支藩および岩国を除く）

これより、おそらくは各部署とも和流大砲が中心であろうが、五〇〇門余りの大砲が配備されていることがわかる。この時期、陸軍は萩城を本営（東源地）とし、水軍は三田尻を根拠地とした。はじめは瀬戸内海側の防備についても港湾や岬等も皆平等に守備兵を配備していたが、ここに至って外寇のおそれが少ない瀬戸内海側の防備を緩め、重点を北浦（日本海側）に集中した。この後も火砲を増鋳し砲台を改築するなど海岸防禦について注意が払われた。このことについて最も力を持っていたのは山田亦介であった(9)。

二　海防意識と砲術訓練の諭告と結社（のちの嚶鳴社）の結成

弘化三年（一八四六）アメリカ艦が朝鮮に侵入した事件が対馬から長州藩に伝えられた。藩公は一層海防の急務なることを感じ、江戸手元役（江戸当役の補佐役）の宍戸房寛丹後に諸老臣達が火器習熟と隊伍操練に励む必要があることを書面（「宍戸房寛が諸老臣に与えたる書」）にて論じさせ、徐々に海防への自覚を促そうとした。藩公は当時すでに神器陣・周発台がすでに恃むに足らないことを認識していたが、当時の事情

からは未だ快活の英断を下すわけにはいかなかった。そこで、人心を刺激しすぎないよう知らず識らずのうちに兵制を改革するように仕向けようと欲した[10]。

なお、この年弘化三年（一八四六）には改革派重臣村田清風に傾倒する周布政之助・北条瀬兵衛等の若い藩士達が明倫館内に結社を作った。経書訓詁に専念する当時の明倫館の姿勢に対し、時事問題をも討議することを提案し、これを実践した。この結社は後（安政五年）に「嚶鳴《おうめい》社」と正式に名乗るようになるが、ここからはのちに活躍する多くの人材が生まれている[11]。

三　西洋砲術演習と洋式大砲技術

弘化四年（一八四七）源之允等は頻りに西洋砲術を研磨した。三月に萩藩は日向延岡藩士吉羽数馬を西洋流砲術指南として招聘した。源之允とともに遠近付大筒打の郡司次郎兵衛が接待と演技の補佐の任にあたり、その教えを受けて、萩郊外の羽賀台でその砲術の技を演じた。このときの演習は、おもに二六ポンド弾装着忽砲（ホイッツル）および一六ポンド装着臼砲（天礮、モルチール）に各種ボンベン弾を合計一八回にわたり発射するものであり、その内容は次のようであった[12]。

（イ）忽砲（ホイッツル）装二六ポンド鉄弾―第一回石榴弾（カラナーデンゴーゲル／ザクロ玉・柘榴弾）、但し試放発薬なし、第二回同弾、第三回葡萄弾（ドロスウゴーゲル／ブドウ玉）、第四回同弾、第五回柘榴滾射弾（ロルスコリー／トベリ玉）、第六回同弾、第七回鉄盒弾（ブリキドオス／ブリキ玉）、但し鉄屑玉、第八回同弾、第九回鏡板（スピーゲル）柘榴弾、但し遠町（遠的）打ち、第一〇回同弾。

（ロ）臼砲（モルチール）装一六ポンド石弾（ステエンゴーゲル）―第一一回ボンベン弾、但し試放発薬なし、第一二回同弾、第一三回同弾、第一四回鉄儒焼夷弾（エイスルケナームラントゴーゲル／テツカゴ

ヤキウチ玉）、但し小柘榴弾、第一五回同弾、第一六回以下三発早放煙弾（タンアゴーゲル／ケムリ玉）

別名五里霧、第一七回同弾、第一八回ボンベン弾　以上

これより忽砲と臼砲の演習としては秋帆の徳丸原操練よりもより多様な炸裂榴弾が用いられ、より細密な大砲操練がなされたといってよいであろう。この演習は砲技すこぶる精妙にして衆目を驚かした。有識の士は益々西洋流砲術奨励の急を感じ、藩は郡司源之允等に吉羽数馬と謀って西洋流砲術を一層研究するよう促した。数馬の用いた器機はおもに郡司の用いる所のものを以てした。これにより長州藩においてはボンベン・ガラナート弾とこれを発射しうる大砲技術を導入する素地がすでに整った。この後、源之允・次郎兵衛両名には藩士の洋式砲術入門者が続いた。西洋砲術が長州で採用され軍備の強化に貢献したのは、源之允の力が大いに与っているといわれるゆえんである[13]。

さらに五月に藩は藩士の武備の心構えを喚起するために武器検閲の予告を行い、弓銃卒の笠容漆色を定めた。九月には数馬等の羽賀台演技に刺激され、山田亦介は演技の成績を江戸の坪井正裕（九右衛門）等に宛てた報告において、諸事都合よく進み、その業（技）もこれまでと違い便利の多い発明工夫がなされており、なかでも、三発早打ち（煙弾）、野戦筒早打ち、手天砲台（手臼砲、クーホール）の早打ちは甚だ便利で、往々習熟すれば役立つ。クーホール（手臼砲）は、小型の大砲ゆえ四、五町位しか届かないと思ったが、意外にも七町半から八町にも届き、余程の利器と思われた。これらの技術は吉羽数馬の逗留中に両人（郡司源之允・次郎兵衛）に追々伝授されるであろう。

山田はこの報告とともに、従来の火縄銃ではなく西洋式の燧石銃（石打銃）である剣付ゲベール銃二〇〇挺の購入も申請した。海岸防備局からも次のような要請があった。防備用の銃がなお六〇〇挺不足しており、かつまた郡司源之允等は燧石銃の用法を伝授し熱心な修練を欲しているが、いまだ燧石銃が入手できないで

いる。そこで、銃数の不足を補うとともに新銃も欲しいし、同時にヤーガラ銃（ヤーゲル銃）や馬上砲も若干購入して欲しいと。この要請は、江戸に聞こえ藩公はこれを許可した。[14]

四　弘化期の財政改革

話はさかのぼるが、天保一五年（一八四四、一二月より弘化元年）四月には慣例に従い役職交替となり村田清風に替わって坪井九右衛門が右筆役となった。そして、一一月には公内借捌《くないしゃくさばき》が実施された。これは三七年賦を廃止して藩からの借入を帳消しするとともに、民間借入は藩が代払いし、借金のない者には一〇〇石につき銀一貫目を与えるなどの措置がなされた。これはすなわち「公借」は破棄し、「内借」（民借）は藩が肩代わりして貸主（銀主）に払い、「無借」の者に対しては禄高一〇〇石につき銀一貫目を下付すること等を中心とするものである。この措置は当然のことながら藩士にも商人にも歓迎され好評であった。

その本来の趣旨は、商人に迷惑をかけずに藩士の借金を無くし藩士の負担を軽くして外敵に備えて武芸に励むようにすることであった。しかし、窮迫を免れ再び奢侈に陥り、風紀も緩み、再び借金を重ねる者なども出て負債が再び増加する有様であった。この結果、翌弘化二年には藩は五〇〇〇貫の新債を大坂で起こさなければならなかった。

このように大金が支払われ、商人は非常に喜んだが、一気に財政が逼迫した。弘化三年（一八四六）八月に藩は当職（国元政府＝国相府）を益田元宣に戻して改革の再強化を図ることになった。そして、弘化三年末には本勘における九万二〇〇〇貫の負債もその範囲内で過半を返済し得た。

弘化四年（一八四七）九月には当役（江戸方政府＝行相府）を浦靱負《うらゆきえ》とし、一二月に坪井を罷免し即時帰国謹慎を命じた。坪井の後は同じ保守派の椋梨藤太が勤めた。[15]

Ⅲ　長州藩の海防と西洋兵学指向　――嘉永元年～三年――

一　明倫館の再興と洋学・文武奨励

嘉永元年（一八四八）九月加判役益田玄蕃（越中）や村田清風らは明倫館の再興担当に任じられた。村田清風は一〇月末に病（中風）に倒れた。一〇月吉田松陰は明倫館再興に関する意見書を提出し、賞罰、風紀、規則、試法等について上申した。一一月小野為八が長崎で西洋砲術を修得して帰萩した。

嘉永二年（一八四九）二月に藩校明倫館が再造拡張された。この新明倫館が再興される以前における主な洋学ないし西洋兵学の振興についてみておけば、青木周弼等は藩公に西洋事情や西洋兵事についていろいろ講話した。弘化元年（一八四四）坪井信道が内用掛となり海防について進言した。弘化二年には青木研蔵（青木周弼の弟）が内用掛となる。彼は、伊東玄朴等と相談し、あるいは蘭書より抄記して兵備の参考に供したとされる。弘化四年（一八四七）二月には青木研蔵・東条英庵・松村太白等が洋書翻訳掛に任ぜられた。久坂玄機（久坂玄瑞の兄）は銃陣書（蘭書）『ヘロトロン』六冊中二冊を訳した（『演砲法律』）。久坂玄機は、この年、大坂の緒方洪庵の適塾に客分として入塾し、嘉永元年には塾頭となった。嘉永二年には村田蔵六（のちの大村益次郎）が適塾塾頭となっている。(16)

二　海防強化と西洋兵学・大砲技術

嘉永二年三月吉田松陰は海防意見書「水陸戦略」を藩に提出し、「異賊御手当御内用掛」を拝命した。同三月米艦が長崎に来航したとの報に接し、藩は山縣吉之助・児玉傳兵衛を萩沖の見島軍用方とし、人員を派遣して警備強化に努めた。なお、見島の防禦に関する弘化二年の報告〔士卒五五人、哨堡二個（遠見番所二座）、大砲一二門、砲座三座、小銃一〇〇挺〕は、弘化四年の時点でまだ達成されていず、この頃にようやく達成された。三月藩公は、帰国後直ちに長門の大津海岸の防備状況を視察した。六月豊浦郡神田岬砲台に大砲三門を増設した。

六月に神道無念流練兵館斎藤弥九郎の長男斎藤新太郎（二代目弥九郎）は全国武者修行の途中萩へ立ち寄り、藩の各流派の剣士を撃破して、練兵館の評価を高めた。

七月六日から二三日にかけて萩・下関の海岸巡視がなされた。道家龍左衛門・飯田猪之助・森重政之進および吉田松陰は関船（和布苅通）に乗り、多田藤五郎・大西喜太郎・郡司覚之進（のち千左衛門）は小早舟（御用丸―関船より小型であるが船足は速い）に乗って視察に向かった。この年、藩は郡司覚之進を西洋砲術修得のために長崎に派遣した(17)。

三　西洋兵学の研究と海防強化

翌嘉永三年二月医学所が発足（漢学・洋書（訳書・原書）・諸科・専門）し、六月には医学所から好生館へ改称した。三月藩は、田上宇平太を翻訳掛に任じ、ペウセル砲術書を訳させるとともに、多くの西洋兵学書を購入し、蘭学者にこれを研究させた。

五月には、小早舟に搭載する大砲を新造し、これを水軍の火器に加えた。瀬戸内海の要地（津妻崎裏、丸尾崎、三田尻の大濱・問屋口・室積、上ノ関、室津、地家室等）に巨砲を備え、防州海岸の防備を強化し、各所で演習し、その技術を高めた。一〇月に各地の警備状況を調査した。これを弘化二年から嘉永二年までの状況と比較すれば、弘化二年〜嘉永二年では警備の士卒二万五〇〇〇余人、大砲四八七門、小銃九五〇〇余挺であったのに対し、嘉永三年には警備の士卒三万三九七〇余人、大砲五五八門、小銃一万一五六九挺となり、士卒数、大砲、小銃はかなり増加した[18]。

四　吉田松陰九州遊学と「百幾撒私」

嘉永三年（一八五〇）八月二五日吉田松陰は兵学修業のため九州（平戸）遊学へ出立し、一二月二九日に帰萩するまでの間の九州遊学の記録を「西遊日記」として残している（当時二一歳）。

そのなかで、九月五日に長崎の長州藩屋敷に到着した吉田松陰は、翌六日には六月から長崎に来ていた郡司覚之進とともに高島浅五郎を訪れ、午後は舟を雇ってオランダ船・唐船を海上から観察した。その後唐寺崇福寺を経て皓臺寺に坂本天山の墓に参っている。八日には平戸藩天山流砲術師範豊島権平《てしまごんべい》に会う[19]。

その後、松陰は各地見物しつつ、一四日には平戸へ着き、葉山左内・山鹿萬介他さまざまの人に会い談話し、各種書籍を借りてその内容を要約・筆写した。その後、九月二一日には山鹿・天野と談論の帰途、豊島権平の宅を訪れた。アヘン戦争時のイギリスの非道に関する記事・論説集である『阿芙蓉彙聞《あふよういぶん》』を借り、その目録を日記に写した[20]。

一一月一日松陰は豊島権平から「百幾撒私」（ペキサンス）、「台場電覧」、「砲台概言」を借りて帰り、早速その内容について日記に記載し始めた。この日は、「百幾撒私」の巻壱と巻二について抜き書きしている。それを要約すれば、「百幾撒私」壱の序文によれば、フランス砲術将校（砲将）ペキサンス（百幾撒私）はボンベカノン・柘榴カノンを用いたが、彼の著書は一八二二年に刊行され大いに世にひろまった。巻壱では、諸国の軍艦の備砲数は、その公表数よりも実際は多い。砲数は多い方がよいが、砲種はそう複雑にせず簡素にすべきである。

巻二によれば、海兵はいまだに木製の舷（船縁）やマストに向けて実弾を発射しているが、無駄なことが多い。一八一六年（アルジェの戦いでは）アルジェリア側は敵軍艦に二八六発の実弾を命中させたが、その効果はほとんどなかった。[21] これに対し、柘榴弾や大ボンベン弾は、平射（水平発射）しても力は実弾にも劣らない。このような炸裂弾（中空弾）の破砕力は驚くべき効果がある。木造船に命中して爆発すれば、その効果（功力）は和流大砲の烙丸《やきたま》（焙烙玉）よりもはるかに優れている。ペキサンス氏は、三六ポンドカノン砲を鑽開（拡大穿孔）して四八ポンド・六〇ポンド・八〇ポンドのカノン砲を造り、炸裂弾を発射するようにしている。ボンベカノンと蒸気船は、海兵の制度改革において最も緊要である。速度が速く大砲を搭載した蒸気船（駆逐蒸気炮台船）、大砲を搭載した速度の速い鉄甲船（鍛鉄駆逐炮台船）で鉄製舷の厚さは約一八《チセン》あるいは少なくとも九《チセン》あることが望ましい。

一一月二日には、巻三に関して次のようなことを記述している。一八二四年正月ブレストにおいて、リニー船（戦列艦）を標的として八〇ポンドボンベカノンを試射した。水平（横直）にボンベン弾を発射すれば敵艦は砕壊され、一発で敵兵は危険に陥る。ボンベン弾は木造船なら打ち砕いてしまうので、これを防拒するには船体に鉄を張った鉄甲船によらざるをえない。すでにこのようであったので、一時は海軍ではこの大砲を互いに使用せずに戦うこととしていた。

一一月三日には巻五について、大砲を搭載した蒸気船は風向きや無風に関わりなく、意のままに港内に出入りできる。暗礁や水際・砲場をも避けることができ被害が少ない。水深が浅くても進行でき、マスト上部の物見櫓もなく、帆も揚げないので、接近するまで見つかり難い。このように、ボンベカノンを搭載していれば、敵に一驚を与えることができる。

かくて、松陰はこの書物を読了し、翌四日以降は他の書物（台場電覧等）の記録に移った。[22]

このように嘉永二年から三年にかけて長州藩でも西洋兵学導入と大砲技術に関して顕著な動きがみられた。

Ⅳ　学術奨励と西洋兵学　――嘉永四年〜五年――

一　藩の学術奨励

嘉永四年（一八五一）藩は武術・兵学修業のため諸藩士を関東・九州等各地に派遣した。吉田松陰は軍学（兵学）研究のため関東修行を命じられた。村田清風は、次の言葉を贈り、砲術と兵学の研鑽を強く督励した。

「不達砲技勿以論兵　不通孫呉勿以譚砲」

これは、「砲技に達せざれば、もって兵を論ずるなかれ。孫子呉子（の兵法）に通ぜざれば、もって兵を譚す（語る）なかれ」ということで、砲技は今日の急務であるが、孫子呉子（戦略・戦術）の基本原理に通じていなければ砲技も空しき末技であることを諭している。この年四月松陰は江戸へ到着し、安積艮斎・古賀茶渓・山鹿素水だけでなく西洋砲術研究のため佐久間象山にも入門した。また、斎藤新太郎や小林虎三郎等とも交わった。

七月藩は武術修業だけでなく文学講究も奨励し、藩外遊学を奨励した。これにより、文学研究のため、宍戸恒太・中村百合蔵・小田村伊之助（のちの楫取素彦）等は関東修業を認められた。(23)

二　吉田松陰の東北行

嘉永四年末の一二月一四日より、吉田松陰は藩の許可を待たずに肥後藩士宮部鼎蔵や友人で兄の敵討ちを志す江幡五郎とともに東北へ出立し、結果的に脱藩の扱いとなった。一二月一五日から翌嘉永五年（一八五二）

四月五日にわたる「東北遊」の道程において各地・諸藩の有志の話を聞くとともに、とくに会津ではペキサンス砲を視察している。すなわち、一月二日には水戸に入り、一月一四日会沢正志斎を訪れ、海保帆平にまみえる。そして、一月二九日会津・若松に宿泊し、会津にしばらく滞在している。

二月三日には志賀与三兵衛・軍事奉行広川勝助・西郷十郎右衛門に会う。この日また、同藩では「近頃、百幾撤西砲を鋳る、口径七寸余、長さ七尺余なり。又架砲船を作りて、これを城外の東の湖に試む」と記録している。(24) 会津藩は、嘉永四年に江川英龍に一五〇ポンドペキサンス砲等の鋳造を依頼しているが、この時あるいは後に八〇ポンド砲も注文したのか、あるいは自製したのかは不明である。ペキサンス砲もこの時期すでに海防に携わる主な藩によって調達あるいは自製されるようになったことがうかがえる。

三　山田亦介の隠居と藩士の練兵館留学

嘉永五年（一八五二）五月に幕府は大森海岸に大砲演習場を設立し、旗本・諸藩士の使用を認めた。七月には、かつて吉田松陰に兵学（長沼流）と世界の大勢に着目すべきことを教えた山田亦介は、古賀侗庵《とうあん》（茶渓は長男）の『海防臆測』を活刷し過激な海防論を主唱したため隠居を命じられた。(25)

九月一一日斎藤新太郎が再び萩を訪れた。藩士を練兵館に留学させるためである。藩は河野右衛門、財満新三郎、佐久間卯吉、林乙熊、永田健吉の五人を公費留学生として江戸に派遣することを決定した。これとは別に桂小五郎と井上壮太郎は三カ年の自費留学を認められた。九月晦日一行は斎藤新太郎に従って萩を出立し、各地を巡って一一月下旬には斎藤弥九郎の練兵館に到着した。当初、練兵館では午前中は講義と撃剣、午後読書等修業の日々を過ごした。(26)

四　長州藩の行政要路組織

この時期の行相府（江戸表）の要路としては、当役は家老浦靱負、手元役は中井次郎右衛門、政務役（右筆役）は椋梨藤太から周布政之助さらに赤川太郎右衛門へ、用所役は中川右衛門から長井彌次郎さらに小川七兵衛へ替わった。

他方、国相府（国元、地方）の要路としては、当職は家老毛利筑前、裏判役は飯田小右衛門から口羽善九郎へ、手元役は天野九郎右衛門、蔵元両人役は三須市兵衛から前田孫右衛門、遠近方は中島市兵衛から内藤萬里助へ替わり、所帯方は用所役と同じであった。

「防長回天史」によれば、政務役（右筆役）として椋梨藤太（嘉永三年四月七日任、嘉永六年九月一二日免）、周布政之助（嘉永五年五月二五日添役、嘉永六年五月二二日任）、赤川太郎右衛門（嘉永六年九月一二日任）が挙げられている。右筆役は常時二～三名任命されている。また、国相府にも右筆役（地方右筆役、一五〇石以下八組士・五〇石以下遠近士）が設けられることがあった。先の周布政之助は、嘉永三年四月一六日から嘉永四年一一月一八日まで国相府の右筆であった。なお、この右筆役は文久三年（一八六三）の改組によって江戸方と国元とが統合されて「政務座」となる[27]。

Ｖ　西洋銃砲への志向　――ペリー来航前――

一　西洋銃陣への志向

嘉永末期、神器陣は和流砲術につきものの形式的で様式のみ重視し、各見合役（士官）の流派等によって隊形も異なり、操練も巧拙があり、一隊が一挙に出陣することができない有様であった。これでは実戦に応用できないことは明白である。さりとて、藩公（忠正公毛利敬親）は清徳公以来の神器陣を廃絶するに忍びず、かつ陣法にも取るべき点もあるのでなお存続させることとした。しかし、実戦の用具となるよう砲術家とくに洋砲家郡司覚之進に命じて神器陣運用の法を修正しその得失を講究させたが、まだ決定的な実用性を認めるには到らなかった。

そこで、嘉永六年（一八五三）一月二〇日藩は防長二州の海防区域を八部に分けて六家両家老をもって各部の惣奉行に任命し、そのもとでそれぞれ麾下の部隊を編成することとした。三月には水陸先鋒隊二隊、麾下警衛隊一隊を編成し、各部隊で習練し（一手別習練）、手当方・惣奉行手元役一手見合役等がこれを監視することとした。しかし、この一手別習練も結果的にうまくいかなかった(28)。

他方、江戸では一月二三日江戸藩邸の藩士の中から、御前警衛隊（兼常亘人・坪井竹槌他一三人）と陸軍・先鋒隊（來原《くるはら》良蔵・波多野金吾・正木市太郎等二〇人）とに分けられた。二月二五日御前警衛隊と先鋒隊は銃器の修練を行った（「火術を修熟せしむ」）。

四月七日に藩公は、参勤交代により江戸桜田邸に到着した。練兵館に派遣された藩士達は、四月二六日から講義と撃剣に加えて、夜には斎藤弥九郎から西洋銃陣を教わり、五月からは西洋銃陣の練習が連日行われた。斎藤弥九郎は、北辰一刀流・玄武館の千葉周作・鏡新明智流・士学館の桃井春蔵とならんで幕末の三大剣客と称されただけでなく、江川英龍の配下となり、さらに秋帆の徳丸原操練に参加し、西洋流銃陣・西洋兵学にも相当精通していた(29)。

五月に藩公は桂、山縣半蔵、北条源蔵等一五人を親試した。桂小五郎は孟子・中庸を講じ、さらには西洋銃陣にも及んだ。五月一四日には斎藤弥九郎の引率で、桂は練兵館塾生とともに大森演砲場に西洋流砲術の見学に出掛けている。五月二三日には、桜田藩邸で藩公の御前で塾生全員の撃剣の一斉試合と西洋銃陣の戦

闘行動を披露した。五月二四日吉田松陰が練兵館を訪れ、桂や松村文祥・才助兄弟と逢った。(30)

二　弘化・嘉永五年までの喜平治の鋳造活動

（一）喜平治の鋳造実績

萩松本鋳造所の郡司右平次（喜平治）は天保一五年（弘化元年）以降つまり弘化・嘉永期を中心に多くの大砲を鋳造している。右平次（喜平治）の鋳造実績を、彼が藩に提出した勤功書から抽出してみれば以下のようになる。(31)

文政六年（一八二三）、防長第一といわれた天樹院の大鐘を鋳造
天保一一年（一八四〇）、計二門、百目玉重目三〇貫目長筒（一）、小筒（一）、長筒周発台用具一巻
天保一四年（一八四三）～弘化四年（一八四七）計一〇四門
（イ）和流青銅砲＝一貫目筒（一六）、六百目筒（五）、五百目筒（六）、三百目筒（七）、二百目筒（七）、合図筒十貫目玉（一）、同五貫目玉（一）、三百目玉野戦筒（四）、小計四七門
（ロ）銑鉄大砲＝六百目筒（一〇）、五百目筒（九）、三百目筒（一〇）、二百目筒（一一）、雹《はく》砲（散弾砲）（一）、小計四一門
（ハ）西洋式青銅砲＝モルチール（臼砲）（七）、ホイッツル（忽砲）（八）、小計一五門
（ニ）弘化三年（一八四六）大小鉄玉数千発／手矢炮（一）
嘉永元年（一八四八）計四門、ホイッツル（一）、モルチール（一）、手矢筒（一）、七百目野戦筒（一）
嘉永三年（一八五〇）計二門、三貫目玉ホイッツル（一）、クーホール（牛角砲、手臼砲）（一）
嘉永五年（一八五二）計二門、木製合図筒の鎕（銅）薄張十貫目玉（一）、同五貫目玉（一）

以上、天保一一年〜嘉永五年合計一一四門

とくに弘化期には、荻野流一貫目玉青銅砲を手始めに銑鉄大砲（鉄張筒）も鋳造している。そして、高島流の導入に伴って洋式大砲（臼砲・忽砲）の鋳造にも着手した。彼は一生のうちに一三〇門余りの大砲を鋳造した名人である。弘化期にはすでに一〇〇門を超えており、量的には最も良く活動したということができる。洋式大砲に関しては嘉永五年までは臼砲・忽砲をおもに造っているが、嘉永六年から本格的にカノン砲の鋳造にも関わっている。

（二）弘化期の活動

郡司喜平治は天保一五年・弘化元年（一八四四）に、荻野流一貫目玉青銅砲を青海の鋳造所の郡司富蔵とともに最低でも二四門は造ったとみられる。このうち少なくとも一六門が喜平治の作品ということになる。弘化四年までに先の荻野流一貫目玉青銅砲一六門を含む各種和流青銅砲が計四七門だけでなく、四一挺の銑鉄大筒（鉄製砲）を鋳造している。臼砲（モルチール）・忽砲（ホイッツル）等の洋式砲が一五門である。彼はこの時期にすでに計一〇三門もの大砲を鋳造したことになる。

喜平治が造った六百目筒や五百目筒はおもに周発台用のものと思われる。三百目玉・三百目玉筒は㸿雷車用あるいはその後に何らかの改良された砲架用のものであろう。また、この時期銑鉄製大砲（鉄張大筒）が四一門も造られているのは興味深い。ただし、最大六百目玉筒であるから、周発台用ならびに㸿雷車用に造られたのかもしれない。

また、洋式大砲は、この段階つまり高島秋帆の徳丸原操練や弘化四年（一八四七）の吉羽数馬の西洋流砲術演習では、臼砲と忽砲の演習が中心であるから、この二種類の洋式砲の鋳造がおもになされたとみられる。このときに併せてボンベン弾およびガラナート弾とも呼ばれる炸裂弾の研究と製造も郡司一門（砲術家・鋳造所）で試みられた。

（三）嘉永五年までの活動

嘉永元年から嘉永五年までの鋳造活動はそう活発ではなく、しかも臼砲・忽砲が中心であった。クーホール砲は牛角砲とも称されるが、二人くらいで持ち運びできるいわゆる小型の臼砲で手臼砲（ハンドモルチール）と呼ばれるものである。七百目玉野戦砲は五〜六ポンド砲に相当すると思われるが、西洋式のカノン砲かどうかは不明である。嘉永六年になって再び喜平治の活動が活発となる。

ちなみに岩国吉川家の砲術師範有坂淳蔵長為は、防長ではいち早く高島秋帆に入門し、同じく防長出身の手塚律蔵（謙蔵）とともに徳丸原操練に参加している。そのような有坂であっても、鋳造した大砲は天保一四年頃からモルチール（臼砲）を鋳造するにとどまっている。[32]

三　西洋式大砲の導入　―ペキサンス砲の優位―

嘉永六年には西洋兵学への指向が益々強まり、和流砲術家の反対を抑えつつ西洋式砲術・銃陣編成への試みが徐々に大きくなる。すなわち、二月に郡司覚之進（千左衛門）は長崎での砲術の研究を願い出た。覚之進は研究の傍ら港内の新砲台を見て回り、ペキサンス砲の優位性をあらためて再確認し藩へ報告した。

藩は六貫目玉（約五〇ポンド）臼砲および忽砲の製造をすでに予定していた。そこで、覚之進は、次のように主張した。臼砲・忽砲はともに射距離が短いので海上の敵艦を撃砕するには不十分であり、海岸防衛は別にペキサンス、ボムカノンン等の巨砲が配備されている。その最大のものは一五〇ポンド砲である。しかしながら、今、直ちに一五〇ポンド砲を鋳造するには巨額の費用がかかるので、八〇ポンド砲二門を造り、これを以て一五〇ポンド砲一門に代替すれば、費用が少なく効果は大きいであろう。

この時期、荻野流砲術家守永弥右衛門が萩に来ており、彼は自家製六貫目玉炮烙玉筒の図面を提出した。いずれの大砲も、三〇町（三二七〇㍍）は十分飛び、二〇町（二一八〇㍍）以内ならば敵艦を洞貫すると主張した。この言は信じるに足りないが、無視するわけにいかず、のちに藩は郡司と守永の提案をともに聞き入れ、両者の提案を比較検討することを許可した[33]。

このように長州藩も幕府と同様ペリー来航まで、和流砲術家の強硬な抵抗があったことを物語っている。守永弥右衛門は九州中津藩出身で荻野流砲術師範であり、かつて吉田松陰に教授したこともある。萩藩御家流神器陣は天山流・荻野流を基礎としており、のちの元治元年の欧米連合艦隊との戦闘の折には荻野隊一五〇人が彦島の砲台を守備していたくらいであるから、嘉永期には荻野流が神器陣とともに和流砲術の主流として存続していた[34]。

このようななか、六月三日ペリーの米国艦隊が来航した。郡司武之助と郡司覚之進とは江戸へ上るよう求められた。八月長州藩は試みに覚之進の主張する八〇ポンド・二〇ポンドペキサンス砲の鋳造を許可するとともに、守永弥右衛門が主張する六貫目炮烙玉砲との比較検討を命じた。松陰は翌年再来航するペリー艦隊との一戦に備えて西洋兵備化すべきことを提案した。藩は覚之進等を佐久間象山に入門させる等多くの藩士を江戸に派遣した[35]。

【第二章注記】

（1）武雄市図書館・歴史資料館編『武雄の時代―西洋砲術導入の軌跡』二〇一二年、八一頁。石井岩夫編『高島流砲術史料　韮山塾日記』韮山町、一九七〇年。拙稿「江戸後期幕府・諸藩における西洋兵学受容と大砲技術―ペキサンス砲の衝撃と幕府・諸藩の対応―」『大阪学院大学通信』第四三巻九号、二〇一二年、二一―二〇頁。拙稿「江戸後期における洋学受容と近代化―佐賀藩・薩摩藩の反射炉と鉄製大砲技術―」『大阪学院大学通信』第四二巻一一号、二〇一二年、二二―二三頁。

（2）武雄市図書館他編前掲書、八一頁。Paixhans,H.J.,Proefnehmingen. Gedaaon door de Fransche Marine omtrent de Bombe-kannons, 1835.

（3）Heinrich von Brandt, Grundzüge der Taktik der drei Waffen : Infanterie, Kavallerie und Artillerie, 1833. J.J.van Mulken"Taktiek der drie wapens ; infanterie, kavalierie en artillerie,"1837. 高野長英『三兵答古知幾』安政三年（一八五六）『高野長英全集　第三巻兵書』高野長英全集刊行会、一九三〇年、三頁―三七四頁。高橋磌一監修『高野長英全集　第五巻　礮家必読』第一書房、一九八〇年。佐藤昌介『洋学史の研究』中央公論社、一九八〇年、四〇九―四四六頁。佐藤昌介『高野長英』岩波新書、一九九七年、一六五―一九〇頁。佐藤昌介「国際環境と洋学の軍事科学化」・吉田光邦「兵制統一過程の一考察―三兵伝習から合併操練まで―」・所荘吉「砲術と兵学」中山茂編『幕末の洋学』ミネルヴァ書房、一九八四年、一五―五〇頁、六七―八〇頁、八一―一〇四頁。

（4）公爵島津家編纂所編『薩藩海軍史・中（明治百年史叢書）』原書房、一九六八年、二一頁。荘司武夫『火砲の発達』愛之事業社、一九四三年、一〇三―一〇九頁。松尾千歳「薩摩藩の鋳砲事業に関する一考察―幕末の台場鋳造を中心に―」『尚古集成館紀要』第一一号、二〇一一年、一八頁。道迫真吾「幕末長州藩における洋式大

砲鋳造—鋳物師郡司家を中心に—」長野暹編集代表『近代日本　製鉄・電信の源流—幕末明治初期の科学技術—』岩田書院、二〇一七年、一〇頁、一三—一四頁。淺川道夫『お台場—品川台場の設計・構造・機能—』錦正社、二〇〇九年、二五頁、三九頁。拙稿前掲（「江戸後期幕府・諸藩…」）、二〇頁、三七頁、四六頁。嘉永四年の韮山塾日記にはボンベカノンに関する記載が多くみられる。石井編前掲書、七六—八三頁。

（5）上田帯刀仲敏『西洋礮（砲）術便覧初編上』黄花園蔵板、嘉永三年（一八五〇）、巻上一一丁。

（6）Huguenin,U., Het Gietwezen In's Rijks Ijzer-geschutgieterij Te Luik, 1826. 大橋周治編著『幕末明治製鉄論』アグネ、一九九一年、八九頁。長谷川雅康「ヒューゲニン原著について」・同「ヨーロッパの製鉄史におけるヒューゲニン著『ロイク王立鉄製大砲鋳造所における鋳造法』の熔鉱炉」薩摩ものづくり研究会（代表長谷川雅康）『集成館熔鉱炉（洋式高炉）の研究—薩摩藩集成館熔鉱炉跡発掘調査報告書』二〇一一年、一一—一二頁・一二〇—一二一頁。拙稿前掲（「江戸後期における洋学受容…」）、二四頁、四七頁。拙稿「幕末期鉄製大砲鋳造活動の展開—佐賀藩反射炉活動を中心として—」『大阪学院大学通信』第四六巻五号、二〇一五年、二—三頁。

（7）本島藤太夫「松乃落葉」巻一嘉永三年三月二四日、杉本勲・酒井泰治・向井晃編著『幕末軍事技術の軌跡—佐賀藩史料『松乃落葉』—』思文閣出版、一九八七年、四一頁。吉田光邦「幕末反射炉考」『人文學報』第一九号、一九六四年、三一頁、三九頁。拙稿前掲（「江戸後期幕府・諸藩…」）二〇頁。拙稿前掲（「幕末期鉄製大砲…」）、三八—四五頁。

（8）萩市史編纂委員会編『萩市史　第一巻』ぎょうせい、一九八三年、八七六—八七七頁。末松謙澄『修訂　防長回天史』柏書房、一九六七年、八四頁。

（9）末松前掲書、八四—八五頁。

（10）末松前掲書、八五頁。

(11)小川亜弥子『幕末期長州藩洋学史の研究』思文閣出版、一九九八年、四一―四二頁。「異賊防禦御手当一事控(抄)」山口県史編さん室編『山口県史　資料編　幕末維新二』山口県、二〇〇四年、九四一―九四三頁。佐藤昌介「国際環境と洋学の軍事科学化」中山編前掲書、三三―三五頁。

(12)末松前掲書、八五―八六頁。

(13)末松前掲書、八五―八六頁。佐藤前掲論文、三三頁。

(14)末松前掲書、八六頁。「異賊防禦御手当一事控（抄）」山口県史編さん室編前掲書、九四三―九四四頁。当時の防備局の要請は、具体的には剣付鉄砲二〇〇挺、ヤーゲル筒五〇挺、馬上砲三挺揃一〇具、玉鋳型五具、燧石（火打石）一〇〇〇個であった。末松前掲書、八六頁。

(15)末松前掲書、六一頁。田中前掲書一八四頁。三坂圭治『萩藩の財政と撫育制度』マツノ書店、一九七七年、一七九頁。林三雄『長州藩の経営管理』文芸社、二〇〇一年、六九―七一頁。

(16)山口博物館『維新の先覚　吉田松陰』山口県教育会、一九九〇年、一八五頁。小川前掲書、三〇―三二頁。小川國治『藩校明倫館』萩ものがたり、二〇一五年、四四―四五頁。末松前掲書、八九頁。適塾記念会編『緒方洪庵と適塾（改訂版）』一九九三年、四二―四七頁、五五頁。

(17)末松前掲書、七〇頁、八六頁。木村紀八郎『剣客斎藤弥九郎伝』鳥影社、二〇〇一年、二二一―二二三頁。吉田松陰「廻浦紀略」山口県教育会編纂『吉田松陰全集　第九巻』大和書房、一九七四年、一一―一二頁。山口博物館前掲書、一五頁。

(18)小川（亜）前掲書、三三頁。末松前掲書、八六頁、八九頁。佐藤前掲論文、三四頁。

(19)吉田松陰「西遊日記」山口県教育会編纂前掲書、二五―一〇七頁。吉田松陰「西遊日記」吉田常吉・藤田省三・西田太一郎校注『日本思想大系五四　吉田松陰』岩波書店、一九七八年、三九四―四四四頁。角憲和『阪本天山』

岳風書房、二〇〇〇年、一六六—一六八頁。
(20) 塩谷宕陰『阿芙蓉彙聞』弘化四年（一八四七）は、序、七巻八冊からなる。山口県教育会編纂前掲書、三九—四一頁。吉田・藤田・西田校注前掲書、四〇五頁。
(21) 山口県教育会編纂前掲書、七一頁。吉田・藤田・西田校注前掲書、四三一—四三二頁。そこにおいて、アルギールはアルジェリア(Algier)［人・側］と解すれば、一八一六年の戦いはアルジェの戦い（Bombardment of Algiers、第二次バーバリ戦争、アルジェリア（オスマントルコ）対英蘭連合艦隊）のことと推測される。
(22) 山口県教育会編纂前掲書、七二頁。吉田・藤田・西田校注前掲書四三三頁。
(23) 村田清風「年譜」（嘉永四年二月一三日）。山口県教育会編纂『村田清風全集上巻』山口県教育会、一九六一年、三八頁。山口博物館前掲書、二四頁、三〇頁。萩市史編纂委員会編前掲書、九〇八—九〇九頁。末松前掲書、六九頁。
(24) 山口県教育会編纂前掲書（『吉田松陰…』）一六五—一八〇頁。吉田・藤田・西田校注前掲書、四四六—五三六頁。［口径七寸余＝二一センチ余、長さ七尺余＝二一二メートル余］であるから、八〇ポンドペキサンス砲と思われる。また、松陰のその後の主な足取りは次の通り。二月二九日佐渡相川・酒田・本荘・秋田・大舘・弘前→三月五日竜飛岬・青森・八戸・盛岡・花巻・中尊寺・仙台・米澤、足利→四月五日江戸到着。山口博物館前掲書、三二—三三頁。
(25) 萩市史編纂委員会編前掲書、八八六—八八九頁。吉田祥朔著『増補近世防長人名辞典』マツノ書店、一九七六年、二五四—二五五頁。小川（亜）前掲書、四二—四四頁、一四一—一四六頁。
(26) 木戸公傳記編纂所（代表者妻木忠太）『松菊木戸公伝　上・下』明治書院、一九二七年、年譜五頁、本文一六—一八頁。村松剛『醒めた炎—木戸孝允（上）』中央公論社、一九八七年、二四—二六頁。
(27) 末松前掲書、一〇三—一〇四頁。河村一郎『萩藩主要役職者年表』萩博物館、二〇一三年、三三—三五頁、六八頁、七四頁。

(28) 末松前掲書、一八八―一八九頁。「六家両家老」は毛利一門六家（三丘宍戸、右田毛利、厚狭毛利、吉敷毛利、阿川毛利、大野毛利）と永代家老二家（須佐益田、宇部福原）のことと思われる。時山弥八編『増補訂正もりのしげり』赤間関書房、一九六九年、二六八頁。

(29) 妻木忠太『來原良蔵傳上』（復刻版）村田書店、一九八八年、年譜七頁、七―九頁。坂本保富『幕末洋学教育史研究―土佐藩「徳弘家資料」による実態分析―』高知市民図書館、二〇〇四年、三七頁。徳丸原操練において斎藤弥九郎は「投火薬者」（野戦筒）に、岩国の有坂淳蔵は「点火者」（野戦筒）に、弟の斎藤三九郎は英龍家来の柏木壮蔵とともに「両隊銃士」（小筒打方）に、下曾根信敦と江川英龍とは「留守廓内周旋執行者」に名を連ねている。坂本保富「武州徳丸原操練に参加した高島秋帆門人―既知史料の吟味と新史料の紹介による比較検討―」信州大学レポジトリ『研究報告書五』二〇〇六年、四―七頁。木村前掲書、一四四―一四五頁。

(30) 木戸公傳記編纂所前掲書、一九頁―二〇頁。木村前掲書、二五八―二五九頁。

(31) 安政二年（一八五五）差出郡司右平次勤功書による。山本勉彌・河野通毅『防長ニ於ケル郡司一族ノ業績』藤川書店、一九三五年、四七―四九頁。拙稿「江戸後期における長州藩の大砲鋳造活動考―右平次（喜平治）勤功書を中心として―」『伝統技術研究』第四号、二〇一二年、二九―三二頁。郡司における鉄製（鉄張）大砲の記録は、山口県文書館・郡司家文書に「鉄張壹貫目巣中貳尺」の大砲図型写が、同じくネジ構造の一貫目巣大筒図型写とともに所蔵されている。尾栓ネジ一貫目玉砲の図型には寛政四年（一七九二）とある。鉄張筒も同年に描かれたものかどうかは不明であるが、喜平治以前にもすでに鋳造されていた可能性は高い。

(32) 兵頭二十八『有坂銃―日露戦争の本当の勝因―』光人社、二〇〇九年、一五六―一五七頁。有馬成甫『高島秋帆』吉川弘文館、一九八九年（新装版）、八五―八六頁。

(33) 末松前掲書、八六頁、二二二頁。

(34)守永弥右衛門関連史料としては、「守永弥右衛門　或問辨」(毛利家文庫・叢書)「嘉永五年四月　豊前中津より守永弥右衛門江大砲製作之儀御内頼有之候趣申出仕調之儀聞届相成候事」(毛利家文庫・諸省)がある。

(35)末松前掲書、二二一頁。吉田松陰「叔父玉木文之進宛書簡」吉田・藤田・西田校注前掲書、一一一―一一六頁。広瀬豊編『吉田松陰書簡集』岩波書店、一九三七年、七八―八三頁。

第三章　ペリー来航と長州藩

――嘉永末期の西洋兵学受容――

はじめに

嘉永六年（一八五三）六月三日ペリーが来航した。この時、長州藩は大森警備を命じられ、出兵した。翌年に予定されるペリー艦隊の再来航に備えて幕府は江戸近海の防衛と警備の強化、そのための西洋式兵器の増産（とこれを可能とすると期待される反射炉の築造）さらには西洋式軍艦の建造に乗り出した。

長州藩もまた国元だけでなく、江戸においてもさまざまの対応に追われることとなった。萩の鋳造所でも西洋式カノン砲・ペキサンス砲の鋳造に着手した。一一月に長州藩は相模警衛を命じられた。松本と新設の姥倉の大砲鋳造所を藩営化し、江戸の藩別邸でも西洋式大砲の鋳造を行うこととした。

Ⅰ　ペリー来航と幕府の対応

一　ペリー来航と江川英龍の復権

嘉永六年（一八五三）六月三日、ペリー提督の率いる米国艦隊が四隻（旗艦サスケハナ、ミシシッピ、サラトガ、プリマス）で来航した。応接掛の浦賀奉行与力中島三郎助が艦上のペキサンス砲について詳しく知ろうとしたことにペリー提督・艦隊将校等は驚きかつ警戒した。この時、ミシシッピ号は一六九二トン、全長二二五フィート（六八・五六メートル）、一〇インチ（一五〇ポンド超）砲二門と八インチ（八〇ポンド超）砲八門搭載している。旗艦サスケハナはさらに大きく、二四五〇トン、全長二五七フィート（七八・三三メートル）、一〇インチダールグレン砲三門と八インチペキサンス砲六門搭載していたとみられる[1]。

江川英龍は、天保期には保守派の鳥居耀蔵に対し革新派技術官僚として老中水野忠邦を支えてきた。しかし、その後の阿部正弘政権下では当初は遠避けられ、江川は韮山を活動の拠点として、佐賀藩の反射炉建設等をはじめ諸藩の近代化に貢献した。

老中阿部正弘は、造船と海軍創設、台場築造、講武所創設、調練場・射撃場の創設、洋式調練の実施、蕃書調所の創設など多くの改革に着手した。ペリー出港後に江川英龍は幕府から呼び出され、六月一九日に勘定吟味役に任命された。彼は、江戸湾防御のための見分を命じられ、若年寄本多忠徳（正使）、勘定奉行川路聖謨等とともに、六月二二日に出発した。この時、桂小五郎は斎藤弥九郎に願い出て江川英龍の従僕のかたちで見分に参加したという。

七月に幕府は勘定奉行松平近直、川路聖謨、勘定吟味役竹内保徳、江川英龍に対し台場普請取調方を命じた。江川は、おもに台場設計（縄張御用）と備砲製作を担当した。斎藤弥九郎は江川の補佐役（大砲鋳造御用掛）となった。八月に江川は海防掛を拝命し、高島秋帆もまた同月に赦免され、英龍配下の御鉄砲方付手代となり、台場築造の監督（海防掛御用取扱・大砲鋳造方御用掛）にあたった。かくして、品川沖の一番〜三番台場の工事を開始するとともに、台場備砲製造のため湯島鋳砲場を設立し青銅砲の製造に着手した。

ペリーが来航した嘉永六年（一八五三）七月に英龍は反射炉築造を建議し、一二月にようやく反射炉築造を認められ、下田に建設することになった。嘉永七年（一八五四・安政元年）一月ペリーが再来航した。三月アメリカ水兵の侵入により機密保持のため反射炉を下田から中村鳴滝（韮山）に移転した。一〇月には中村反射炉連双二基のうち一基（東南炉）が完成した。しかし、一二月に英龍は病に倒れ、安政二年（一八五五）

一月に死去した。[2]

二　幕府大船建造禁止令解除と洋式軍艦建造開始

ペリー来航後幕府は台場（砲台）の築造だけでなく、洋式軍艦の建造にも乗りだした。嘉永六年七月長崎奉行にオランダ軍艦の購入を指示した。九月五日浦賀奉行に洋式軍艦の建造を命令し、七日に香山栄左衛門等浦賀奉行与力・同心を製造掛に任命した。一九日から浦賀奉行所は艦船（鳳凰丸）建造を開始した。

これに先立ち、九月一五日に幕府は大船建造禁止令を解除した。これにより、薩摩藩や水戸藩等は洋式軍艦建造に着手した。[3]のちに長州藩も、軍艦製造を目指すようになるが、これには桂小五郎が当初深く関わることとなる。

Ⅱ　ペリー来航と長州藩の西洋兵学・近代化

一　西洋兵学の吸収　―來原良蔵・桂小五郎・吉田松陰等の活動―

（一）來原良蔵・桂小五郎等の西洋兵学修行

ペリー来航後の六月七日、幕府は江戸周辺の海岸防備強化のため長州・福井・熊本・姫路・高松・徳島・柳川各藩に出兵を命じた。六月八日幕府は長州藩に大森警備を命じた。この時、長州藩は、大砲三門・鉄砲一〇〇挺・藩兵五〇〇名有余を携えて堂々と大森に出張し、六日間警備し、面目を施した。ただし、麻布の藩邸武器庫に貯蔵している大砲三門は口径が小さく実用に適さない感があるため、佐久間象山を介して榊原侯所蔵の新鋳大砲三門（七百目玉大砲二門・一貫五百目玉大砲一門）を五〇〇両で買い求め、これを携行した。

また、六月一五日には国元より大砲三門（六貫目玉忽砲、一貫目玉および迅揺三百目玉野砲）と小銃一〇〇挺（六匁玉筒）ならびに兵若干名を送らせた。

練兵館へ派遣されていた桂小五郎等も大森視察を命じられ、藩に大森の状況を復命した。六月九日には桂等の練兵館留学生は藩主守護の親衛隊に加えられた。他方、六月二四日藩命により來原良蔵等一八名は萩を出立、七月一一日江戸に着き、一八日には大森で幕府の大砲射撃を見学し、一九日浦賀の形勢を視察している。八月に良蔵は森重武兵衛に水軍ならびに砲術を学んだ。

八月四日幕府は品川湾内に砲台築造を計画し、江川英龍等に監督を下命した。前述のように桂小五郎は斎藤弥九郎に請うて江川の従僕となって武蔵・伊豆・相模等の海岸測量を見学した。この随行は数旬に及び、その地勢と（海の）深浅について概略を知ることができた。かくて、桂は江川英龍について砲術を学ぶため、同志とともに入門した。桂は、江川の教授法はまず小銃運用術を授け、その後各自の希望にしたがって山野の戦法ならびに海岸船上の砲術を修めるようにしていることを藩政府に告げ、同志のために練習用の小銃を請求した。このように桂ははじめ専ら銃術を学んだが、その修練はそう長くないものの、よく西洋の兵制を解得したとされる。それはすでに斎藤弥九郎のところで西洋銃陣を学んでいたことにもよるであろう[4]。

（二）ペリー再来航の危機意識と吉田松陰の西洋兵学化提案

翌年のペリー再来航時には、ペリー艦隊と日本（幕府）とは一戦を交える可能性が非常に大きいと予想された。このことから吉田松陰は藩に「急務條議」を建言し、さらには叔父玉木文之進に宛てた書簡で武備西洋化の必要性を強調した。

① 松陰の相模海防提案「急務條議」

嘉永六年八月二日に吉田松陰は「急務條議」を藩に提出した。そこでは、水戸藩・肥後藩・さらに天下の士との交流（情報収集）、海岸備砲の種類・量の充実、西洋砲術修得・西洋銃陣（歩兵隊法）、鉄砲・砲車製作法の習得、藩邸居住者による兵士（歩兵隊）の編成、台場築法の研究・教育、西洋軍艦の購入、火薬（硝石）製造等について列挙している。彼はまた同じ八月に兄杉梅太郎宛て書簡で、また九月には叔父の玉木文之進宛て書簡で、藩の兵備近代化を説いた。

② 松陰の近代化提案

九月一〇日に、江戸遊学中の松陰から「叔父玉木文之進宛」に出した書簡からは、ペリー来航後の藩の状況がある程度うかがえる。

ペリー来航により、来年は一戦に備えなければならないときに、江戸表・本藩はじめ諸藩の武備は何ともおぼつかない。和流陣法に凝り固まり、西洋の所説を一切排除することは無益と思われる。各藩の武備を一日も早く洋式化すべきである。郡覚（郡司覚之進）、道龍（道家龍助）、白井小助等は佐久間象山のもとで西洋砲術等の稽古に励んでいる。桂小五郎、井上壮太郎は斎藤弥九郎の説を信じ、頻りにこのことに心を用いている。手塚律蔵も洋学を相当深く研究している、等々。……（中略）……西洋銃陣の用意と訓練が必要であり、幕府・諸藩の洋式軍艦配備等の少なさは嘆かわしい。……（中略）……大砲についても短ホイッツル（忽微砲、榴弾砲）くらいでは役に立たないので、長ホイッツル、六ポンド・一二ポンド野戦砲、ペキサンス砲（フランス式大砲）、二四ポンドカノン砲、八〇ポンドカノン砲等も追々鋳造しなければならないこともよく考えていただきたい。（以下、省略）

かなり長文の書簡であるが、この文中には和流家にも西洋兵法を兼ね学ばせたいこと、和流に熟したるものは、西洋流をやっても上手であることなどと述べ、さまざまの例や出来事を報告しつつ、和流（国粋）第一主義の叔父玉木文之進の説得に努めている。さらには、洋式の金合法（銅合金法）、盛岡の一揆はじめ幕府（湯島鋳砲場・品川台場）・諸藩の状況等にまで筆が及んでいる。[5]

二　ペリー来航後の長州藩と相州警衛対応

（一）ペリー来航後の長州藩の対応

嘉永六年八月一一日萩藩は幕府の許しを得て兵員銃器を萩より江戸藩邸に輸送した。八月晦日葛飾砂村の別邸（別墅）で銃陣の操練を行った。同日藩地において大砲鋳造に着手した。

九月一九日藩庫の金で小銃を購入し、少禄の藩士に配った。これより先、九月一二日に周布政之助が政務役に、また赤川太郎右衛門が添役に任じられた。椋梨藤太は、大森出陣の賞賜濫発の嫌いがあるとして頑なに反対したため政務役を免ぜられ、帰国して明倫館頭人となった。

一〇月幕府は洋式砲術奨励を号令し、一一月一四日幕府はペリー再来航に備えて、品川台場を川越・会津・忍藩に、大森海岸を彦根藩に、相模海岸を長州藩と熊本藩に、岡山藩・柳川藩に房総警備を命じた。同月、長州藩（萩本藩）は萩松本の鋳造所を藩営とし、同鋳造所の当主郡司右平次（喜平治）・大組大筒打郡司武之助（源之允嗣子）の両人を大砲鋳造用掛とした。右平次はまた新設の姥倉鋳造所の用掛も兼務した。

嘉永六年一二月に周布政之助は政務役筆頭となり、坪井九右衛門の定めた公内借捌仕法を廃して負債利下げや借金返済延期等で財政立直しを図った。保守派に対して改革派（革新派）が優位に立つようになった。

藩はまた相州警衛に必要な大砲を長州藩葛飾砂村別邸で鋳造するために、年末に右平次を江戸に上るよう命じた。年末に二人の弟子（鋳手両人、防府三田尻の郡司徳之亟他）をつれて右平次は出立した。[6]

（二）相州警衛と桂の海岸防衛策

一一月二二日藩命に応じて桂小五郎・來原良蔵・来島又兵衛・井上壮太郎・坪井竹槌・郡司覚之進等二二人が海防に関する意見書を提出した。一二月一七日桂小五郎は改めて相模海防意見を藩主に上書した。すなわち、（イ）藩主自らの御出陣、（ロ）有能な人材の登用、（ハ）広い警固範囲における藩兵の要点配備と農民兵採用、（ニ）広い警固範囲における合図の使用、（ホ）速やかな兵器修造と藩内の銅器等調達、（ヘ）三戦策（海戦・海岸守備・陸戦）の策定がこれである。

ペリー来航時に、桂は当時の情勢と対策について「時勢論」として纏め、これを江戸に来た吉田松陰に呈して校正をしてもらっていた。この草案を参考にしてさらに起草し、上記意見書を作成したものである。

一二月二二日來原良蔵は練兵館を訪れ斎藤新太郎に会う。翌日良蔵は再び練兵館を訪れ、弥九郎の案内で湯島鋳砲場を見学した。

桂は、この間、弥九郎について西洋銃陣を教わり、大森演砲場を見学した。さらに、江川英龍に従って台場周辺から相模方面の視察に参加し、測量学・地理学・砲台築造等を含む西洋兵術を実地に学ぶとともに、江川英龍に入門したとされる。(7) このことにより、桂は、藩の大森警衛だけでなく相模警衛にあたっても、周辺地理および砲台築造と備砲ならびに野戦（西洋銃陣）について知悉する重要な人材となった。

三　ペキサンス砲の鋳造

（一）砲術史料「八〇ポンド・三六ポンドボンベカノン諸規則」

郡司千左衛門（覚之進）家には『八〇ポンド・三六ポンドボンベカノン諸規則』（「八十封度伯以苦冊子佛郎西／砲術家　暴母加炳諸規則」「三十六tt（ポンド、筆者注）暴母加炳諸規則留　扣」）なる史料が伝わってきた（現在萩博物館蔵）。これは、薩摩藩による最初のペキサンス砲と砲弾の構造に関する規則と発射実験等に関する記録ならびに鋳造（大砲鋳造設計図＝円筒鋳型設計図）に関する資料である(8)。千左衛門は、先の長崎砲台のペキサンス砲の見分や薩摩・佐賀の伝聞等を参考にして八〇ポンドペキサンス砲の準備にとりかかった。もとより、千左衛門は砲術家（遠近付大筒打）であり、鋳造家（鋳物師、細工人）ではない。その具体的な鋳造は、松本の鋳造所の郡司右平次（喜平治）が行うこととなる。

（二）時限信管（木管）と円筒鋳型設計図

八〇ポンドボンベカノン諸規則によれば焚焼弾への時限信管の取り付けと、焚焼弾が火薬袋の発火によって爆発することを防ぐ基盤（コロス）等の構造やそのサイズ等が記載されている。木管とあるのが、この焚焼弾の時限信管にあたり、ここでは十八秒後に発火するようになっていた。

なお、八〇ポンドボンベカノン諸規則では、砲長は八尺八寸八分（二六六・九センチ）、口径は七寸二分八厘（二二・〇六センチ）である。参考までにいわゆるペキサンス鉄製砲の初期の諸元は、口径八・七インチ（二二センチ）、砲身の全長九フィート四インチ（二八四・四八センチ）、三〇キログラムシェル弾（shell、炸裂弾、榴散弾）、重量七四〇〇ポンド（約三・三六トン）とされる。口径はほぼ同じであるが、砲長は諸規則の方が一七・五八センチ短い。ペキサンス砲の外形は、砲耳はあるが砲把はなく（第二章I二作図参照）、砲尾と砲頭に照門（照準）が設けられ、最大射距離は、一四一〇メートルとされる。使用弾丸は榴弾・霰弾等である。

このように、ペキサンス砲は、おもに榴弾（鉄含弾）および霰弾（葡萄弾）を使用し、発射一八～一九秒後に発火する時限信管が用いられた（時限弾）。ペキサンス砲の使用する弾丸は、本来、着弾と同時に発火する「着発弾」であり、江川英龍はこれにこだわって終生研究し続けた。江川等が着発弾の完成・製造に至ったのは実に安政二年（一八五五）であった[9]。

また、その具体的な鋳造に関しては、「ボンベカノン諸規則」では円筒鋳型による鋳造設計図が画かれている。それは八〇ポンドボンベカノン大砲の円筒鋳型の中央に真金（中子）を固定した状態の設計図であり、積み重ねられる各円筒鋳型の各層の寸法や中子および砲尾の寸法とネジ等が記されている。

この大砲の円筒鋳型による鋳造では、大砲鋳型の真ん中に石型真金（中子）を固定して上部から熔解された銅合金（「湯」）を流し込む方法がとられる。この方法は中子方式とか核鋳法と称される。この砲尾部にはネジの絵が描かれていることから、鋳造にあたっては和式（和流）大砲の鋳造法によってペキサンス砲を鋳造することが示されている。

（三）若干の疑問

大砲鋳造設計図（円筒鋳型設計図）には、円筒鋳型による方法とネジ構造を持つ大砲が円筒鋳型を用いて鋳造する形で描かれている。萩藩では、天保一五年に荻野流一貫目玉青銅砲を多く鋳造しているが、そこでは砲尾に「ネジ」を用いている。萩の鋳造所では、それ以前にも五貫目玉、一〇貫目玉青銅砲も鋳造し、また梵鐘等も多く鋳造している。これらは、梵鐘の鋳造と同じ中子方式による円筒鋳型の可能性が高い。その傍証として、牧信篤による鋳造設計図「龍雷砲図」ではネジ構造の中島流和流二貫目玉大砲（龍雷砲）が円筒鋳型によって鋳造するための設計図が描かれている。これは文化七年（一八一〇）に石州（石見国、島根県浜田市）に伝わったものとされる。早くから萩や石見地方では円筒鋳型方式が採用されていたと推測される。

大砲の鋳造方法としては、同じ中子方式（核鋳法）でも長方形の木製枡箱の中に大砲の鋳型を半分ずつ作り、これを合わせて鋳型にする「半割形枡」による方法もある。これはおもに小田原や江戸など関東――例えば舐定昌「大砲鋳造絵巻」等――や佐賀藩などにみられる(10)。

このボンベカノン規則では明らかに円筒鋳型による鋳造設計図が記載されている。この鋳造設計図には他の図のような追加的な朱記はみられない。この設計図が果たして薩摩のものか、あるいは萩の鋳造方式にあわせて作図したものか疑問が残る。

四 右平治（喜平治）の大砲鋳造活動

右平次（喜平治）の活動は嘉永六年秋になると再び活発となる。同年秋にまず一〇貫目玉大砲二門を、従来よりも砲身を長く鋳造している。一〇貫目玉青銅砲は、その呼称からして和流大砲と解される。一〇貫目玉青銅砲は、宝暦一三年（一七六三）に当時の松本鋳造所の当主であった喜兵衛信英が鋳造している。これより長い砲身の一〇貫目玉砲を鋳造したのであろう。

これに続いて、右平次は八〇ポンドボンベカノン（ペキサンス）砲、二四ポンド・六ポンドの西洋式大砲（カノン砲）を各一門、一八ポンド砲を五門、さらに臼砲・忽砲も四門、一貫目玉大砲二門計一六門鋳造している。これ等の一部はおそらく新設の姥倉の鋳造所でも鋳造されたと思われる。

そして、年末には急遽江戸に差し上ることを命じられ、翌嘉永七年（安政元年）には、江戸葛飾砂村の長州藩別邸において、佐久間象山の指導に基づく西洋式大砲の鋳造を指揮するのである。ここでは嘉永六年以降の右平次の活動についてみておこう。

①嘉永五年までの鋳砲合計　一一四門

②嘉永六年（一八五三）――一〇貫目玉今一位長く相調（同年秋）（二）、八〇ポンドペキサンス砲（フランス式）（一）、二四ポンドカノン砲（一）、一貫目玉筒（二）、一五ドイム（拇）ホイッツル砲（二）、

二〇ドイム（拇）モルチール砲（一）、六ポンドカノン砲（一）、一二ドイム（拇）長ホイッツル砲（一）、
一八ポンドカノン砲（五）（＊右平次、一一月より、松本および姥倉鋳造所の大砲用掛となる。）
③嘉永七・安政元年（一八五四）――大砲地金鍛試し百目筒一遍鍛二遍鍛七遍鍛共（三）、江戸大砲鋳造法と自藩鋳造法を取合せ一二ポンド砲（一）、異船お手当御要用鎕一貫目筒（一）、同重目二百貫目迅搖台平圓床附諸道具一式

右平次は、嘉永七年春に江戸差し上り、同冬には日向延岡に出向き、さらには蔵目喜佐倉郷銅山頭取（御撫育方御内用）となった。以上の実績を踏まえ、これまで一三〇門余大砲を造り、大砲打方をも務め、隆安函三流の研究にも精進していることを付記し、御細工人（準士）から藩士（隆安流大筒打砲術師）への昇進を願い出ている（安政二年一〇月付勤功書）。大砲鋳造は以上でほぼ終了しているが、文久三年（一八六三）には、ライフルカノン砲（四ポンド銅製重目一三〇貫目余）を一門鋳造している。これが最後の作品（総合計一三七門）であるとともに、この時期に四斤ライフル（施条）砲を完成したことは注目してよい[11]。

Ⅲ　嘉永七年（安政元年）の長州藩の活動　――洋式大砲新造・江戸湾警衛――

一　ペリー再来航

ペリーの再来航の際には一戦あり得ることを想定して、幕府・諸藩はそれぞれ割り当てられていた警備地の砲台整備・備砲の拡充・西洋銃陣の導入等の防衛準備に集中した。そして、嘉永七年一月一七日にペリー艦隊は浦賀に再来航し、二七日には神奈川沖に投錨した。

この時、幕府は横浜での交渉にあたり松代、小倉の二藩に警衛を命じた。松代藩の佐久間象山は軍議役と

して兵士四〇〇名、オランダ新式野戦砲二門、牛角砲（手臼砲）二門他一門計五門の装備で威風堂々と出陣した。しかし、幕府の反対にあい、帰途にこれらの大砲を投棄した[12]。

二月には交易・開港交渉に入り、三月三日に幕府は日米和親条約を締結した（下田開港）。吉田松陰はこの米国艦隊に乗り込んで渡米しようとしたが、結局渡米することはできなかった。三月松陰は、この下田踏海行動を名乗り出て、捕縛された。江戸湾周辺の警備体制は解かれることなく、幕府・諸藩は海防・警備に必要な西洋式銃砲の改革・充実に努めた。その一環であろう、八月に桂小五郎らは大森で新造された大砲の発射実験を行った。嘉永七年は、一一月二日に安政元年と改元された。

二　嘉永七年春の江戸葛飾砂村藩別邸における洋式大砲鋳造

（一）佐久間象山の指導

嘉永七年（一八五四、一一月二七日以降安政元年）一月より江戸葛飾砂村（現・江東区役所付近）の藩別邸において佐久間象山の指導（相談・協議）に基づき右平次は西洋式大砲（二四ポンド砲・一八ポンド砲）の鋳造を指揮した。すなわち、藩は、前年に幕府に大砲鋳造の願いを出すとともに鋳造施設の築造に取りかかっていたが、正月一三日に幕府から許可がおり、鋳造施設も同一四日頃には完了した。遠近付大筒打郡司権助（義智）がその用掛を命じられた。

正月二一日に藩は小川市右衛門（相州御備場諸器械見届役）に砂村鋳砲掛を命じ佐久間象山と大砲鋳造に関して協議するよう命じた。その協議の内容は不明である[13]。

佐賀藩の本島藤太夫は、嘉永三年（一八五〇）に佐賀藩領長崎両島（伊王島・神島）の砲台備砲について「八〇ポンド・三六ポンド・三〇ポンド・二四ポンドの四種のカノン砲をその地形に従って据えることでよいかどうか」について江川英龍と象山とにそれぞれ尋ねたところ、象山はこれに加えて一二ポンド銅短砲と、さらには二四ポンド砲・二〇ポンド砲や、ボンベン・ガラナート弾等の各種砲弾を用意すべきこと、また使用すべき砲架等についてかなり詳細にわたって回答している。[14] したがって、長州藩もまた同様の助言（指導）を受けた可能性があると考えられる。

（二）大砲の外注と自製

このこともあってか一月二二日に來原良蔵は藩命により斎藤弥九郎を介して一二ポンド野戦砲三門を江川英龍に依頼している。また、同二四日に良蔵は、桂小五郎とともに桜田邸に行き郡司覚之進を伴って斎藤弥九郎を訪れている。なお、二月三日には前年に藩が国元から発送した巨砲七二門がその付属品とともに海上から江戸に到達した。

そして、二月五日に大砲鋳造がはじまり、周布政之助等が見聞した。二月六日には「十五拇長忽砲」二門を深川の鋳物師惣兵衛に依頼した。なお、これに先立つ正月一六日には川口の鋳物師に命じて大砲鋳造しようとして代官に届け出たが、これが実際に行われたかどうかは不明である。[15]

『防長回天史』に従えば、嘉永六年六月の人森出陣の際に榊原氏から五〇〇両で譲り受けた三門（七百目筒二門・一貫五百目筒一門）と、安政元年に斎藤弥九郎を通じて江川氏へ注文の一二ポンド野戦砲三門ならびに深川の惣兵衛に注文の一五拇（ドイム）忽砲二門以外は、ことごとく自藩製作であるとしている。したがって、先の川口鋳物師への注文の件は実行されなかった可能性が高い。このようにして、この時期に葛飾砂村の長州藩別邸では、郡司右平次の鋳造指揮のもと、一八ポンドカノン砲・二四ポンドカノン砲等合計三六門が鋳造された。[16]

なお、支藩の長府藩では、嘉永七年二月に大砲の鋳造にとりかかり、長府毛利家の事績書「毛利家乗」によれば、二月一四日に西洋製に倣った「二十四斤炮」を鋳造し、一六日には旧式の六貫目筒を武州川口宿の安次郎に発注している。安次郎へ発注した六貫目筒は、のち（九月二七日）に五貫目筒と一貫五百目筒に変更している。[17]

三　ペリー再来航と相州警衛

嘉永七年（一八五四）一月七日に長州藩は江戸方当役浦靱負等を相模に派遣した。九日に一行は浦賀に到達し、建造中の軍艦・台場等を見学した。これには浦家家老秋良敦之助や浦家家臣松村宰輔・白井小助等も随伴した。一月一〇日吉田松陰と宮部鼎蔵とは別途に相模を視察した。

一月一一日來原良蔵・来島又兵衛・中村百合蔵・坪井竹槌・井上壮太郎・郡司覚之進・赤川直次郎（淡水）・粟屋彦太郎の八人は「忠義会」を結成し誓約を交わした後、相模警衛の任についた。一月一六日にはペリー艦隊が浦賀水道から金沢沖へ集結し、二七日には神奈川沖に投錨した。二月には交易・開港交渉に入り、三月三日に日米和親条約が締結された（下田開港）。

この間、一月一九日來原良蔵は、桂とともに弥九郎を訪問し、その後桜田邸に行き来島又兵衛・郡司覚之進と会う。二二日に來原は、藩命により前述の一二ポンド野戦砲三門の鋳造を弥九郎に依頼した。二三日來原は、桂と覚之進を伴って弥九郎を訪れた。この頃、相州警衛総奉行益田越中や組頭粟屋帯刀はじめ相州警衛の国元からの派遣者達が相前後して到達した。

二月一日に藩は藩邸の守備兵に臼砲・野戦砲各一門を交付して怠りなく操練を行うようにさせた。三日には、前述のように、前年に藩が発送した巨砲七二門がその付属品とともに海上から江戸に到達した。二月一〇日から二〇日にかけて來原と中村百合蔵（浩堂、のち明倫館学頭座取計、萩文学寮教師等）とはペリー艦隊の動静を探り、周布政之助・赤川太郎右衛門に逐次報告した。一一日大砲七二門が邸内に入り、前庭にこれを並べて一同見学し、また同日敬親公の馬印として洞春公の時の馬印を復活させた。このことと先月来の巨砲鋳造により、藩士の士気は非常に高まった。一三日には益田越中（弾正）が先手総奉行に任命された。また相州警衛の施設も着々と完成されていった。三月一三日には先手・後手の備えの部署を定め、下旬には相州警衛に着手した。三月二五日益田越中は部下を率いて相州警衛地へ赴き、二七日には桂小五郎も長州藩の本営上宮田村に到着した[18]。

四　守永弥右衛門等への江戸差し上り命令

守永弥右衛門は、前年より青海の鋳造所で巨砲の鋳造に取りかかっていたが、嘉永七年二月藩命により江戸に上るよう求められた。しかし、天野九郎右衛門は蜷川四郎右衛門等に宛てて、藤井百合吉並びに郡司右平次はすでに江戸に上っているが、守永弥右衛門等は青海の鋳造所（青海鋳物師場）で大砲鋳造がまだ成就してないという理由で江戸への出張を引き延ばしていると報告した。藩は異国船再来航により人手が足らないので、彼等も大砲の鋳造を途中で切り上げて早急に上京するよう督促した[19]。

五　吉田松陰下田踏海事件と來原良蔵の中島三郎助入門

三月二七日吉田松陰は下田で米艦に乗り込んで、渡航交渉したが失敗に終わった。この件で來原良蔵・桂小五郎・井上壮太郎等は藩から調べられた。それは松陰の密航幇助（資金援助）が判明し問題となったからである。しかし、周布政之助がこれを握りつぶした。四月六日佐久間象山は下田踏海事件に連座して投獄された。

なお、葛飾砂村の長州藩別邸における象山の指導はこれ以前のことである。松陰の下田踏海事件によって象山が捕縛されるのは四月以降のことであり、大砲はそれ以前の「季春」に鋳造されており、象山の「指導」（協議）は当然それ以前に受けたとみられる。

四月一六日來原良蔵は郡司覚之進・道家勝次郎とともに城ヶ島砲台を視察した。五月四日浦賀では鳳凰丸が竣工した。五月一一日の試乗で中島三郎助は佐々倉桐太郎とともに副将を務め、操船および大砲射撃の指揮をとった。七月三日來原は、井上重之允・道家勝次郎とともに三崎へ行きドントル（雷汞《らいこう》―爆発薬）を製作する。來原はこの頃すでに中島三郎助を訪れ、内居していた。なお、鉄砲に関しては〔火縄銃↓燧石銃（火打石式発火装置）↓雷管銃↓薬莢式〕へと進歩するが、ドントルは雷管銃に用いられる爆発（着火）薬であり、雷酸第二水銀等と精製硝石とを混合して作られる。天保一三年に江川英龍が門人の片井京助に命じて雷管銃を作らせ、これで試験を繰り返して完成したものである。

八月七日來原良蔵は竹内正兵衛とともに浦賀へ行き中島三郎助に入門し、西洋銃陣の伝習を開始した。このとき來原は、合薬製造掛となり、操縦・銃陣を習った。(20)

六　武州大森演砲場新造大砲試験

（一）大砲試射の準備

新造大砲の発射試験に向けて、來原良蔵等はその準備に奔走した。來原は八月八日には道家勝次郎と浦賀へ出かけ、一〇日には佐世彦七（前原一誠の父）と三崎へ行き、一三日には千代崎の台場へ入ってその築造を研究する。一六日に來原は中島三郎助について小銃の操練を行った。一七日・一八日には総奉行所で銃陣練習を行い、桂小五郎・野村八十八と会った。二二日には金沢（横浜）より乗船し神奈川に着き大森に宿泊、二三日に砂村別邸に入り、二五日には長井雅楽《うた》（母方従兄弟）のもとに宿泊、二六日郡司覚之進・道家勝次郎とともに麻布邸に行き砂村邸へ帰った。二九日築地より乗船し、暮れ六つ時大森に到着し、駿河屋へ宿泊した。そして、八月三一日から九月一日まで新造大砲の発射を練習した。(21)

（二）新造大砲試験の内容

嘉永七年八月晦日には武州大森演砲場で二四ポンド砲・一八ポンド砲・六ポンド軽砲の新造大砲の試射がなされた。(22) このとき、道家勝次郎（龍助）・來原良蔵・三浦直之進・福原清介・郡司覚之進・竹内殿衞・桂小五郎・長井権之助・小川厚狭佐（勝兵衛）・粟屋彦太郎・井上壮太郎・藤井音之進・平田總太郎・尾本新之允が砲手として参加した。その内訳は以下のようである。

（イ）二四ポンド・一八ポンドカノン砲―二四ポンド砲（薬量一貫五〇〇目）が三組各五回と一八ポンド砲（薬量一貫二〇〇目）が一組五回の計二〇回発射実験を行っている（標的は一〇町で同一）。各砲手が全ての操作を経験するように毎回担当を交代している。

（ロ）六ポンド軽砲―同一薬量・標的（薬量二七〇目、標的一〇町）のもとに、五組が各五回ずつ発射実験を行っている。こちらは、砲手が同じ操作を五回ずつ担当した。

砲口から玉を挿入する前装砲の操作には複数の砲手の操作が必要である。一四名の藩士は、各五人一組でカノン砲の各操作（①［欟杖《かんじょう》］、②［装薬］、③［点火手挺］、④［手挺］、⑤［照準］、また六ポンド軽砲では①［欟杖］、②［装薬］、③［点火］、④［照準］、⑤［砲架］）をそれぞれ分担し、二日間にわたり合計四五回の大砲発射試験を実際に経験し、その標道（弾道）結果について記録している。とくに六ポンド軽砲の練習は総掛かりで行い、全員の習熟を目指した[23]。

（三）試射後の行動

九月二日來原等は大森を出て桜田邸で新造大砲試射について報告し砂村邸へ帰った。三日には参加者により大砲発射の成績を検討して大いに得るところがあった。來原は一〇日に宮田陣営に到着し、一一日夕刻に千代崎台場に帰った。一六日中島三郎助のもとで操銃練習、一七日中村百合蔵とともに観音崎へ行く。二〇日硝石を煮て火薬の製造を開始する。九月二一日三郎助を訪れて軍艦に乗る。二六日再び三郎助を訪れる。二七日中村・道家・福原清助とともに観音崎へ行く。一〇月朔日來原は中島を訪れ、以後度々訪れて銃術を修める。一〇月二二日松島瑞益長崎直伝習（西洋銃陣）のため長崎に派遣される。一〇月二八日來原は鴨居に行き、翌日中島三郎助を訪れ、三一日本陣の上宮田へ帰る。一一月三日來原は佐世彦七・小川厚狭佐・中村百合蔵と三崎へ出掛け、四日には下田大地震があり、二一日には野村八十八と浦賀へ出掛けている[24]。

Ⅳ　西洋式大砲〈十八封度・二十四封度砲〉の行方

佐久間象山指導、郡司右平次の鋳造指揮のもと砂村別邸で造られた西洋式大砲（十八封度・二十四封度砲）は相州警衛に用いられたが、その後下関戦争時までには国元へ運ばれて、下関の攘夷戦争にも使用された。そのうちの二門は現在パリのアンヴァリッド（廃兵院・軍事博物館）の北門入口前庭に一門（一八ポンド砲）と、軍事博物館回廊建物の内庭に一門（二四ポンド砲）置かれている。いずれも嘉永七年の季春に葛飾砂村の藩別邸（別墅）でこれを鋳造したという銘（「十八封度礮」・「二十四封度礮」「嘉永七歳次甲季春　於江都葛飾別墅鋳之」）と毛利家の家紋（「一に三ツ星（⁖）」―筆記体）が刻まれている。

この大砲の所在は直木賞作家の古川薫氏によって一九六六年に発見され、非常に大きな関心がもたらされた。(25)また、第二次大戦前の著作安藤徳器・大井征共訳『英米佛蘭聯合艦隊　幕末海戦記』（一九三〇年）や平尾道雄著『奇兵隊史録』（一九四四年）の口絵にアンヴァリッドの一八ポンド大砲の絵が掲載されている。戦前においてもある程度知られていて、その後忘れ去られていたのであろう。(26)

この大砲の一つの特徴は砲身の側面に細長い線状の突起（はみ出し）がみられることである。これは上半分と下半分の長方形の枡型を合わせて大砲の鋳型を作り、そこに銅合金を流し込んで大砲を鋳造する、いわゆる「半割形（方）枡」による方法を採用した痕跡とみられる。

パリ・アンヴァリッドの一八ポンド砲

右から二番目同砲

右平次はこの大砲鋳造を指揮したのち、冬には藩命により日向延岡に出張した、この間に、大砲地金を一回・二回・三回鍛造した百目筒を三挺、江戸の大砲鋳造の仕掛と国元の鋳造法を取り合わせた一二ポンド砲二門などを鋳造している。この時の江戸の大砲鋳造の仕掛とは半割形（方）枡法等のことを指すのかもしれない。(27)

【第三章注記】

(1)サミュエル・ウェルズ・ウィリアムズ・洞富雄訳『S.W.Williams ペリー日本遠征随行記』雄松堂書店、一九七〇年、二二頁、九〇—九三頁。土屋喬雄・玉城肇訳『ペルリ提督 日本遠征記(二)』岩波文庫、一九七三年、二二二頁。拙稿「江戸後期幕府・諸藩における西洋兵学受容と大砲技術—ペキサンス砲の衝撃と幕府・諸藩の対応—」『大阪学院大学通信』第四三巻九号、二〇一二年、二頁。元綱数道『幕末の蒸気船物語』成山堂書店、二〇〇四年、五一—五六頁。同艦はすべて九インチダールグレン砲一二門(口径二二・九センチ、砲身三・三メートル、砲弾重量四キログラム、最大射程一五五四メートル)を搭載していたという説もある。淺川道夫『お台場—品川台場の設計・構造・機能—』錦正社、二〇〇九年、五一頁。

(2)石井岩夫編『高島流砲術史料 韮山塾日記』韮山町、一九七〇年、二三—一一三頁。仲田正之『韮山代官江川氏の研究』吉川弘文館、一九九八年、五九八頁。徳永真一郎『幕末閣僚伝』毎日新聞社、一九八二年、五一—二八頁。仲田正之『江川坦庵』吉川弘文館、一九八五年、一九六—二〇〇頁、二五六頁。木村紀八郎『剣客斎藤弥九郎伝』鳥影社、二〇〇一年、二六八—二六九頁、二七七—二八〇頁。木戸公傳記編纂所『松菊木戸公伝(上)』明治書院、一九二七年、年譜六頁。勝海舟『陸軍歴史I』講談社、一九七四年、二五二—二五四頁、三〇〇—三〇二頁。

(3)木村前掲書、二九五頁。拙稿「安政期長州藩の西洋兵学受容と大砲技術—西洋式大砲鋳造・反射炉・洋式船と兵制改革—」『伝統技術研究』第七号、二〇一四年、三八頁、六三頁。

(4)末松謙澄『修訂防長回天史』柏書房、一九六七年、九七—一〇一頁。木戸公傳記編纂所前掲書、年譜六頁、本文二二二—二二三頁。

（5）吉田松陰「叔父玉木文之進宛書簡」「急務條議」吉田常吉・藤田省三・西田太一郎校注『吉田松陰全集第一巻』岩波書店、一九三六年、一一一―一一六頁、三一三―三一七頁。木村前掲書、二八六頁。拙稿「嘉永期長州藩の西洋兵学受容と大砲技術―ペキサンス砲の衝撃―」『伝統技術研究』第六号、二〇一四年、三一―三三頁。広瀬豊編『吉田松陰書簡集』岩波書店、一九三七年、七八―八三頁。森田吉彦『兵学者　吉田松陰―戦略・情報・文明』ウエッジ選書、二〇一一年、九一―九六頁。

（6）末松前掲書、一〇一―一〇二頁、二二一頁。木村前掲書、二八七頁。毛利家文庫「諸記録綴込」三三部寄二三一の六。県史編纂所史料四六（一）「安政二年差出右平次勤功書」山口文書館蔵。「郡司徳之亟勤功書」明治二年（一八六九）、山本勉彌・河野通毅『防長ニ於ケル郡司一族ノ業績』藤川書店、一九三五年、八頁、一二頁、三九頁。樹下明紀「葛飾砂村の大砲鋳造と相州警衛」『長州の科学技術～近代化への軌跡～』第三号、二〇〇八年、二八頁。

（7）木戸公傳記編纂所前掲書、年譜六―七頁、本文一九頁、二四―三〇頁。妻木忠太『來原良蔵傳上・下』（復刻版）村田書店、一九八八年、（上）、一五頁。農民兵については江川英龍の持論であり、その影響がうかがえる。木村前掲書、二九三―二九四頁。

（8）砲術史料「八十ポンド・三十六ポンドボンベカノン諸規則」（郡司千左衛門家伝）嘉永二年一二月五日～嘉永三年四月二日・萩博物館所蔵。その詳細は、拙稿前掲（「嘉永期長州藩…」）、二〇―二七頁参照。当時、筆者はこの「諸規則」が萩藩の記録に関するものと考えた。しかし薩摩藩の記録に関するものであった。道迫真吾「幕末長州藩における洋式大砲鋳造―鋳物師郡司家を中心に―」『近代日本製鉄・電信の源流―幕末初期の科学技術』岩田書院、二〇一七年、一三―一四頁。

（9）BooksL LC, Artillery of France, Tennesee, 2010, p.111. 口径（弾径）二〇ドイム（チセン）より大きな炸裂弾を

発射するボム（ボンベ）カノン砲をペキサンス砲と呼ぶ。荘司武夫『火砲の発達』愛之事業社、一九四三年、一一〇―一一一頁。勝前掲書、二五四―二五六頁。江川英龍は安政二年一月に逝去するが、それまでにロシア人の教示を得て着発弾をついに考案した。拙稿前掲（「江戸後期幕府・諸藩…」）四八頁。

(10) 拙稿「和式大砲鋳造法について―和流大砲鋳造法の西洋式大砲鋳造法への転用―」『伝統技術研究』創刊号、二〇〇九年、二二―二五頁。円筒鋳型方式による鋳造は例えば萩藩や石州龍雷砲図（井上流）に見られる。石州龍雷砲図、文化七年（一八一〇）、（小川忠文氏蔵）。萩博物館『幕末長州藩の科学技術―大砲づくりに挑んだ男たち―』二〇〇六年、九頁。本田美保「〔資料紹介〕『大砲鋳造絵巻』」『佐賀県立佐賀城本丸歴史館研究紀要』第一号、二〇〇六年、三五―五〇頁。秀島成忠『佐賀藩鉄砲沿革史』肥前史談会、一九三四年、一〇五頁。

(11) 「安政二年差出郡司右平次勤功書」山本・河野前掲書、四七―五五頁。拙稿「江戸後期における長州藩の大砲鋳造活動考―右平次（喜平治）勤功書を中心として―」『伝統技術研究』第四号、二〇一二年、三〇―三一頁。

(12) 前澤英雄著『佐久間象山の生涯』財団法人佐久間象山先生顕彰会、一九八九年（第三版、初版一九八四年）、六五頁。拙稿「万延・文久期長州藩の近代化努力と大砲技術」『伝統技術研究』第八号、二〇〇一五年、六一頁。

(13) 樹下前掲論文、二五―四〇頁。末松前掲書、二二一―二二二頁。

(14) 本島藤太夫「松之落葉　巻二」杉本勲・酒井泰治・向井晃編著『幕末軍事技術の軌跡―佐賀藩史料『松之落葉』―』思文閣出版、一九八七年、五一―五四頁。拙稿前掲（「江戸後期幕府・諸藩…」）、二四頁参照。使用砲架に関しては、前田達男・田口芙季「幕末佐賀藩における長崎砲台の見聞記録」『銃砲史研究』第三七七号、二〇一三年、一―二〇頁。今津浩一訳『アルバート・マヌシー著　大砲の歴史』ハイデンス、二〇〇四年、二二頁、九〇頁。幕末軍事史研究会編前掲書、八一頁、八二頁。

(15) 妻木前掲書（上）、一八頁。末松前掲書、一〇八―一〇九頁。樹下前掲論文、二八―二九頁、三一頁。維新史回廊構想推進協議会編「維新史回廊だより」第九号、二〇〇八年、三―四頁。「砂村抱屋敷内にて大砲鋳造（嘉永七年正月一六日）及御聞」『諸記録綴込』三二部寄二　三一の二　毛利家文庫。

(16) 末松前掲書、一〇九頁、二二一頁。拙稿前掲（「江戸後期幕府・諸藩…」）八〇頁参照。ここで一八ポンドカノン砲と二四ポンドカノン砲「等」としたのは、後述する嘉永七年八月末の大森演砲場では二四ポンド砲・一八ポンド砲とともに六ポンド軽砲の「新造」大砲の試射を行っているからである。

(17)「毛利家乗巻二十七」（十二・十四）、長府毛利家編『毛利家乗　十』防長史料出版社、一九七五年。川口宿の安次郎はおそらく増田安次郎のことであろう。当時の史料によれば、増田安次郎は多くの大砲を鋳造しており、その家業は現在も承継され、その会社（増幸産業）はいわゆる「長寿企業」として伝統技術経営史の観点からも注目される。川口市教育委員会『増田家鋳造関係古文書資料（御用留・御用状写）』一九七七年。

(18) 末松前掲書、一〇七頁―一〇九頁。妻木前掲書、一七―一八頁。木戸公傳記編纂所前掲書、年譜七頁、本文三一―三二頁。建造中の洋式軍艦鳳凰丸（全長三六㍍、幅九㍍、排水量約六〇〇㌧、大小備砲一〇門、三本マストのバーク型帆船）は五月に完成する。木村前掲書、二九五―二九六頁。

(19) 毛利家文庫「鋳物師郡司右平次大炮鋳造半途にてもお急ぎ江戸差登」『諸記録綴込』三二、部寄二、三一の六。

(20) 妻木前掲書（上）、二三―二四頁、二六頁、二七頁、一七三―一七九頁、一九六頁、二〇五頁。木村前掲書、三〇四―三〇七頁。村松剛『醒めた炎―木戸孝允（上）』中央公論社、一九八七年、六四―六八頁。詳細は拙稿前掲（「安政期長州藩…」）、二〇頁、三九頁（注二五）参照。木村紀八郎『浦賀与力　中島三郎助伝』鳥影社、二〇〇八年、一二四頁、一三〇頁。仲田前掲書（『江川坦庵』）、一五九―一六一頁。

(21) 妻木前掲書（上）、二七―二八頁、二〇八―二〇九頁。

(22) 毛利家文庫「於武州大森演砲場新造大砲試験記幷所作付」嘉永七年八月、山口文書館蔵。なお、この文書の最後には郡司覚之進の署名があり、覚之進が記録したものと思われる。前掲毛利家文書、二七枚目（最終頁）。

幕府は嘉永五年五月に大森海岸に大砲演習場を設立し、旗本・諸藩士の使用を認めていた。

(23) 荘司武夫氏に従えば、例えば二四ポンド砲の場合、六名の砲手が次のような手順で操作する。①装薬の袋（装薬嚢）を（結束を前にして）砲口から入れ、撞杆《しょうかん》によって十分薬室の中に押し込む。②弾盤と弾丸を砲口から入れ、撞杆によってしっかり装薬の上に密着するようにする。③この間、照準手は左手に指袋（指嚢）をかぶせ、しっかりと火門を蓋する。（これを怠ると不慮の発火をすることがあり、極めて重要）④装塡を終わったら、火門針で装薬嚢を刺し、火門に門線または門管を装する。⑤砲に射向・射角を与え照準が終わり発射の号令により、火縄によって灼錠に点火し門線または門管に点火する。荘司前掲書、一〇七―一〇九頁。拙稿前掲（「安政期長州藩…」）、四〇頁注三二参照。欟杖はいわゆる装薬嚢（火薬袋）を薬室に押し込む撞杆と同義と思われる。また、手挺は不明であるが、点火針あるいは火縄に着火（点火手挺）し、手で蓋をしている火門にこの点火針を差し込んで点火する（手挺）ことにかかわる作業かもしれない。

(24) 妻木前掲書（上）、二九―三〇頁、二〇九―二一〇頁。

(25) 古川薫『わが長州砲流離譚』毎日新聞社、二〇〇六年、九七頁。古川薫『幕末長州藩の攘夷戦争―欧米連合艦隊の来襲―』中公新書、一九九六年、一八〇頁。

(26) 安藤徳器・大井征共訳『英米佛蘭聯合艦隊　幕末海戦記』平凡社、一九三〇年、口絵二頁。平尾道雄『奇兵隊史録』河出書房、一九四四年、口絵二頁。

(27) これに関しては、拙稿「江戸の大砲つくり考―胝大砲鋳造絵巻と和流大砲鋳造法―」『大阪学院大学通信』第三八巻三号、二〇〇八年、二八―三六頁。拙稿「和式大砲の鋳造法―江戸のものつくり・伝統技術考―」『大阪学院大学通信』第三九巻五号、二〇〇八年、一五―二二頁、四六―五一頁。

第四章　安政期の近代化活動と長崎伝習

――洋式帆船・反射炉・長崎伝習・兵制改革――

はじめに

嘉永六年（一八五三）にはペリー来航とこれに対する海防準備（大森・相州警衛）からとくに西洋式大砲の準備（鋳造・備砲）が緊急の課題となった。さらには新式の鉄製大砲とその設備（反射炉等）の導入も大きな課題となった。加えて、従来の和船ではとても列強の侵略に対抗できるものではないことから、西洋式軍艦の製造も重要な課題となった。

長州藩でも、五百目大筒や三百目大筒等の和流大筒と種子島（火縄銃）とを中心とする神器陣では、とても海防を全うすることはできなくなった。この旧式の銃陣に対し、新しい西洋銃陣の導入が大きな課題となった。安政年間はこれらの諸課題に対する解決努力が積み重ねられていった。

安政元年（一八五四）は嘉永七年一一月二日から約二ヵ月である。そして、安政七年（一八六〇）三月三日に桜田門外において、井伊大老が暗殺され（桜田門外の変）、三月一八日に万延と改元されるが、この間、幕府だけでなく諸藩もまたさまざまの近代化の試みと変化に見舞われることとなる。

Ⅰ　安政元年への改元の頃

一　江川英龍の活動

プチャーチン（E.V.Putyatin）提督は日露和親条約交渉のためにロシア軍艦ディアナ号に乗って下田に来ていた。一一月四日安政の大地震による下田大津波により座礁し船底を大破した。幕府は川路聖謨と江川英龍にその対応を命じた。江川英龍は、大震災・大津波の救済にあたるとともに遭難した露艦ディアナ号の救助と修復にあたり、戸田号の建造に着手した。江川英龍は、この頃ロシア人の助けにより永年取り組んできたボンベン着発弾の完成にこぎ着けた。しかし、この間の心労が重なり、江川は翌年一月に死去した。

江川英龍没後、嫡子英敏が家督を継ぎ代官・鉄砲方兼帯となる。英龍の遺志を継いで洋式帆船戸田号の建造を遂行し、また着発弾の試射にも成功した。さらに、安政三年（一八五六）六月には芝新銭座に大小砲練習場を開設し、これに併設した縄武館での西洋銃陣等の教育にも携わった。

韮山では佐賀藩から技師の応援を受け、安政四年（一八五七）九月には一号炉（東南炉）で一八ポンド砲を鋳込み、一一月には二号炉（西北炉）も熔解を開始した。一八ポンド砲の試射に成功したが、結果的に反射炉は所期の成果は上げられなかったものの、安政期において英龍没後も江川一門の活躍が続いた(1)。

二　安政大地震によるディアナ号遭難と長州藩

萩では、安政元年（一八五四）一一月五日付書簡の中で、松陰は吉田という苗字を分解すれば二十一回となることから、「二十一回猛士」と称し、二十一回の猛を達成したいと兄杉梅太郎に書いて送った。この往復書簡にはまた、「八十封度ヘキサンス試発之有り、海中へ落す」と八〇ポンドペキサンス砲の発射実験が

この時期にもなされていること、またこの日甚だしい地震があったこと等も記述されている。(2)

一方、江戸では、桂小五郎が藩命により中村百合蔵とともに下田に向かい、一一月一二日に到着した。そこで甚大な被害状況とディアナ号について情報収集し、一二日下宮田の本営に帰着し復命した。この時、桂は、ディアナ号の簡単な見取り図（プチャーチン・使節の船室等記載）を作り、同艦の長さ二九間（実は三六間）、幅八間、三本マスト、砲門五六門（六〇ポンドボンカノン四門・三〇斤（ポンド）カロナーデ一八門・二四斤長カノン三四門）、乗船員四五〇人といった記録をのこしている。(3) 一一月二三日に桂は、朝稽古の後、田原玄周を訪れ、午後より浦賀の「中島先生」を訪ねた。

一二月二日ディアナ号が戸田浦へ向かう途中に沈没した。幕府は戸田で代船の建造を江川英龍に命じた。戸田村で造られたので戸田（ヘダ）号と呼ばれる。船の総長八一尺一寸（二四・五七㍍）、最大幅二三尺二寸（七・〇二㍍）、深さ九尺九寸（約三㍍）、二本マスト、五〇人乗りで、建造費は三一〇〇両二分余とされる。

一二月一〇日桂小五郎等は平根山陣屋へ移る。一一日桂は來原良蔵とともに中島三郎助を訪れた。一六日・一七日にも桂はまた中島を訪れている。一八日桂は來原を訪れる。この頃、桂はカルテン著宇田川榕庵他訳『海上砲術全書』安政元年（J.N.Calten, Leiddraad bij het onderrigt de zee-artillerie,1832）の邦訳書を写本している（前年には來原が写本）。一二月二一日幕府はプチャーチンと日露和親条約を締結する。二五日桂は、佐久間卯吉等四名とともに浦賀奉行所の鳳凰丸（三本マスト帆船、全長一三二尺＝四〇・〇㍍、嘉永七年五月完成）を見学した。

このように桂小五郎もまた中島三郎助を訪れているが、この時はおそらく西洋流砲術・西洋銃陣等について教わったと思われる。また、桂と西洋兵学との関連でみすごすことができないのは桂と田原玄周との関係である。彼は田原のもとを、前述の一一月二三日、二四日、二五日、二六日、二七日、一二月二日、五日、八日、一三日（安政に改元）、二二日、二四日、二六日（田原留守）、二九日とかなり頻繁に訪れている。田原玄周は、嘉永三年六月から青木周蔵とともに好生館の原書頭取を務め、この時期、相模本営で西洋兵学を教授していた。その後、安政二年に田原は西洋学所西洋学師範となり、安政六年の西洋学所から博習堂への改称・独立さらには海軍の充実にも貢献した。(4) 田原のこのような動きは桂のその後の動き（海軍重視）とあながち無関係ではないであろう。

II　洋式帆船の建造研究と反射炉技術伝習　——安政二年——

一　洋式造船術研究　——桂小五郎と中島三郎助——

安政二年（一八五五）一月一二日藩は明倫館の予算を増額して高三千五百石とした。一七日には神器陣の規格を増補し一手別銃陣調練を創始し、これを明倫館に属させた。これは神器陣が和流武術諸流派の虚礼儀式に流れて形骸化し実用に適さなくなったため、神器陣を増補すると称して、前年に創始された水陸先鋒隊・警衛隊等の各部隊別の一手別稽古（習練）に併合し、銃陣調練の改善を図ろうとしたものである。

他方、江戸では一月一〇日横山彦七・桂小五郎・乃美恒之輔が來原良蔵を訪れた。一一日來原は中島三郎助について銃術練習に励み、二月九日には艦船の射撃を練習した。三月三日に來原は帰国の途につき、二八日に萩に到着した。

この時期、藩は西洋兵学の研究のために藩士を個々に長崎に派遣した。すなわち、藤井百合吉・山田宇右衛門は海岸砲架・攻城砲架の製法研究、福原清助は蘭学修得、湯浅祥之助・郡司熊次郎（権助嗣子、武之助弟・遠近付大筒打）は砲術、小澤忠右衛門は造船術を、それぞれ研究するため派遣された。(5)

桂小五郎は、前年三月から約一年間相州警衛につき、江戸修業の延期を願い出て許された。四月一〇日桂は病気療養（と義兄死去に伴う家事整理）のため萩へ戻った。彼はこの時、周布政之助に会い海軍創設が急務であることを説いた。しかし、財政多難の折、藩は桂と船大工二人による浦賀での造船術修得のみ許可した。五月七日桂は萩を出立し、途中疫痢にかかり大坂に逗留したため、六月二九日にようやく浦賀に着いた。船大工藤井勝之進と藤蔵はすでに浦賀に先着していた。なお、五月二六日改革派重臣村田清風が死去した。

七月一日桂は東条英庵（弘化四年藩西洋所翻訳掛・のち藩医・当時相模派遣中）とともに浦賀奉行与力の中島三郎助を訪れ、造船術修得のため入門を願い出た。そして、桂は三郎助の役宅裏の二畳半の塩物小屋に住み込んだ。船大工二人は浦賀に住み込み、鳳凰丸建造にあたった船大工棟梁勘右衛門に教わることになった。桂はまた東条英庵から蘭学を学ぶことになった。

八月一一日桂は中島三郎助が長崎海軍伝習生に選ばれたので、藤井勝之進とともに中島の長崎出張に随行することを藩に願い出て許されたが、幕議のためついに参加できなかった。中島は九月一日薩摩藩建造の昌平丸で長崎へ向かった。勝之進は藩命で長崎へ行き、さらに鹿児島にまで足を伸ばした[6]。

このころ藩は、長崎来航中のオランダ蒸気船についてその操法を伝習するため、郡司千左衛門（覚之進）・正木市太郎・山田七兵衛・戸田亀之助・藤井百合吉等一五人を長崎に派遣し、また大船ならびに鉄製砲の製法（反射炉）の伝習のため岡義右衛門等を佐賀、長崎、鹿児島に派遣した。九月一一日蒸気艦の製法・操法を学ぶため竹内卯吉等四名を長崎に派遣した。

これより先、馬屋原右兵衛は、この年氏家彦十郎・藤井百合吉・郡司千左衛門らとともに洋式大砲鋳造、玉薬調整、鶴江・玉江台場の築造に従事している。九月一日に彼等は藩公よりその功績を褒賞された。馬屋原は、その後、御番手として江戸に上り、瓦爾発尼機（ガルバニ電池機）地雷火の研究を行った。

九月には好生館内に西洋学所（兵書講究）が設置され、美能隆庵・田原玄周・松島瑞益が師範役、田上宇平太・青木研蔵が師範掛、氏家彦十郎・山本宇平太・井上弥平次・馬屋原右兵衛・氏原音熊・藤井百合吉・郡司千左衛門が用掛に命じられた。

一〇月幕府は長崎海軍伝習所を開所した。來原良蔵は、九月に江戸へ向かい、一〇月一四日に江戸御番手ならびに嫡子御雇いにて御手廻組に加えられ、御密用方御右筆役と岩国内用掛の命を受けた。

なお、郡司右平次は安政二年（一八五五）には阿武郡蔵目喜銅山頭取（御撫育方御内用）、翌年には阿武郡銅山御用掛となり銅山開発にも着手した。この時期、銅の産出も厳しくなっており、彼もいろいろ難渋している。(7) このこともまた、反射炉による錬鉄熔解と鉄製品量産への期待を高めることになったであろう。

二　安政二年の政権交代

八月一一日周布政之助は、財政改革が行き詰まり、遠近方へ移された。保守派の椋梨藤太が政務役へ復活した。八月一五日椋梨藤太は負債延期政策を撤回し、新たに施政綱領一一箇条を定めて発布した。同じ保守派の坪井九右衛門も江戸方用掛に任ぜられた。一一月二一日これまで財政改革に関わってきた周布派は処罰され、周布自身も三〇日間の逼塞を命じられた。

改革派から保守派（守旧派）への政権交代という状況の変化によって桂小五郎は結果的に造船術修得を断念し、江戸に戻った。西洋兵学研究のため蘭学の勉強を始め、手塚律蔵の又新塾へ入った。桂はおもに神田孝平のもとで蘭学・兵学（歩兵調練）を修めたが、しばらくして練兵館の修業に戻った。

一〇月三日藩公が江戸麻布藩邸へ入った。一〇月一四日桂は自費留学生から修学給費（公費生）に変更の藩命を受けた。一一月二〇日桂は藩命により戸田の洋式帆船を視察した。戸田ではすでに帆船七隻が完成していた。桂は、この機を逃さず、戸田（ヘダ）号を建造した船大工を雇い入れ、国元で洋式帆船を建造すべきことを藩に建言した。

なお、安政二年（一八五五）一二月一五日に松陰は病気保養を名目として野山獄を出て杉家に幽居する。人に接することは禁じられていたが近隣の子弟の中には密かに学ぶ者があった。安政三年八月二二日から近隣子弟のために武教全書の講義を始めた(8)。

三　反射炉準備と佐賀伝習

ヒューゲニンの大砲鋳造法は、より具体的には鉄製大砲の鋳造のために、(イ) 反射炉、(ロ) 鑽開台、(ハ) 熔鉱炉という三種類の設備を提示している。しかし、これまでの大砲鋳造からみれば、(ハ) の熔鉱炉にはむしろ関心が薄く、多くの人手を要するたたら製法に対し、風力によって高熱（反射熱）で鉄塊を熔解できる反射炉に大きな関心が集まった。

長州藩は、安政二年八月に鉄製砲の製法（反射炉）の伝習のため岡義右衛門・山田宇右衛門・藤井百合吉と、これとは別に工匠小澤忠右衛門とを佐賀等へ派遣した。佐賀藩に到着した岡等は鉄製大砲鋳造法や火薬調製・医薬局等（鉄熕鋳造・炮薬調製・医薬局之方式等）についても学ぶよう命じられていた。しかし、八月二三日付けの佐賀藩の返書により、鉄製大砲（鉄熕）鋳造は未熟であり、担当者が異船到来のため長崎出張中で不在のため断られた。一方で、小澤忠右衛門が携えた「旋風台雛形」は、藩主鍋島肥後守が懇望していたところであり、早速持参してきたことに本島藤太夫等佐賀藩側は大いに感服した(9)。旋風台砲架はその名称からして隆安流開祖中村若狭守隆安が井上外記と共同で開発し、大坂の陣で大いに活躍したものか、後に隆安の外孫郡司喜兵衛信安が改良した砲架（荻生徂徠賛「郡司火技叙」）かのいずれかであろう(10)。

このこともあって、岡義右衛門等四人は佐賀藩の本島藤大夫に会うことができ、反射炉や水車仕懸（錐鑽台）を学ぶことができた。このようにして、彼等は当時の築地（呉服町）の反射炉等を見学することができ、それを図面に作成することができた。[11]

佐賀藩では最初に築造された築地（呉服町）の反射炉は嘉永四年（一八五一）に完成した。また多布施の反射炉（公儀御用石火矢鋳立方）も嘉永七年（安政元年）に完成し、翌安政二年から本格的な大砲鋳造に取りかかっている。このことから、この時期は両反射炉が並行操業していたようである。築地反射炉は、安政四年一月七日における徳島藩注文の二四ポンド砲の鋳造が最後とされる。[12]

いずれにせよ、このようにして萩藩でも安政二年一一月「鉄熕鋳造・錐透（通）シ水車仕掛一条追々遂僉儀、水車雛形も拵候処、至極宜敷出来、尚又小沢忠右衛門肥前ニて現物拝見、委敷図面取帰り、尚又い（委）細ニ相分り、既に当節鉄具其外打調、年明候ハバ早速取掛り可申候覚悟にて当節致下拵候――」（原文の通り）となり、年明けからの反射炉等の築造に向けて準備に取りかかった。[13]

四　長州藩の長崎海軍第一次伝習

幕府の長崎海軍伝習の区画に関してはその代表者ないし教師団団長を中心に区分すれば次のように分けることができるであろう。

予備伝習＝嘉永七年（一八五四）三ヵ月間、長崎地役人・佐賀・福岡両藩士有志を中心にスンビン号艦長ファビウス（G.Fabius）中佐による予備実習

第一次伝習＝安政二年（一八五五）一〇月～安政四年（一八五七）二月末、ペルス・ライケン（G.C.C. Pels Rijcken）大尉を長とする第一次オランダ教師団の伝習

第二次伝習＝安政四年（一八五七）九月中旬（第二期と約八ヵ月重複）～安政六年（一八五九）四月、カッテンディーケ（W.J.C. R. Huyssen van Kattendijke）を長とする第二次オランダ教師団

安政四年カッテンディーケ大尉はヤーパン号（のちの咸臨丸）で来日した。カッテンディーケを長とする第二次オランダ教師団が教官引継ぎしたのは、安政四年九月（～安政六年四月）である。[14]

長州藩（萩藩）は第一次伝習（安政二～四年）に六名、第二次伝習（安政五～六年）に三六名余参加している。第一次伝習（安政二～四年）には、松島瑞益（剛蔵）、福原清助、楊井《やない》祐二、北条源蔵、氏家鈴助（音熊鈴助と改称）、藤井勝之進が参加している。前述のように、嘉永七年一〇月二二日松島瑞益（剛蔵）が長崎直伝習（西洋銃陣）のため長崎に派遣された。一一月二七日より安政元年であるから、松島は第一次伝習前にすでに派遣されていたことになる。安政二年七月二九日、幕府長崎西役所を講堂としオランダ人を招聘して西洋銃陣および砲術の直伝習を開始した。一〇月二〇日幕府の伝習員矢田堀景蔵・勝麟太郎等が長崎に到着した。一一月五日松島瑞益等伝習より帰り、伝習生の増派を提案し、周布等はこれを協議し、松島瑞益と福原清助を再び長崎に派遣した。[15]

Ⅲ　反射炉試作・洋式帆船完成　——安政三年——

一　反射炉試作・嚶鳴社復興・洋式帆船「丙辰丸」完成

安政三年（一八五六）二月一九日藩公は帰国のため江戸を発ち、三月一八日萩城に入った。來原良蔵も帰萩した。三月中嶋治平は藩に舎密学（化学）・埋学振興について建白した。四月には反射炉築造錐通水車仕掛取建掛や玉薬調薬・台場築造用掛等の人事も決まり、本格的に活動が推進された。また、四月二四日には

小畑浦の恵美須ヶ鼻岬に造船場（恵美須ヶ鼻造船所）が設けられた。

六月來原良蔵は、周布政之助らの嚶鳴社の復興に参加した。嚶鳴社は、弘化三年（一八四六）周布政之助・北条瀬兵衛等によって結成されたが、安政五年（一八五八）にいたって「嚶鳴社」の名称が正式に決定された。山田亦助・來原良蔵・松島瑞益もメンバーである。

來原は前年より岩国御用掛として吉川監物の萩訪問の接待準備をしてきたが、九月に萩城に吉川監物と藩公との対面とその後の接待を監物来萩御内用掛一同とともに無事果たした。一〇月二〇日來原は桂小五郎に書を送って桂の妹治子との婚姻を許諾してくれたことに感謝した。一二月五日來原良蔵は藩祖毛利元就・三霊創業の記録編集の内用を命ぜられ、また同月一三日には相州警衛地御番手を命じられた（翌春赴任）。

他方、江戸では二月に幕府は蕃書調所を開設し、手塚律蔵は同所の教授手伝出役に任用された。八月二七日桂小五郎は藩より修業期間一年延期を認められかつ稽古料を給与されることとなった。一一月一六日には村田蔵六も蕃書調所教授手伝となった。

藩は戸田号建造に関わった船大工高橋伝蔵（泉藩）と戸田の船大工三人を雇い入れ、恵美須ヶ鼻造船所での船艦建造に着手した。端艇（カッターボート）をまず造り、ついで洋式帆船丙辰《へいしん》丸の完成をめざした。丙辰丸は戸田形・スクーネル形（二本マストスクーナ形帆船、長さ二四・五㍍、幅六・一㍍、吃水三・一㍍、左右両舷二百目玉筒各一門、船首一貫五百目玉短砲一門配備）であり、製作におおよそ四〇〇〇両かかったとされる。この間、一一月二一日から一二月三日まで田原藩士が洋式船建造を見学した。一二月二七日この造船所において丙辰丸進水式が執り行われ、藩公はじめ來原良蔵等もこれに臨んだ。(16)

萩反射炉遺跡

恵美須ヶ鼻造船所跡

二　反射炉本格築造の見送り

前述のように、反射炉の試作はなされたが、結果的に反射炉の本格築造は見送ることとなった。現存の萩反射炉遺跡はこの時の試作炉ないし試験炉とする説が近年有力となってきている[17]。

安政三年一一月一九日には藩より大要次のような沙汰が渡された。反射炉に関しては、銃器が精鉄によって鋳造され、破裂の恐れが少なく、かつ費用も人手もかからず踏鞴によって銅砲を鋳造するよりも余程物入りが少なくて済み、便利であるという話であった。そこで、「雛形」により御筒を試作するよう仰せつけられたのでそうしたわけである。しかし、本式に築造を仰せつけられるとなると、平錐台（鑽開台）等の準備にどれほどの資金を要するか分からない。そのうえ昨年の冬には江戸表の地震の被災によりその復興の資金繰りも難しい折柄、この度は一応御役所を引き払いこの先当分見合せることになった。

さらには、初発の肥前（佐賀）でも反射炉による大砲は必ずしもできが良くなく、まだまだ研究・研修（伝習）を要する状態であると聞く。銃砲については破裂の恐れがあるのは一番重要な問題であるから、なおまた利害得失を検討し、より一層習熟会得してから再開してはどうか、ということであった。

この書状は藩公の聴許をへて国元の会計担当官ともいうべき蔵元両人役へ渡された。(18)

三　中断した反射炉の再開運動

反射炉中断の沙汰を承けて、桂小五郎は、反射炉の継続が今日の大急務であり、沙汰の取り下げを諸方へ運動して欲しいことを岡義右衛門へ訴えた。しかし、中断沙汰書の撤回には至らなかった。

この反射炉見合わせの事情に関しては、反射炉関係の担当者の交代があったことも挙げられる。反射炉試作準備を開始時（安政二年一一月）の蔵元両人役は三須市郎兵衛・前田孫右衛門であったが、安政三年四月に反射炉に前向きの前田は当職（国元）手元役に転任し、安政三年一一月（反射炉見合わせ）の時点では三須と福原荒助であった。

ついでながら、この頃（安政二年一一月〜安政三年一一月）の江戸方当役についてみれば、右筆（政務役）に関して、改革派の周布政之助は安政二年八月一一日に保守派の椋梨藤太(安政三年一一月一五日)と交代し、また同じく保守派の坪井九右衛門が一二月八日から安政四年閏五月一五日まで務めている。同じ右筆の赤川太郎右衛門も反周布派とされるから、この時期どちらかといえば保守派が政務を執っていたとみられる。(19)

Ⅳ　西洋兵学技術の進展　――安政四年――

一　桂・來原等の行動と電気・地雷火研究

安政四年（一八五七）正月一一日來原良蔵は萩を発し、二月一日上宮田の陣営に到着し、一〇日に作事吟味役として出勤を命じられた。三月九日桂小五郎は江戸より來原良蔵を訪れ、翌日両人で三崎へ行った。七月二〇日來原は来島又兵衛へ宛てた書のなかで、井上與四郎（当時、相州警衛地所奉行）と時事を談論したことや馬屋原閑蔵の電気研究について言及している。八月三日來原は嫡子御雇いにて御手廻組に加えられ、御右筆役を命ぜられた。八月二六日來原は前濱で薬力発砲を試み翌日までかかった。九月一五日彼は江戸に召され、二一日麻布邸に入った。二二日來原は斎藤弥九郎を訪れ、また二三日芝新銭座の江川氏の道場で銃陣の練習を見た。二四日の夜、來原・桂・来島は馬屋原右兵衛宅で夜を徹して談笑した。馬屋原はとくに電気捕鯨の術を講究していた。

このように、馬屋原右兵衛は、ガルバニ電池機地雷火のほかにエレキテルを用いた捕鯨についても研究していたようである。電気銛によって鯨をしびれさせ麻痺させる仕組みに関する研究である。これはしかし、地雷火の仕組みと異なるため、結果的に地雷火の研究に重点がおかれるようになった。その後（安政五〜六年頃）、後述するように小野為八もガルバニ電池を使って、地雷火の実験を行っている。ガルバニ電池による地雷火は、後に下関戦争や幕長戦争などで実戦に使用された。この時期電気研究がなされていたことは科学技術の上で注目される。[20]

七月二〇日桂小五郎は奥羽松前の視察のため追暇を請い許可されたが、斎藤弥九郎父子の申請によって、総領事タウンゼント・ハリス（Townsend Harris）の将軍拝謁に関する警衛・儀仗観察等のため江戸在府することになった。この頃、手塚律蔵は米国大統領国書の英文翻訳や、ハリス総領事の将軍拝謁口上の英文和解（翻訳）を西周とともに担当している。[21]

二　松下村塾の隆盛と第二次長崎伝習

安政四年には松下村塾が益々盛んとなり、杉家の宅地内にある小舎を補修して松下村塾にあてるほどであった。この年に久坂玄瑞・高杉晋作・野村和作（のちの野村靖）・佐世八十郎（前原一誠）・品川弥二郎・伊藤利輔（伊藤博文）等が入塾している。なお、伊藤は、來原良蔵によって見いだされ、松下村塾はじめ長崎での西洋砲術入門等、來原にいろいろ面倒を見てもらってきた。このことから、伊藤博文は、終生、來原を恩人として常に感謝していたという。

安政四年八月到着のカッテンディーケ等の新教師団は伝習の科程を増加し、海軍操練術のほか歩・騎・砲三兵の大小隊操練、築城、地形、代数等の科目を設けて海軍伝習だけでなく陸軍伝習も併用できるように便宜を図った。長崎聞き役はこの話を萩に知らせたが、長州藩はこの時はさらに伝習生を派遣するには至らず、とりあえず北条源蔵を派遣して便宜的にこれを学ばせることとした。したがって、安政四年の段階では、長州藩は本格的な伝習生を派遣しなかったこととなる。北条源蔵は長崎で勝麟太郎を知り、彼について学んだ。[22]

V　西洋兵学志向と長崎伝習　――安政五年――

一　來原良蔵の一時謹慎と政権交代（保守派台頭）

安政五年（一八五八）正月桂小五郎は（練兵館より）剣術指導のため高遠藩へ出張した。この頃、彼は練

郵便はがき

料金受取人払

諏訪支店承認

2

差出有効期間
平成31年11月
末日まで有効

392-8790

〔受取人〕

長野県諏訪市四賀229-1

鳥影社編集室

愛読者係　行

ご住所　〒□□□-□□□□	
(フリガナ) お名前	
お電話番号　(　　　)　　-	
ご職業・勤務先・学校名	
eメールアドレス	
お買い上げになった書店名	

鳥影社愛読者カード

このカードは出版の参考にさせていただきますので、皆様のご意見・ご感想をお聞かせください。

書名	

① 本書を何でお知りになりましたか？

i．書店で
ii．広告で（　　　　　　　　　　）
iii．書評で（　　　　　　　　　　）
iv．人にすすめられて
v．DMで
vi．その他（　　　　　　　　　　）

② 本書・著者へご意見・感想などお聞かせ下さい。

③ 最近読んで、よかったと思う本を教えてください。

④ 現在、どんな作家に興味をおもちですか？

⑤ 現在、ご購読されている新聞・雑誌名

⑥ 今後、どのような本をお読みになりたいですか？

◇購入申込書◇

書名　　　　　¥　　　　（　　）部

書名　　　　　¥　　　　（　　）部

書名　　　　　¥　　　　（　　）部

兵館塾頭とともに師範代にもなっていた。一月二二日來原良蔵は突如御番手を免ぜられ、翌二三日に帰国の途についた。來原は、帰萩後、藩規違反を理由に職を免じられ謹慎さらには逼塞を命じられた。來原良蔵は、前回（安政二～三年）の警衛地勤務時に中島三郎助について蘭式銃陣ヘロトロンを学んだが、まだ卒業せずに帰国した。今回の相州警衛勤務時にもヘロトロンについて熱心に研究精進した。來原は、藩命で浦賀奉行与力合原操蔵に西洋式砲術を学んでいた駒井小源太や長府藩河﨑虎吉、徳山藩兼﨑昌司、岩国の二宮小太郎等と深交し、ヘロトロンの普及を図った。その熱中さは度を超し、日常も蘭式陣鼓をたたいて帰営する始末であった。余りに洋式かぶれした來原は陣営の藩士の顰蹙《ひんしゅく》と反発をまねき、警衛地の軍規に反したために不問に付すわけに行かなくなり、遂に帰国を命じられたのであった。

この年二月には時局切迫とともに松下村塾生一派と（周布政之助一派を中心とする）明倫館派（嚶鳴社派）とが意見対立し、吉田松陰は周防の海防勤王僧月性に両派の調停を依頼し、和解に至った[23]。

二　反射炉築造再燃

安政五年三月には藤井百合吉が、反射炉によって銅製砲を鋳造し、かつ水車機をもって砲腔を鑽開することを建議した。彼は、その方法を研究するために長崎へ出張した。しかし、一諸侯がこの大工廠を起こすのはとうてい損益の相償う所ではないと悟り、ついにこれを断念した。ここでは反射炉を鉄製砲のためではなく、「銅製砲」の鋳造のために築造を目指したことが注目される。それは反射炉における風力による銅合金の溶解に着目したものと解される。銅製砲の鋳造にあたっても反射炉を使用すれば省力化できる利点がある。しかし、すでに岡義右衛門も指摘していたように、反射炉の完成までに何度も補強修復工事が必要であり、その経費もかなり大きくなり、安定操業に至るまでどれくらいかかるか解らないという問題があった[24]。

三　西洋兵学志向と長崎伝習

三月に桂小五郎は練兵館を退塾した（嘉永五年一一月以来七年在籍）。三月一九日江戸桜田邸で蘭書会読が開始された。これには藩医の青木周弼や蕃書調所教授手伝東条英庵、坪井信友が中心となり、毎月三回蘭書解読し、主に西洋軍制の研究を行った。桂小五郎や蕃書調所教授手塚律蔵もこれに加わり、のちには講武所教授村田蔵六も参加した。

四月には井伊直弼が大老となった。四月六日來原は逼塞を免ぜられる。五月には周布政之助が復権し、六月二九日政務役（右筆役）に再任された。六月一九日には日米修好通商条約が調印された。六月二一日長州藩は相州警衛を解かれ、今度は兵庫警衛を命じられる。

七月二一日山田亦介は、前日に隠居を免じられ、御手当御密用方御取計兼軍艦製造御用御引請を命じられた。彼はまた、この時「精練方・鋳造方」への出勤も命じられた。かくて、山田は軍制改革と造艦・鋳砲の諸務総管を任務とし、九月兵庫警衛の任についた。

桂小五郎は八月一〇日大検使となり江戸番手を命じられた。江戸方大検使は「矢倉方管轄するところの金穀物品武器の出納を検す」とされることから、江戸表行政府の会計（矢倉方）に関する監査を主な役目とするとみられる。

九月七日幕府は梅田源次郎（雲濱）を捕縛し、ここに安政の大獄が始まった。長州藩は八月以降、まず海軍直伝習（航海術・運用術）を中心に藩士を長崎海軍伝習所に派遣し、ついで來原良蔵等を洋式銃陣の伝習（陸軍直伝習・小隊操練）のために長崎に派遣した。すなわち、來原良蔵は、一〇月四日に御手当方用掛を任命され、西洋銃陣の研究のため長崎行きを命じられた。その後、來原の建議に従って、西洋銃陣（陸軍小隊操練）を中心とする伝習生（指揮官候補）が派遣された。一一月には萩の中津江に火薬精錬所が開設され、服部太八が主任となった。

この頃、手塚律蔵は蘭訳本『泰西史略初編』を翻訳し、中浜万次郎（ジョン万次郎）が持ち帰った英文法書を西周とともに読破し、『伊吉利文典』として翻訳刊行（安政六年）した。この本は以後英学入門書として蕃書調所の後身である開成所等でも用いられた。当時英学の第一人者として手塚の評価は大いに高まった。(25)

四　松下村塾の隆盛と松陰再入獄

この年松下村塾生は益々増加し、七月には最盛期を迎える。八月頃には松下村塾生達が盛んに練兵・演習を行うようになった。一一月に吉田松陰は老中間部詮勝要撃を計画し、一一月六日付け前田孫右衛門宛て書簡において、クーホール（手臼砲）三門、百目玉筒五門、三貫目鉄空弾、百目鉄玉一〇〇、合薬五貫目貸し下げて欲しい、このことは周翁（周布政之助）にも併せて通知していると書いている。

これは当然のことながら認められることはなかった。小野為八が幽閉中の松陰を背負って行き、彼の前で地雷火の実験を行ったのはこの頃であろう。

一一月二六日桂小五郎は一時帰国を命じられ来島又兵衛とともに帰国の途についた。一一月二九日周布政之助は松陰の萩出発を阻止するため、藩公に請うて厳囚の処置をとり、一二月二六日松陰再び野山獄に入れられた。桂は、一二月一八日に萩に帰った後、入獄前の二四日と入獄の日の二六日に松陰に面会し、二八日書を贈っている。(26)

五　第二次伝習（安政五～六年）と來原良蔵の復活

（一）第二次伝習生の派遣

安政五年における長州藩第二次伝習としては八月にまず海軍伝習目的を中心に七名が派遣された。このうち北条源蔵は前述のように第一次伝習から参加している。これ以後安政六年五月まで下記の表のような形で伝習生が派遣されている。

長州藩第一次伝習（安政二～四年）—松島瑞益（剛蔵）、福原清助、楊井祐二、北条源蔵、氏家鈴助、藤井勝之進

長州藩第二次伝習（安政五年～安政六年四月）

①安政五年八月—桂右衛門、山田七兵衛、戸田亀之助、梅田虎次郎、北条源蔵（航海術・運用術）、藤井百合吉（砲台築城法）、郡司千左衛門（西洋砲術）

②同一〇月—來原良蔵（陸軍直伝習・小隊操練）、粟屋彦太郎、波多野藤兵衛、戸倉豊之進、長嶺豊之助（海軍直伝習・航海術・運用術）、中嶋治平（西洋諸学術）

③同一一月—道家勝次郎（龍助）、香川半助、野村弥吉、正木市太郎、粟屋与三（陸軍直伝習・小隊操練）

④安政六年一月—中与一郎、駒井小源太、粟屋源次郎（陸軍直伝習・小隊操練）

⑤同二月—林秀太郎、井上小太郎、児玉友之丞、横山三吉郎、木梨平之進、和智虎太郎、佐世八十郎（前原一誠）、江木清次郎、井上忠太郎、楢崎八十槌、河北庄之助、福井源太郎、宍戸小弥太（以上銃陣練習員）平岡兵衛、飯田弥七（運用術練習員、二名御船手組、海軍直伝習、航海術・運用術）、山本傳右衛門（西洋学修業員）

來原良蔵は、安政五年一〇月九日に手附伊藤利輔等を従えて萩を出立し、一五日に長崎到着した。二〇日

に來原は高島浅五郎に面会し、利輔を入門させた。一一月九日には萩に帰って、陸軍伝習生の増発を建議した。一一月一九日來原は再び東条英庵を伴い利輔を従えて萩を出立し、二五日長崎に到着した。二九日來原は以前から交流のあった高島流砲術家山本物次郎を訪れた。

一二月五日來原良蔵は松代藩士で佐久間象山門下の北山安世を訪れた。同日吉田松陰は野山獄に再投獄された。九日に來原は長崎聞役羽仁寛や東条英庵とともに汽船を縦観した。一四日萩青海鋳造所の郡司富蔵が砲術修養を志し、來原への用状ならびに家人の書を携えて、長崎に来着した。そこで、來原は復書を書き、一六日書簡と家族への贈物とを帰国する郡司千左衛門に托した。一八日には粟屋彦太郎等六人が直伝習を終えて帰国の途についた。二二日に來原は勝海舟を訪れて歳末の挨拶を行っている。(27)

（二）理化学伝習と中嶋治平『銕製局略稿』

中嶋治平は文政六年（一八二三）に萩の浜崎で御船倉付きの御船手舸子兼朝鮮通詞中嶋正真の長男として生まれた。天保一一年（一八四〇）青木周弼について蘭学を学んだ。安政三年（一八五六）父の命により私費で長崎へ行き、朝鮮通詞やオランダ大通詞のもとで朝鮮語やオランダ語・分析術（化学）を学ぶ。安政五年一〇月には中嶋治平も萩藩の直伝習生に加えられ、教師団のポンペ（J.L.C.Pompe van Meerdervoort）やハルデス（Hendrik Hardes）から英語・蘭語・医学・理化学・冶金学等を学んだ。(28)

中嶋治平は、とくにオランダ人技師ハルデスからは製鉄法等について講義を受け、彼の講義録（Beknopte Schets der Ijzer Fabricatie）を安政五年（一八五八）に『銕（鉄）製局略稿』として翻訳した。この講義録には高炉（溶鉱炉）・反射炉だけでなく「筒炉」（転炉）についても講述されており、長崎海軍伝習所では海軍伝習や西洋銃陣（陸軍）伝習だけでなく、西洋学術（理化学）伝習も行われていたことがうかがえる。しかも、その内容はたんにヒューゲニン流の反射炉だけでなく、当時欧米で新たに行われてきた、より純度の高い錬鉄製造のためのパドル反射炉、転炉（キューポラ）さらには蒸気動力による製鉄所に関するものも含まれていた。翌安政六年の帰藩後に中嶋治平は、この翻訳書を藩に提出するとともに鉄工局の開設を建白していた。水戸藩における大島高任の高炉建設や佐賀藩における製鉄機械一式購入（安政五年―のち幕府へ献納）と考え合わせて、中嶋の鉄工局（製鉄所）構想は大変意義深い。

安政六年（一八五九）春には長崎奉行所の命により、綿羊の飼育増殖、羊毛の染色・色抜法、羅紗織法等の調査を依頼され、洋書の翻訳とその実験を行いその結果を記録し報告した。同年七月には藩公に製鉄・綿羊の飼育・製茶・ガラス・軍用（兵糧）パン製造の必要性を建白した。これらの建白（献白）は後に具体化されていくこととなる。[29]

Ⅵ　反射炉再燃・洋式船建造・兵制改革・神器陣廃絶　――安政六年～七年――

一　反射炉築造再燃と最終断念

來原良蔵は、長崎に赴任して以来銃陣の伝習に精励し、胴乱管入五〇個とゲベール銃一〇挺の送付を山田亦介に要請した。山田は、早速、胴乱を大阪に手配し、御蔵元両人役にゲベール銃の長崎送付を申し付けるとともに、來原の帰国を待って軍制改革を一層推進させるために一二月二三日長崎に向かう丙辰丸に書簡を託した。この書簡にはまた、高竃（高炉つまり溶鉱炉）の築造は軍艦製造にとって第一に重要であり、沙鉄（砂鉄）・土塊計三一貫を送るので、前年より長崎にいる郡司富蔵に与え「死力を尽くし」懸命の習熟を督励するよう來原に要請している。

翌安政六年（一八五九）二月一日長崎に着港した丙辰丸からこの書状を受け取った來原良蔵は、二月一五日付けの山田への返書のなかで、高竈築造の練習に用いる沙鉄・土塊はこれでは十分でなく、富蔵が藩に追加を願い出た旨（「過ル朔日丙辰丸到着、沙鉄土とも郡司富蔵へ引渡申候、高竈築立ニ付而ハ同人より申出之趣先日国相府江申越置、猶又此度彼者より内演説差出候由故旁被仰合、早々相運候様御配意可被下候」）記している[30]。

反射炉(鋳竈)と高炉(高竈)と鑽開台は、ヒュゥーゲニンのいう鉄製大砲鋳造の三点セットである。その場合に、砂鉄（和鉄）ではなく、岩鉄（柔鉄）を高炉で溶解し、しかも反射炉は鉄竿を用いて長時間（一〇数時間）かき混ぜるいわゆるパドル工法によって、「純鉄」である錬鉄が産出される。これを用いて鋳造・鍛造すれば大砲はもちろん蒸気機械を始め各種鉄製品さらには鉄砲も鍛造できるようになることが期待された。

とくに、この時期、軍艦製造の機運が高まり、船艦・機関の製造における反射炉の効用が再び注目されるようになった。しかし、この試みもまた挫折した。前回の見送り（中断）の理由として、財政の問題が挙げられていたが、今回は孝明天皇から水戸藩への「戊午《ぼご》密勅」による江戸・京都の国事奔走経費等も大きく影響していることがうかがえる[31]。

しかも、幕府はこの年四月に長崎海軍直伝習を中止し、幕府伝習生に陸路東帰を命じた。五月には藩伝習生や富蔵等は長崎を漸次引き払い、來原も六月に丙辰丸に乗って帰萩した。したがって、二月上旬から四月末までの間に長崎で高竈の雛形（試作炉）を製作することなど不可能に近かった。

長崎製鉄所の直接的な目的は、鉄製大砲の鋳造よりも軍艦の製造と修繕にあった。それは、この時期、藩でも軍艦製造のための反射炉築造が目指されたことと符合する。しかも、この六月には洋式軍艦（庚申丸）の建造が開始された。反射炉の新設こそはできなかったが、試作炉として作られた反射炉が、この時、有効に使用されたのであろう。庚申丸は藤井勝之進も加わって、翌万延元年五月に進水することとなる。

ところで、四月に幕府伝習生は陸路で江戸へ帰った。來原等は三月から四月末まで長崎での西洋銃陣演習とオランダ教官による直伝習を数回受け、また五〇間の間隔で標的人形を並列して小銃射撃訓練を行った。來原らの陸軍伝習生も、最後まで、西洋銃陣の修得に精を出した。[32]

二　安政の兵制改革　――西洋銃陣の導入

（一）神器陣の衰退

諸藩に先駆けて創設された神器陣であるが、安政期も様々の変更・人事の交代、一手別操練の督励等を行ったが、八手各部隊それぞればらばらであり全体の統率もとれず、ほとんど四分五裂の状態であった。安政四年二月ついに習練法を更改し、一手別の稽古日を定め、また諸手合併の練習を通じて大いに戦闘隊伍編成を操練し統一化を図ろうとした。時には坂本天山の息子坂本鉉之助を銃陣の師範として招請したこともある。

翌安政五年には、内外形勢大いに変化し、海防も拡大した。長州藩は兵庫警衛も命じられた。神器陣はすでに役に立たないことが解っていても、なお旧兵制のもとで一手別操練を旧態依然のまま挙行せざるを得なかった。これと並行して兵制大革新の計画が藩公のもとで密かに進められた。

安政六年初頭から、藩地では來原良蔵らが長崎より帰萩して深野町で行う洋式操練を基礎とし、江戸では新銭座高島流銃陣に江川家相伝の軍隊区分法を導入して、新たな兵制を来春の藩公帰藩の日を以て実行に移すことが有司の間で暗に合意されていった。しかし、在藩加判役以下神器陣稽古掛に至るまでほとんどこのことを知らされず、しばしば洋式銃陣に対する排斥の動きがみられた。[33]

（二）西洋銃陣の導入

安政六年二月二一日來原は長崎海軍伝習中止の幕令を聞いて以来、なんとかオランダ人教師帰国まで長崎での練習継続を図ろうとしたが、藩から許されなかった。しかも、刀槍弓馬の道を重んじ、飛び道具を忌避する旧来の武道にこだわる藩士達や、荻野流守永弥右衛門のように和流砲術優位を唱える者達の排斥の動きが強かったため、來原等は、時機の到らざるを察知して、練習継続を断念し、五月末に小隊操練の伝習を終えて萩へ帰った。

これより先、三月六日当役益田弾正は、御家流（神器陣）の銃陣はこれまで通り廃棄することはないことを藩内に告示して、和流砲術家の疑心を払拭するとともに、西洋銃陣直伝習を派遣したことでもあり、追々習熟帰国の上は深野町において伝習生が西洋銃陣の練習を行うことも伝えている。このようにして、「新思想輸入に関する当路者の苦心」のもと、六月五日には伝習生によって深野町で銃陣演習がなされ、以後西洋銃陣の練習は次第に推進されていった。

神器陣では一〇匁和筒が用いられたが、西洋銃陣ではゲベール銃やミニエー銃が主に用いられる。このため、藩はこれらを大量に購入していった。同時に、六月には鉄砲細工師荒地清蔵（保清）・鉄砲金具師戸村重右衛門を西洋式鉄砲の製造を学ばせるため江戸に派遣した。

六月五日深野町馬場での西洋銃陣操練には多くの参加希望者が集まったが、その半面抵抗・妨害も強かった。六月一七日帰萩した來原は、二三日深野町馬場にて老臣達の前で小隊調練を行う。七月八日來原等は長崎出張の労を賞せられた。六月二六日幕府は洋式小銃の直接購入を公許した。

八月一三日來原良蔵・粟屋彦太郎両人は異形の服装で城下を徘徊していることについて上層部より注意を受けた。藩の西洋銃陣推進者はもとより來原等もいろいろ苦心・工夫を重ね、萩では短期伝習のため小隊操練にとどまったが、さらに一層習熟し、参加者も増えていった。より大規模の小隊撒兵・大隊教練は江戸の江川氏について修得させることとした。來原良蔵は手当方山田亦介を助けて益々銃隊拡張に努め、手廻組・先手組両足軽の教練を監視した。この間、守永弥右衛門や荻野流門下等は極力西洋銃陣を排斥しようとしたが、関係者は様々の形で西洋銃陣の援護に努めた。

八月二四日西洋学所を改め博習堂と称し、その規則を変更改定した。この時、好生館を好生堂と改称することにより、両者まったく同等の扱いとなった。博習堂では、海軍直伝習から帰った松島剛蔵を師範役として海軍教育に重点をおくとともに、これと並行して海陸兵学書（蘭書）の翻訳も重要な事業となった。(34)

三　安政の兵制改革と村田蔵六の参加

幕府は、この頃、築地講武所において海軍操練を、また江川氏の新銭座において陸軍調練をそれぞれ行っていた。長州藩でも兵制改革の議があり、そこでまず江戸藩邸にいる藩士のなかから新銭座調練場に入門させることとなった。四月一三日以降井上與四郎・内藤萬里助・藤井庄兵衛の子息壮太郎・隼之助・丑太郎を率先して入門させてから、徐々に銃陣を修得する者が増えた。

安政六年五月二五日蘭書会読を桜田邸から麻布得一亭に移し、蘭書会読所とした。七月二日村田蔵六の参加によって一層充実し、博習堂教授用兵書もここで会読された。兵制改革の詮議が起こるに至って、村田は常に藩の江戸行相府顧問となり、改善の効果は一層あがった。

江戸藩邸では藩公が手廻組・大組在番士・有備館諸生等を集め、邸内あるいは江川家の新銭座調練場で西洋銃陣の操練を行った。八月には井上與四郎が江戸銃陣教練掛となるとともに、自ら江川氏の門人となった。この当時江川氏のもとには長州藩と肥後藩の入門生が半数に及んだ。八月一四日新銭座調練所に派遣した諸臣を教授とし、麻布邸は井上梅槌等を、桜田邸は井上壮太郎等を師とし、井上與四郎を教練用掛に任命した。国元では小隊銃陣操練が中心であったのに対し、江戸藩邸では大隊操練を修めようとした。しかし、江戸在邸の藩士だけでは大隊を編成するに足らないため、足軽・手附中間をも加えて教練を行うようになった。

他方、藩地では九月二日西洋銃陣の重要性を世間に知らしめるため、毛利筑前・毛利伊勢等の一門家老が深野町馬場で銃陣操練を検閲した。九月九日來原は明倫館助教兼兵学科総督を命じられ、一一日以降山田亦介とともに軍制改革の調査に着手した。九月一七日軍制改革に関する意見を開陳し、藩公これを聞及ぶ。九月二四日軍制詮議御用掛を命じられた來原良蔵、道家龍介（助）、氏家彦十郎、山田亦介、山田宇右衛門、波多野金吾、赤川直次郎、藤井百合吉、松島剛蔵は誓約を行った。以後、世子の上覧による銃陣演習や越ヶ浜遠距離射撃等の実績が積まれていった。

一〇月一一日桂小五郎は江戸に入り麻布藩邸詰めを命じられた。一〇月一五日來原良蔵は銃陣教練一件につき江戸差遣いを命じられ、この日萩を出立し、野村弥吉（井上與四郎次男、後の井上勝）、正木市太郎ならびに江戸御番手楊井謙蔵がこれに同行した。また前田孫右衛門も江戸に召され、北条源蔵等も萩を出立した。一〇月二七日吉田松陰は小塚原において刑死した。桂は飯田正伯、尾寺新之允、伊藤利輔（のちの博文）等に諮り遺骸を回向院に埋葬した[35]。

一一月五日來原良蔵等は江戸に到着し、六日藩公、周布政之助、井上與四郎等とともに軍制改革に関して協議し、その大要を決定した。一二日來原は御右筆用務を免じられ、有備館文武諸業御用掛を命じられた。これより、來原・野村を有備館に、また正木を麻布邸に置き、ともに諸士の銃陣を監督させるようにした。一三日桂小五郎も、江戸藩邸有備館用掛を兼務し、風紀粛正振興を図った。同じ一三日長州藩は先の陸軍兵制改革と並行して海軍兵制改革に着手するため、北条源蔵と戸倉豊之進を軍艦教授所に入所させた[36]。

一二月五日には藤井百合吉が大艦製造方検使役を、また一一日には大砲鋳造方掛も命じられた。これは、おもに艦載砲の鋳造についての担当を意味するものと思われる。一二月八日來原は江戸御番手となり、年末には正木市太郎が麻布大納戸用掛を命じられた。これは銃陣銃手の増加に伴いゲベール銃購入が急務となったことによる。

先の軍制改革の議がすべて終わるや、前田孫右衛門は一二月二日をもって江戸を出立し、二七日萩に到着した。二八日に彼は諸令書を国元重職に提示し、旧銃陣中止の令を公布し、銃陣見合役（士官）その他の職を解いた。ここにおいて神器陣は、創設以来四三年を経てついに廃絶した[37]。

Ⅶ　安政七年（万延元年）の西洋銃陣の実施

幕府の軍艦教授所に入所していた北条源蔵は、安政七年（万延元年）一月遣米使節の一員（外国奉行頭支配組頭成瀬善四郎正典従者）として渡米した。一月九日以降麻布藩邸を中心に発火調練・刀槍稽古・御前銃陣調練が行われた。一二日桂小五郎は、来島又兵衛にゲベール銃および時計等の購入を要請した。一七日に來原良蔵は藩公の面前にて鞭を拝領した。一月二二日江川氏門人山田熊蔵等一三人を桜田邸に招いて、銃陣稽古・大隊教練が開始された。二月一〇日桂小五郎は、藩に軍制制定が急務であることを説いた。二月一二日以降來原等は芝新銭座で大隊発火演習・大隊銃陣の稽古を始めるとともに、練兵場修業科目、等級、名称について調査し、案を具申した[38]。

藩地（国元）でも一月一二日当職浦靭負は自ら練兵場に臨み始業式を行った。一七日には足軽以下諸軽卒の始業式を習練場で行って、以後荻野流砲術練習を中止し、諸砲術家に必ず新銃陣を修得するよう内訓を下した。これより、上は世子・諸公子から下は三田尻山口吉田在住の諸士に至るまで皆この銃陣を修習させた。それとともに士気は一層高まり、小隊の操練の進歩に伴いさらに大隊教練を開始することを欲するようになった。すでに江戸では大隊教練を実施していることを聞くに及んで、国元でも藩の許可を得て書籍を参考としながら、自ら奮起して大隊操練を挙行した。このころ、荻野流師家守永弥右衛門以下桂譲助・阿座上勝之進等は新式銃陣を非難したため、厳罰に処せられた。世子が江戸に上る際に旅中警備の小銃をゲベールに代えるようにという命令が江戸から届けられた。これにより随従する士卒の銃陣操練が二月二〇日より行われるようになった。二三日からは家臣に広げられ、道家龍介を指導の掛とした。三月二三日に世子は萩を出立した。新銃陣の操練は益々盛んとなった。

一方、海軍に関しては、一月八谷寛右衛門・松本原四郎の両名を幕府の軍艦教授所に入所させ、ついで二月二五日に（英学）桂右衛門・石原荒吉・久坂玄瑞、（騎兵操練）八谷五郎兵衛・大庭源之助・熊野藤右衛門・内藤謹助・中村源助、（運用学）岡部富太郎・福原又四郎・平岡兵部、（航海学）高杉晋作・尾寺新之允・笠原半九郎、（航海術）弘勘七・［松本原四郎・戸倉豊之進は先に入所］、（艦砲術）井上梅槌・楢崎八十槌・郡司千左衛門を入所させた。(39)

三月三日に桜田門外の変が起こり、井伊大老が暗殺され、三月一八日万延元年と年号が改められた。

【第四章注記】

（1）勝海舟『海軍歴史Ⅰ』講談社、一九七三年、四七頁。奈木盛雄『駿河湾に沈んだディアナ号』元就出版社、二〇〇五年、一五一頁、一八三―一八五頁。戸田村教育委員会編『ヘダ号の建造―幕末における―』戸田村誌叢書、再版二〇〇二年（初版一九七九年）七頁、四七頁、六七―七〇頁。勝海舟「陸軍歴史」「巻五銃砲鋳造一」第十四条（江川太郎左衛門手附、蘭人質問の事）。勝海舟『陸軍歴史Ⅰ』講談社、一九七四年、二五四―二五六頁、二五八頁。拙稿「江戸後期幕府・諸藩における西洋兵学受容と大砲技術―ペキサンス砲の衝撃と幕府・諸藩の対応―」『大阪学院大学通信』第四三巻九号、二〇一二年、四八―四九頁。反射炉には、六カ年の歳月と総工費五三一一両、その他諸経費二〇〇〇両余を要してようやく完成した。仲田正之『江川坦庵』吉川弘文館、一九八五年、二三〇頁。

（2）吉田松陰「兄杉梅太郎との往復書簡　安政元年十一月一日・二日往復、同五日往復」吉田常吉・藤田省三・西田太一郎校注『日本思想大系五四　吉田松陰』岩波書店、一九七八年、一四六―一四八頁。また、松陰（二十一回猛士）著『照顔録・坐獄日録合冊』（松下村塾蔵梓、発刊年不明、元治三年あるいは明治三年頃とされる）には「二十一回猛士説」「続二十一回猛士説」等が収められている。

（3）桂小五郎「日記（自安政元年一一月一一日至安政二年一月九日）」妻木忠太編『木戸孝允遺文集』泰山房、一九四二年、二一二―二一三頁。このとき桂等の下田視察は中島三郎助が周旋した。木戸公傳記編纂所『松菊木戸公伝　上』明治書院、一九二七年、年譜八頁。カロナーデ砲はボン（ベ）カノン砲よりもさらに短い大砲である。

（4）戸田村教育委員会前掲書、一二〇頁。桂前掲（「日記」）妻木編前掲書、二一六～二二〇頁、二四〇頁。妻木忠太『來原良蔵傳上・下』（復刻版）村田書店、一九八八年、（上）、三〇―三一頁。小川亜弥子『幕末期長州藩洋学史の研究』思文閣出版、一九九八年、三三頁、七八―七九頁、八六頁、九七頁、一四七頁。

（5）末松謙澄『修訂　防長回天史』柏書房、一九六七年、一一四頁、一八九頁、一九三頁。妻木前掲書（上）、三一―三二頁。

（6）翌年勝之進は中島の手子となって造船を見学した。木戸公傳記編纂所前掲書、年譜八―九頁、三六―三八頁。末松前掲書、一九六頁。木村紀八郎『浦賀与力　中島三郎助伝』鳥影社、二〇〇八年、一四二―一四四頁。

（7）妻木前掲書（上）、三四頁。拙稿「天保・弘化期における長州藩の西洋兵学受容と大砲技術―神器陣と西洋兵学の導入―」『伝統技術研究』第五号、二〇一三年、三三頁参照。「安政二年および文久三年一〇月差出勤功書」山本勉彌・河野通毅『防長ニ於ケル郡司一族ノ業績』藤川書店、一九三五年、四八―五一頁、五三頁。拙稿「江戸後期における長州藩の大砲鋳造活動考―右平次（喜平治）勤功書を中心として―」『伝統技術研究』第四号、二〇一二年、三〇―三二頁

（8）時山弥八編『増補訂正もりのしげり』赤間関書房、一九六九年、四〇五頁。山口博物館編『激動の長州藩』一九九〇年、一七―一八頁。木村紀八郎『剣客斎藤弥九郎伝』鳥影社、二〇〇一年、三三一頁。木戸公傳記編纂所前掲書、年譜九頁、三九―四〇頁。山口博物館編『維新の先覚　吉田松陰』山口県教育会、一九九〇年、一九〇頁。

（9）末松前掲書、二二〇頁。「部寄（異賊防禦御手当沙汰控）」「一月二九日佐賀にて棟梁小澤忠右衛門へ下賜金等につき申越しの事」所収。佐賀市教育委員会『幕末佐賀藩反射炉関係文献調査報告書』二〇一三年、三八―三九頁、及び道迫真吾「萩反射炉関連史料の調査報告（第一報）」『萩博物館調査研究報告』第五号、二〇〇九年、一三頁所収。道迫真吾「萩反射炉再考」『日本歴史』第七九三号、二〇一四年、一九―二〇頁。反射炉をめぐる佐賀藩はじめ幕府・諸藩の状況に関しては、拙稿「幕末期鉄製大砲鋳造活動の展開―佐賀藩反射炉活動を中心として―」『大阪学院大学通信』第四六巻五号、二〇一五年、一―六二頁。

（10）拙稿「享保期の異国船対策と長州藩における大砲技術の継承―江戸中期の大砲技術の展開―」笠谷和比古編『一八世紀日本の文化状況と国際環境』思文閣出版、二〇一一年、三九五―三九六頁、四〇一―四〇四頁。佐藤信淵は旋風台砲架の応用型を示しているが、これから原型を類推することも可能である。佐藤信淵『三銃用法論（中、防守炮篇）』文化六年（一八〇九）。これに関しては、川越重昌『兵学者　佐藤信淵―佐藤信淵の神髄―』鶴書房、一九四三年、一七二頁。拙稿「江戸期における隆安流砲術の継承と発展」『伝統技術研究』第三号、二〇一一年、一六頁。

（11）「部寄（異賊防禦御手当沙汰控）」『松之落葉』八月二五日、杉本勲・酒井泰治・向井晃編著『幕末軍事技術の軌跡―佐賀藩史料『松乃落葉』―』思文閣出版、一九八七年、一七七―一八七頁。佐賀市教育委員会前掲書、三六―四〇頁。「部寄（異賊防禦御手当沙汰控）」「錐類での大砲鋳造及び鉄熕鋳造等につき御承知の事」、道迫前掲論文（「萩反射炉関連…」）、二一―二二頁、二六頁。森本文規「萩反射炉の謎に迫る」・中本静暁「『萩反射炉』は安政三年に築造された試験炉である」『長州の科学技術～近代化への軌跡～』創刊号、二〇〇三年、一五―一七頁。

（12）築地反射炉は、安政四年一月七日に徳島藩注文の二四ポンド砲鋳造が最後とされる。前田達男「幕末佐賀藩における反射炉の鋳砲記録（二）」『産業考古学』一五一号、二〇一四年、九頁。佐賀市教育委員会前掲書、一〇五―一〇六頁。秀島成忠『佐賀藩銃砲沿革史』肥前史談会、一九三四年、三三二―三三三頁（安政二年の鋳造記録）。

（13）「部寄（異賊防禦御手当沙汰控）」前掲（「錐類での大砲鋳造…」）。この間の経緯は、道迫前掲論文（「萩反射炉関連…」）、二六―二七頁に詳しい。

（14）その教育内容から、予備伝習期、第一期、第二期、第三期に区分することもある。藤井哲博『長崎海軍伝習所―十九世紀東西文化の接点』中公新書、一九九一年、一四―二七頁、三八頁、四七―五一頁。水田信利訳『カッテンディーケ　長崎海軍伝習所の日々』平凡社、一九六四年、一頁、八頁、二四―二五頁。

(15)小川前掲書、五一―五九頁、一三七―一四三頁。末松前掲書、一九二―一九八頁。妻木前掲書(上)、二九―三五頁。勝海舟は萩藩からの参加者を一五名と推定しこれ以外にも脱漏があるかもしれないとしていた。勝前掲書（『海軍歴史Ⅰ』）、一六三―一六七頁。

(16)妻木前掲書（上）、三七―三八頁、四二―四三頁。小川前掲書、四一―四五頁。末松前掲書、二二六頁。中本静暁「長州藩の軍艦建造―西洋型木造帆走艦船　丙辰丸・庚申丸の建造―」『伝統技術研究』第二号、二〇一〇年、三五頁。木村前掲書（『剣客…』）、三四三―三四四頁参照。

(17)中本前掲論文（『萩反射炉』…」）、二五頁。森本前掲論文二〇―二二頁。道迫前掲論文（「萩反射炉関連…」）、二七頁。

(18)「部寄（異賊防禦御手当沙汰控）」「反射炉雛形築調の処御役所引払当分見合仰付の事」、『忠正公伝』第十一編第二章第四節（砲台築造と兵器の製作）―（頭注）反射炉（中本前掲論文（「『萩反射炉』――」）、二六―二七頁所収）。佐賀市教育委員会前掲書、三九―四〇頁。道迫前掲論文（「萩反射炉関連…」）、二七頁。

(19)道迫前掲論文（「萩反射炉関連…」）、二〇―三一頁。末松前掲書、一一二頁、一一八頁、一二三頁。河村一郎『萩藩主要役職者年表』萩市立博物館、二〇一三年、六九頁。

(20)妻木前掲書（上）、四三―四七頁、五〇―五一頁、三一三頁。桑原前掲論文、一九―二〇頁。村田峯次郎『近世防長史談』大小社、一九二七年、二八三―二八四頁。樋口尚樹「偉人伝　小野為八」『萩ネットワーク』第八号、一九九六年、七頁。小野為八は写真術も修得し、明治初期の解体前の萩城の写真を撮影している。堀江保蔵「山口藩に於ける幕末の洋式工業」『経済論叢』第四〇巻第一号、一九三五年、一五六頁。拙稿「伯林一九〇〇―玉井喜作・R・ヒレル・山根正次ほか：ベルリン人物交差点―」『大阪学院大学通信』第四四巻一〇号、二〇一四年、三七頁、六八頁。

(21)木戸公傳記編纂所前掲書、四三—四四頁。日本史籍協会編『木戸孝允文書一』(復刻版)東京大学出版会、一九七一年、二八頁。拙稿前掲(「伯林…」)、五八—五九頁参照。森本文規「蘭学から英学へのフロンティア〜長州出身の洋学者手塚律蔵〜」『長州の科学技術〜近代化への軌跡〜』第四号、二〇一一年、四二頁。小川亜弥子『『佐倉出ノ人』手塚律蔵と洋学」『佐倉市研究』第二二号、二〇〇九年、三四頁。

(22)山口博物館編前掲書(『維新の先覚…』)、一九一頁。中原邦平『伊藤公実録』啓文社、一九一〇年、四〇—四八頁参照。末松前掲書、一九七頁。

(23)木村前掲書(『剣客——』)、三三二—三三三頁。妻木前掲書(上)、五五—五七頁、三一八—三三〇頁。山口博物館編前掲書(『維新の先覚…』)、一九一頁。海原徹『月性—人間到る処青山有り』ミネルヴァ書房、二〇〇五年、二六七—二六九頁。公益財団法人僧月性顕彰会『月性を取り巻く幕末の人々〜松陰・玄瑞・そして文〜』二〇一六年、四頁、一九—二〇頁。

(24)末松前掲書、二二一頁。拙稿前掲(「幕末期鉄製大砲…」)、一五頁、三八—四五頁。

(25)末松前掲書、一五一頁、二〇八頁。木村前掲書(『剣客——』)、三八四—三八五頁。妻木前掲書(上)、五七—五九頁。末松前掲書、二〇四頁。「異賊防禦御手当沙汰書」、道迫前掲論文(「萩反射炉関連…」)、一八頁。木戸公傳記編纂所前掲書、年譜一二頁。河村前掲書、附録一〇頁。妻木前掲書(上)、五九頁、四〇三—四〇六頁。幕末科学技術史研究会編「萩に残る幕末の近代化遺跡」『長州の科学技術〜近代化への軌跡〜』第四号、二〇一一年、一〇一—一〇二頁。拙稿前掲(「伯林一九〇〇」)、五九—六〇頁。森本前掲論文、四二頁。小川前掲論文(「『佐倉出ノ人』…」)、三五—三六頁。

(26)吉田・藤田・西田校注前掲書、二六三頁。拙稿前掲(「万延・文久期長州藩…」)、六一—六二頁。樋口前掲論文、七頁。山口博物館編前掲書(『維新の先覚…』)、一九〇—一九四頁。木戸公傳記編纂所前掲書、年譜一二頁。

(27) 末松前掲書、一九七頁。小川前掲書、一二八頁。妻木前掲書（上）、五九―六四頁。妻木前掲書（下）、三―五頁。山本物次郎については、拙稿「長崎歴史散歩―大砲技術の歩みとともに―」『大阪学院大学通信』第四一巻八号、二〇一〇年、二一頁、四二頁参照

(28) 中嶋治平に関しては、次著等参照。安藤紀一『中島聿徳事蹟提要』一九二八年（萩図書館蔵）。堀江保蔵「中島治平と山口藩の洋式工業」『経済論叢』第四〇巻第五号、一九三五年。酒井泰治「長州藩士中嶋治平とその建白書―山口県文書館蔵―」杉本勲代表『西南諸藩の洋学―佐賀・鹿児島・萩藩を中心に―』トヨタ財団助成研究報告書、一九八五年。小川亜弥子「中嶋治平―分析術の振興に尽くした生涯―」・藤田洪太郎「中嶋治平　関係年譜」『長州の科学技術～近代化への軌跡～』第二号、二〇〇四年、二頁、四頁。時山編前掲書、四二一頁。

(29) 中嶋治平訳「鉄製局略稿（銕製局略稿）」『中島治平献白書集』「毛利家文書」一三一諸臣一〇二（山口文書館蔵）。中本静暁「中嶋治平の『銕（鉄）製局略稿』における単位認識」『長州の科学技術～近代化への軌跡～』第四号、二一一―二一七頁。水田訳前掲訳書、五六頁。小川前掲論文（「中嶋治平…」）、二一―三頁。藤田前掲年譜、四頁。時山編前掲書、四二一頁。拙稿前掲（「幕末期鉄製大砲…」）、三七頁、四四頁。楠本前掲書、六一頁。堀江前掲論文（「中島治平…」）、一三五頁。酒井前掲論文、二二六―二二七頁。

(30) 「高竈ニ関する山田來原書簡」（京都大学経済学部図書室所蔵）。妻木前掲書（下）、七一―七二頁、七三―七四頁。堀江保蔵「山口藩に於ける幕末の洋式工業」『経済論叢』第四〇巻第一号、一九三五年、一五三―一六五頁。堀江保蔵教授は、この文書を引いて、山口藩における製鉄鋳造技術の研究が盛んであったことを示しているとしている。同論文、一五七―一五八頁。

(31) 堀江前掲論文（「中島治平…」）、一三七頁。中嶋治平の建白における翻訳「鉄製局略稿」にも詳しく述べら

れている。拙稿「下関戦争における欧米連合艦隊の備砲と技術格差」『伝統技術研究』第一一号、二〇一八年、三五―三六頁。『忠正公伝』第十一編（一〇）第二章第四節（山口県文書館蔵・藩政文書・両公伝史料）。中本前掲論文（「『萩反射炉』――」）、二七頁一部所収。

(32) 妻木前掲書（上）、六六―六八頁、同書（下）、三三一―三三三頁、七九頁。藤井前掲書、四一頁。勝前掲書（『海軍歴史Ⅰ』）、一六〇頁。

(33) 末松前掲書、一八九―一九二頁。拙稿前掲（「長崎歴史散歩」）、三一―一一頁。拙稿前掲（「江戸後期幕府・諸藩…」）、二〇一二年、七〇頁参照。

(34) 妻木前掲書（上）、六六―六九頁。末松前掲書、一九七―一九八頁、二〇四―二〇七頁、二二〇頁。博習堂に関する詳細は、小川前掲書、第三章参照。

(35) 末松前掲書、二〇七頁―二〇九頁。六月二三日、村田蔵六は桂の厚意を謝し、宇和島から長州藩へ帰ることを伝えていた。木戸公傳記編纂所前掲書、六三頁。妻木前掲書（上）、六九―七一頁。

(36) 末松前掲書、二〇八頁。幕府講武所は、安政三年四月に開始されたが、当初は刀術槍術水練が中心であった。安政四年三月長崎海軍伝習生が観光丸に乗って江戸に帰って後、七月から講武所内に軍艦教授所が開設された。

(37) 妻木前掲書（上）、七一―七三頁。末松前掲書、一九二頁、二〇九頁。「御役進退録」道迫真吾「萩反射炉関連史料の調査研究報告（第二報）」『萩博物館調査研究報告』第七号、二〇一一年、一四頁所収。拙稿前掲（「江戸後期幕府・諸藩…」）五四頁。

(38) 末松前掲書、一九二頁。妻木前掲書（上）、七四―八〇頁。木戸公傳記編纂所前掲書、六三頁。

(39) 末松前掲書、五〇六―五〇七頁。のちに七月一八日には軍艦教授所は軍艦操練所と改称された。末松前掲書、二〇七―二〇八頁。

第五章　万延・文久期の近代化努力と攘夷戦争

はじめに

安政七年（一八六〇）三月三日に桜田門外において、井伊大老が暗殺された（桜田門外の変）。三月一八日万延と年号が改められた。それ以前に長州藩（萩藩）では、周布政之助・山田亦介・來原良蔵等によってすでに西洋銃陣を中心とする軍制改革が決定され、これに伴って神器陣が廃絶された。八月には歩兵・騎兵・砲兵三兵による兵制改革に着手した。この年一月一九日には遣米使節と咸臨丸が渡米しているが、長州藩からは北条源蔵が遣米使節の一員（外国奉行頭支配組頭成瀬善四郎正典従者）として参加し、（万延元年）一一月二二日に萩に帰着した。(1)

文久元年（一八六一、二月二八日から）三月には長井雅楽の「航海遠略策」により公武合体策が藩論となった。しかし、その後、松下村塾の久坂玄瑞等の「破約攘夷」（尊王攘夷）がこれに取って代わり、來原良蔵さらに長井雅楽は非業の死をとげた。

文久二年（一八六二）一月に遣欧使節団が長崎を出発した。このとき使節団は同年四月（旧暦）から約一ヵ月半、英国においてアームストロング砲はじめウリッジの兵器工場や、産業革命による近代産業施設について見学・視察した。長州藩からは杉徳輔（孫七郎）が「賄方兼小遣者」として参加した。かれらが帰国したのは同年末の一二月一〇日であった。この年幕府も歩騎砲三兵による軍制改革に取り掛かっている。(2)

文久三年（一八六三年）四月二〇日幕府は攘夷決行を五月一〇日と定め、各藩に布告した。長州藩もまたこれに応えて下関や萩に砲台の築造にかかり、保有する大砲と兵力をそこに集結した。そして、五月から六月にかけて下関でアメリカ・フランス・オランダの艦船への砲撃がなされた。

I　万延元年の近代化努力

一　神器陣廃絶と洋式銃陣整備

万延元年（一八六〇）三月二〇日、桂小五郎は藩に対し明倫館規則の改正、汽船購入、銃陣修業等につき意見を陳述し、また物産局新設の必要性を建言した。閏三月五日彼はさらに軍用馬具および小銃を長崎から調達し、軍令を以てことを処理すれば容易に軍の風俗矯正に裨益することを藩に陳述した。つまり、最新火器の調達による軍隊組織の再編・拡充と軍令による指揮命令系統の統一によって神器陣以来の錯綜し不統一のままの指揮命令系統を解消し是正できると考えたのであろう。

四月三日に桂小五郎は大納戸武具その他軍用器械の調査を命じられ、また帰国する來原良蔵に代わって有備館舎長となった。四月一六日藩は村田蔵六を正式に召し抱え、大組士に準じて年米二五俵を支給することとした[3]。四月二二日には桂等は横浜事情探索ならびに舶来物品の購入を命じられた。その後、七月一二日桂は、松島剛蔵とともに水戸藩士西丸帯刀等と下谷八十楼で会い、密に国事を議論した。八月には桂と松島剛蔵は桜田事変後幕閣改造の議を巡って中心的役割を果たす水戸藩西丸帯刀・岩間金平等と江戸湾停泊中の丙辰丸において盟約をなした（丙辰丸盟約）。このあたりから、桂小五郎の活動の重点は西洋兵学・洋式軍艦から諸藩との国事奔走へとシフトするようになる。

他方、來原良蔵は、五月一四日西洋銃陣の改革のため帰萩し、六月一七日明倫館大砲練習場において藩公の面前で高島流（西洋流）銃陣の演習を行った。九月一五日來原は御手当御内用掛として明倫館助教を兼ね兵学科総督に再任された。來原等はこの年後半を三田尻や山口在住の諸士の日切銃陣教練の監視役として銃陣教練の促進に力を尽くした。また、一二月七日に伊藤利輔は來原に書を送って、英学修業の許可を藩から得られるよう周旋を頼んでいる。のちの英国留学の端緒がみられる。(4)

二　庚申丸製造と長州製三〇ポンドボンベカノン

万延元年五月には洋式軍艦庚申丸《こうしん》が進水した。この艦の設計者は藤井勝之進である。彼の設計図にみられる造艦技術の向上はオランダ海軍士官をして大いに感嘆させた。庚申丸の製造には、丙辰丸（四〇〇〇両）の約五倍（二万両）を要したといわれる。(5)

萩の反射炉に関してはこの頃に築造されたという説（安政五年説）がはやくから唱えられてきた。しかし、『忠正公伝』においても安政三年に反射炉雛形が造られたが、安政五年の「高竈ニ関する山田・來原書簡」にみられるように、この時も反射炉築造は見送られたとある。したがって、この時用いられた反射炉は安政二年に造られた反射炉の雛形（試作炉・試験炉）であるという説がむしろ有力であろう。庚申丸の建造にあたってもこの反射炉（試作炉）が実用に供されたと思われる。(6)この時、鉄や銅合金が反射炉で熔解して恵美須ヶ鼻の軍艦造船所に運ばれ各種造船用具・艦船用具に加工されたとみられる。

庚申丸の備砲は、オランダ士官の助言に従い三〇ポンドカノン砲を左右各四門計八門備える予定であったが、実際には、三〇ポンドカノン砲を左右各三門計六門配備するにとどまった。三〇ポンド艦載砲（ボンベカノン）は当時オランダ領内ロイク（フランス語ではリエージュ、現在ベルギー国内）の王立大砲鋳造所で鋳造された三〇ポンド砲と同型であり、いわば（オランダ直伝）長州藩製三〇ポンド艦載砲が使用された可

ロイク製三〇ポンド艦載砲
（デンヘルダー海軍博物館）

三六ポンド長州砲
（ワシントンDCネイヴィヤード）

能性が高い。これと同型の大砲は、オランダ・デンヘルダーの海軍博物館前に置かれているロイク製鉄製三〇ポンド砲や、米国ワシントンDCネイヴィヤードの三六ポンド長州砲、さらにはかつて英国ポーツマスの海軍砲術学校に展示されていた（三〇ポンド鑽開）三六ポンド長州砲に見いだされる[7]。この三〇（三六）ポンドボンベカノン砲がどこで作られたか、沖原か、松本か、あるいは反射炉や軍艦造船所に近い姥倉か興味深いところである。

三　西洋軍備化・西洋工業化と沖原での銃砲鋳造

同じ五月江向にガラス製造所が設置された。また、水車錐通機械（鑽開台）も江向に設けられた。六月一三日には前年より江戸に派遣されていた荒地清蔵・戸村重右衛門が、江戸の職人達を連れて萩に帰り、はじめてゲベール銃の製造に取り掛かった。このとき郡司右平次（喜平治）はかつて銑鉄大砲鋳造時に予備として所有していた鍛古鉄八七〇貫目を納めている[8]。

八月一〇日に藩は、洋式銃陣練兵のために教練規則を定め、第一科から第五科に区分した。第一科は歩兵

（生兵・小隊・大隊）、第二科は砲兵・砲隊、第三科は撤兵・小隊諸役等、第四科は騎兵・騎隊等、第五科は歩兵隊司令・砲兵隊司令・騎兵隊司令・三兵合操司令についてである。

手当方の建議により、九月一日に山田亦介を江向の水車錐通機械の主任に任命し、また露口に精錬場を設けた。一〇月七日西浜教練場台場に三九拇《ドイム》（口径約三九㌢、一ドイム＝約一㌢）臼砲一門、二四ポンド海岸砲一門、一五拇忽砲一門を設置した。同日先鋒騎馬隊について第五科の騎馬隊演習は教練規則が未完成なので認められないが、随意修得は認めた。

一一月一一日に郡司武之助は御武具方明倫館内玉薬調製方御用掛を命じられ、また郡司千左衛門は大砲鋳造主任（大砲鋳造御用掛）となり、漸次鋳砲の術を講究するよう命じられた。この頃から、沖原には荒地清蔵等の鉄砲製造場とともに、郡司千左衛門の指導のもと大砲鋳造場も造られるようになった。これが後に「沖原鋳造方」へと発展する。

一一月二八日山口講習堂と三田尻越氏塾とは萩明倫館の直轄となった。一二月一八日には手当方に命じて、一二拇長忽砲一門、火薬車一六両、一一拇半忽砲八門、牛角砲（手臼砲）一六門、三斤山砲一八門を新鋳させることとした。これらの大砲新鋳は砲兵隊編成のためである。すなわち、麾下ならびに八組に各砲隊一隊を属する。麾下の砲兵隊には一二拇長忽砲四門、六斤砲一二門を、八手の砲兵隊にはそれぞれ一一拇半忽砲一門、牛角砲二門、三斤山砲三門を附し、軽卒隊には別に大砲二門を給しようとするものである。反射炉ではなくタタラ（踏鞴、吹子式溶解炉）で鋳造するため多数の人力を要し早急に数十門の巨砲を新鋳することはできない。そこで、試みにこれらの大砲の鋳造を大砲鋳造主任である郡司千左衛門らに命じた[9]。

これ以降（万延・文久期以降）、西洋軍備化とともに洋式大砲増産およびゲベール銃の自藩製造ならびに西洋工業化の推進が図られる。

Ⅱ　文久元年（万延二年）の近代化努力

一　北山安世の来萩と騎兵・山野戦砲陣の編成充実

万延二年（一八六一、二月二八日から文久元年）正月一五日練兵場始業式を行い、以後三十日間連続演習をさせた。一月一七日に松代藩士北山安世が松代から萩へ到着した。北山は佐久間象山の甥でしかも象山の高弟でもあった。吉田松陰の幽囚録は、久保清太郎よりこの北山の手を経て象山に届けられた。北山は郡司千左衛門と知り合い、二人とも長崎で勝海舟について砲術を教わったことがある。かつて北山安世は長崎より信州へ帰る途中萩へ立ち寄り深町の操練に参加したことがあった。來原良蔵はこのことを想い出し、北山安世を萩へ招請した。來原良蔵は、北山の萩滞在中藩費で食事を給するよう藩に交渉し、一月二四日これを許された。二六日に藩は北山の萩滞在中に騎兵書（騎兵操典）の翻訳を依嘱した。村田蔵六は、一月一八日に江戸から萩へ戻った。一月二八日に藩は村田を手廻組に加え西洋兵学研究教育機関である「博習堂」用掛とした。

二月三日に藩は馬術家蔵田門之助等八名に騎馬駆法等を指導・監督させ、四日には戸田亀之助・氏家鈐助《けんすけ》に陸軍科の軍事教育を薫督させた。五日幕府講武所より西洋馬具（鞍）等一式を若干借入れ、これをもとに西洋馬具の模造が可能となった。二月一〇日に桂右衛門・山尾庸三は、江戸で幕府の亀田丸船将北岡健三郎の従者に扮してロシア領アムール地方へ航海することを願い出て、許された。二月一一日には北山安世に毎月偶数日の夕食後に騎兵書を講義するように求め、また辞書を閲読するために博習堂の出入りを許した。同日、手当方より武具方に命じて三斤山砲車用輓具《ひきぐ》一六鞍を新製させ、教練用掛に命じて速やかに山砲車砲隊教練書を編集させた。以後、山砲・野戦砲等の編隊法等の編集・教育・訓練に励んだ。

二月二八日には文久元年へ改称された。三月に藩政府は直目付長井雅楽の建策「航海遠略策」を承認し、藩公もこれを容認したので公武周旋を開始した。これが後に長井雅楽や來原良蔵らに不幸な結果をもたらすことになる。

四月一日には手当方の建議により北山安世に騎兵操典の翻訳終了後引き続き蘭書三兵合操教練書を翻訳するよう依頼した。六月九日北山安世の蘭書翻訳費として一七両を支給した。このうち五両は來原の申告によりすでに支給していたので、残りの一二両を明倫館費銀より給与した。[10]

二　対馬事件・イギリス艦下関停泊・測量

この二月三日以降、ロシア軍艦が対馬に接近・上陸し、四月には露人が番兵・住民を殺傷し、武器・財物等を掠奪して去った（対馬事件）。毛利家は宗氏と姻戚関係にあり、この事件の援助に乗り出した。

この対馬占拠にさきだつ二月一日にロシア艦は下関に入港し石炭を一部積んで去った。この時イギリス艦もロシア艦の動静を探り対応するため下関にやって来て長く繋泊した。このことで、人心は著しく動揺した。ロシア艦が対馬を占拠するに及んで四月二八日以降イギリス艦が下関沖に接近し亀山社外に来泊した。五月五日には、四隻のイギリス艦が門司港に停泊し、しきりに港の内外を測量したため、物情騒然となり、小倉藩兵や対岸の長府清末からも兵を出して警備にあたった。六日には山田亦介・長嶺豊之助等は萩から庚申丸に乗って馬関へ入港した。

その後も、イギリス艦は下関近海を測量したり、病没士官を埋葬したりした。その長逗留は下関の商業交易の妨げとなり、長府藩の負担も多大となった。山田亦介等はイギリス艦の対応に苦心・奔走した。五月一六日イギリス艦要求の石炭その他の物資を積載し、山田亦介はイギリス艦を訪問応接し、その退去後も事後処理にもいろいろ苦労した[11]。

三　下関海峡の警衛　——海上警衛から陸上警衛へ——

下関海峡は、萩藩・支藩長府藩と対岸の小倉藩に囲まれ、三藩協力して各砲台を築き、海峡を通る異国船を挟撃すれば容易に追い払うことが可能である。萩藩は早くから赤間関に砲台を築こうとしたが、財政的理由と備砲の不足からなかなか実現に至らなかった。加えて、かつて享保期の唐船打ち払いの幕令以来、萩藩は陸上防衛に関して蓋井・六連・彦島に遠見番大筒役を常置し、これに不時の備えとして和船（関船）を配してきた。しかし、このような防備では蒸気軍艦には歯が立たず、ましてや波浪が激しいときには和船（関船）ではとても役に立たなかった。

このことを憂えた長府藩は万延元年五月二一日海上警衛を廃止して陸上警衛に代えるべきことを萩宗藩に要請した。これに対し、萩藩はこの時庚申丸を製造したばかりでむしろ海軍の充実を期待していた。ところが、前述のように外国船が下関海峡を去来し、投錨することも多くなり、これ以後、藩は陸上警衛を長府藩に命じるとともに、彦島六連島の農兵に銃器を授け諸島の在番役および砲術家に農兵を訓練させるようにした。

他方で、下関各地に砲台増築の議も起こり、文久元年二月には、福原越後（国相・家老）・北条瀬兵衛（手元方）・山田宗右衛門（手当方）・村田蔵六らは、下関海峡・彦島・前田・壇ノ浦等の要所を巡検した。四月には藩公が海峡一帯の地を巡視した。その後、砲台築造についていろいろ検討したが、この時は砲台工事には至らず、むしろ下関警衛の体制を強化し、赤間関の農兵に新銃陣を訓練し、小銃五〇挺と太鼓一面を貸与する等の強化が図られた[12]。

四　砲術家中島名左衛門の招請と砲台築造着手

郡司千左衛門は藤井百合吉らとともにかねてより長崎の砲術家中島名左衛門を西洋砲術・砲台築造のために招請することを藩に上申していた。五月上旬（五月七日）、千左右衛門は藩命を受けて北条源蔵とともに名左衛門を招請すべく長崎へ向かった。五月一八日に千左衛門は大砲鋳立諸器械取調御用につき御武具方への出勤を命じられた。

六月六日に中島名左衛門主従四人は郡司千左衛門とともに萩に到着した。中島は、一〇月一三日に長崎に帰るが、この間、六月一〇日に明倫館出仕を命じられ、来原良蔵・井上與四郎・正木市太郎・天野順太郎らに西洋兵法を教授した。二五日には山田宇右衛門らが江戸藩邸に文書で願い出ていた、『三兵答古知幾』五〇部が届けられた。当時、銃陣の練習が非常に盛んで、洋式銃もすでに二七〇〇挺購入したが、各藩士にまで供給するには足らないため、銃工を督励して製造に努めた。

七月四日には中島名左衛門を大砲鋳造場に派遣し、銃砲の精粗を検討してその得失を論じさせ、また手当方が編纂した砲兵教練・砲隊教練の両操典の校訂を依頼した。五日には習練場を廃止し菊ヶ浜教練場をこれに代え軽卒等の銃砲槍術の練習場とした。この日はまた博習堂に名左衛門が持参した英仏蘭三国の新式野戦砲術原書を彼の滞在中に翻訳完成するよう命じ、戸田亀之助・氏家鈐助をその翻訳担当とした。二六日には新製の二四ポンド艦砲と一二拇臼砲を西濱で試射した。この時、名左衛門は願い出て臨席し、その得失を批評した。

八月一五日洋式の厩を建設し、三歳以上の馬八頭を飼い洋式馭法を訓練した。一八日に藩公は西濱で馬屋原右兵衛の瓦爾発尼機（ガルバニ電池機）地雷発火演習を観閲した。八月二四日に中島名左衛門は、その労を賞され金一〇両を賜った。[13]

九月八日に荻野流師家守永弥右衛門は逼塞を命じられた。彼は兵制改革の令に背き、練兵場に顔を出さず、また明らかに新式を非難する意見を述べたためである。一五日に彼は身柄隠居を命じられ、嫡子吉十郎に家名を継がせ、明倫館稽古場も閉鎖された。爾来、彼が文久三年に至るまで公務に従事することはなかった。

九月九日に教練用掛は、多年砲術に勉励の士を選抜し、中島名左衛門について砲兵砲隊の技術を学ばせ、従来伝書によって疑義を明確にすることを建議し許可を得た。九月一三日には井上小豊後に騎兵科・新馬訓練を指導・監督させるため、第四科教練用掛を命じた。九月一五日には天野順太郎ら三二名を選択して第二科（砲兵砲隊）教練を名左衛門について修めるようにした。一〇月五日には來原良蔵に密用方書類の縦覧を許した。これは來原に手当方用掛を命じたからである。一〇月一三日中島名左衛門は職を辞して長崎に帰った。一〇月二三日には神代秀之助ら三名は練兵場でガルバニ電池機発火演習を行っている。砲兵教練はいまだ不十分であり、北条源蔵を手当方用掛、來原良蔵を教練用掛など一時的に任じて補充し、さらに長崎の中島のもとに井上梅槌ら四名を派遣して砲隊教練を学ばせるなど砲兵教練の充実をはかった。

郡司千左衛門は、中島名左衛門に関する上申書を提出した。第一に中島はカノン砲について詳しい知識をもっており大いに裨益すること、第二に、同人の滞在中に一八ポンド砲の不足砲車を造ってもらえば、大工鍛冶などもその深い知識要領を会得することができること、第三に大砲合金について深く研究しておりその知識をもってすればより強靭な大砲を鋳造することができることなどを高く評価し、推奨した。[14]

五　西洋兵学・科学技術の振興

藩は北条源蔵に中島名左衛門とともに下関砲台の運営について協議させた。さらに、北条源蔵は勝海舟から意見を聞くために、一〇月二八日に江戸に派遣され、一一月二四日に帰萩した。勝海舟は長く長崎にあって西洋兵学を修めており、しかも度々下関海峡を通過し、その地形を熟知していたからである。

一一月二二日には兼重勝内に騎馬隊兼修を、有吉熊次郎に航海術修業を、坪井信敬に英学修業を命じた。同月に藩は手当方より鋳造方にフランス式一二拇忽砲を鋳造させた。山用砲隊はフランス式一二拇忽砲二門と三斤砲とをもって一組とする計画のためである。

小関高彦の訳書『山礮畧説』（山砲略説）によれば、山砲隊は加農六門と忽砲二門を以て一隊とし、その半分を以て半隊とする。いずれにせよ、一二拇あるいは一一寸半忽砲をもって山砲隊を組織することは共通している。同書には、一二拇・一一寸半忽砲（砲長一・四七㍍）も三斤砲（一・四三㍍）も全長がほぼ同じであるが、忽砲が曲射（榴弾・霰弾）に、三斤山砲が平射（実弾・霰弾）に用いられることや、また蘭式三斤砲（砲長一・二三㍍）の使用についても記載されている。三斤山砲は、英米では早く（一八世紀後半）から使用されてきた。佐賀藩では文久二年（一八六二）に、三斤山砲六八門製造している（「諸組渡大砲調」）。この時期三斤山砲が山野砲として結構注目されていたことがうかがえる。(15)

他方、ようやく砲台工事の準備に取りかかり、砲台築造用の石材を庚申丸に乗せて下関に廻送するようになった。この頃、幕府が赤間関に砲台を築造しようとしているという噂が流れ、東上途中の藩公はこれを憂え幕府要路の説得を江戸詰めに命じ、幕府による工事を回避できた。

この年、藩は火薬精錬所を上津江に新設した。安政五年一一月にすでに中津江に火薬製造場を設けていたが、さらに上津江にも焔硝・硝石製造場を新たに設けたのである。四月には萩城内奥馬場において藩公の御前で汽車運転試験を行っている。八月萩八丁南園邸で山本傳兵衛を主任として写真術を試みた。個人としては、万延年間に小野為八がすでに試みている。

文久元年一二月藩公は俊才の藩士を海外に派遣しその形情を探ろうと欲し、杉孫七郎（徳輔）と高杉晋作に海外渡航を命じた。杉は竹内下野守らの遣欧使節に従って一二月一九日に出帆した。[16]

III 文久二年の近代化努力

一 公武合体策から尊王攘夷へ

文久二年（一八六二）正月一日に薩摩藩樺山三圓は周布政之助・久坂玄瑞に長薩両藩相結んで義挙に出ることを促す書を送った。正月二日高杉晋作は藩公から上海探索の命を受け、翌日江戸から長崎へ向け出立した。一四日土佐の坂本龍馬らが剣術修業のため来萩し、二三日まで滞在した。一五日水戸藩士らは公武合体を推進する老中安藤対馬守信行を坂下門で要撃した。

二月二日に藩公は、登営して公武合体・幕政改革の議を建白し、二四日に幕府から公武の周旋を嘱された。他方、來原良蔵は二月に公武周旋の説得と情勢探索を兼ねて熊本と鹿児島へ出張し、島津久光東上の事情等状況の変化について報告した。三月には上京し周布・長井らと会い、状況の変化（尊王攘夷）に対応すべく奔走した。

四月一九日には、久坂玄瑞・佐世八十郎（のちの前原一誠）・中谷正亮・久保清太郎等が上書して長井雅楽を弾劾した。四月二三日には寺田屋事件が発生し、島津久光の命により有馬新七以下八人が殺害された。

この間長井雅楽等の公武合体策が諸方の反対により破綻し、藩論は久坂玄瑞らの破約・尊王攘夷へ傾斜して行った。六月五日に藩公は、ついに長井雅楽に帰国・謹慎を命じた。六月二〇日以降、來原良蔵は、両親・妻子らに遺書を書いている。[17]

一二ポンドアームストロング砲と施条線《ライフル》　―イギリス王立大砲博物館展示物

二　高杉晋作上海行とアームストロング砲

文久二年四月二九月高杉晋作が乗船した幕府帆船千歳丸は、長崎を出港し清国へ向かった。高杉晋作は上海行きの航海記録および滞在中の見聞録を『遊清五録』として残している。五録とは「航海日録」「上海淹留日録」「外情探索録」「内情探索録」「崎陽雑録」を指す。この船には、薩摩の五代才助（友厚）や佐賀の中牟田倉之助も乗っていた[18]。

とくに上海滞在中の見聞に関しては「上海淹留日録」に書かれている。そこでは、五月七日払暁に砲撃の音が轟いた。それは太平天国の乱における長毛賊（長髪賊―非辮髪・反清の反乱者）と政府軍との戦闘のようであり、高杉は滞在中に実戦を見聞できることを密かに期待した。その後おもに五代や中牟田等と行動をともにすることも多く、とくに中牟田とは同室であり、航海学等についても議論し合い、アメリカ商館をともに訪れた際には中牟田が通訳などしている。また、書店や古物商を訪れさまざまの書籍や古物を購入している。清国人とは筆談で意思疎通した（五月八日～五月二〇日）。

六月一四日には清国兵の洋式訓練を観察したが、銃砲はすべて旧式で拙劣であり、西洋の銃隊に及ばないことを知る。一六日にはアメリカ人商店で二挺目の七穴銃（七連発銃―のち坂本龍馬に贈呈）を購入した。六月一七日の午後には中牟田とともにイギリス砲台を訪れ、後装施条砲である一二ポンドアームストロング砲の性能と威力に驚嘆した。その日の日記にその感想と一二ポンドアームストロング野戦砲のスケッチと若干の注を書き残している。七月五日にようやく帰国の途につき、七月一四日に長崎で下船した。(19)

三　來原良蔵自決と壬戌丸の購入

八月二一日に薩摩藩では生麦事件が起こった。八月二七日來原良蔵は、横浜の外国公使館の襲撃を企てたが竹内正兵衛・長嶺内蔵太、井上聞多ら周囲に止められ、翌朝世子から過激な行動を諭された。八月二九日來原良蔵は桜田藩邸の自室で自刃した。六月以降に遺書を諸方にしたためていたのはこの日のことをすでに決意していたのかもしれない。彼は長井雅楽と親戚であったし、この間自身は誠心誠意藩のために行動したのであるが、幕府より長井雅楽の航海遠略策に賛同したと批判され、不本意な結末を迎えてしまった。

七月に幕府は諸藩に海軍の興起を奨励した。庚申丸の完成後、海軍強化のために蒸気軍艦を欲していた長州藩は、九月に英国ジャーディンマセソン商会所有の汽船（ランスフィールド、一八五五年英国グラスゴー建造、鉄船内車馬力三〇〇トン、積載トン数四四八トン）を洋銀一一万五〇〇〇ドルで購入し壬戌《じんじゅつ》丸と命名した。一一月一九日軍艦庚申丸をもって仮に海軍所とした。これがのちに海軍局創設の基礎となった。(20)

一二月手塚律蔵は、長州藩邸からの帰途、尊攘過激派に狙われて以来江戸を去り、洋書調所（蕃書調所改称）も辞して、佐倉に移り住んだ。佐倉では母方の「瀬脇」姓を用い、瀬脇旧太郎・良弼・寿人などと名乗り、西洋学師範として洋学所を管轄し、佐倉藩子弟の教育に携わった。(21)

Ⅳ　文久三年の攘夷砲撃戦

一　癸亥丸の購入と海軍の形成

文久三年（一八六三）正月二九日江戸で木製帆船（「ランリック」）を二万ドルで購入し、癸亥《きがい》丸と名付けた。この船は二本マストに横帆と縦帆を張った二檣《しょう》ブリック型木造帆船であり、二八三トン、大砲一〇門小銃五〇挺を武装していた。当時相模警衛の武器が江戸藩邸に多数あったのでこれを廻送するため、癸亥丸は二月二八日に品川を出航し、四月中旬に兵庫に到着した。その後、世子が庚申丸に乗り、癸亥丸は副艦として五月四日に徳山に着き、その後赤間関に向かい、五月一〇日に下関に入り、第一回の攘夷砲撃に遭遇することとなる。このようにして、長州藩では文久三年の下関戦争直前の段階でようやく次のような四隻の洋式船を保有することになった。しかし、蒸気船は壬戌丸のみであり、しかもこの船は小砲二門を搭載するのみであった。(22)

丙辰丸―左右両舷二百目玉（四ポンド）筒各一門・船首一貫五百目玉（約一二ポンド）短砲一門、安政三年（一八五六）一二月完成、一本マストスクーナ型・戸田形（君沢形）

庚申丸―三〇斤砲六門、万延元年（一八六〇）五月完成、三本マストバーク型

壬戌丸―小砲二門（文久二年（一八六二）英国から購入）、蒸気船

癸亥丸―一八斤砲二門、九斤砲八門、小銃五〇挺（文久三年購入木帆船：英国）、二本マストブリック型

なお、参考までにスクーナ型・ブリック型・バーク型について簡略なイメージで示せば次頁のようになるであろう。(23)

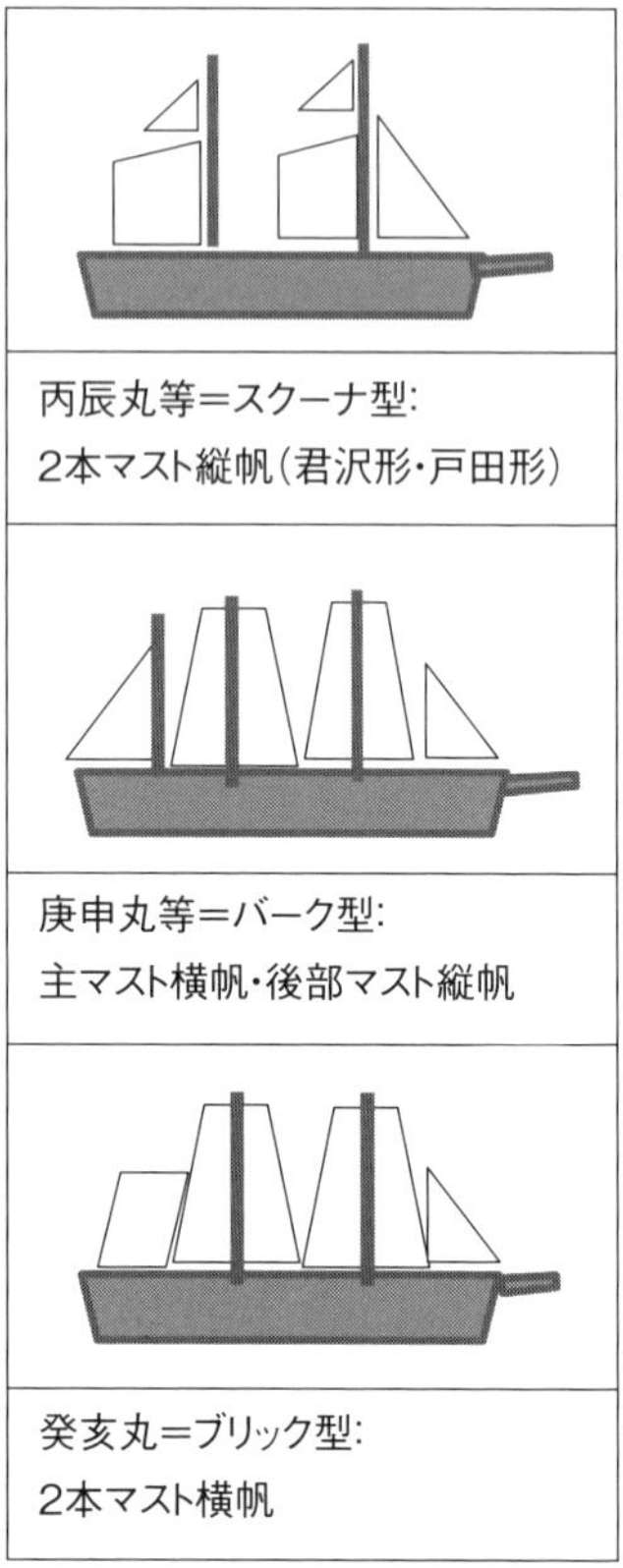

丙辰丸等＝スクーナ型:
2本マスト縦帆（君沢形・戸田形）

庚申丸等＝バーク型:
主マスト横帆・後部マスト縦帆

癸亥丸＝ブリック型:
2本マスト横帆

二　文久三年の攘夷準備

文久三年（一八六三）にはオランダやフランスの軍艦が頻繁に下関を通過、寄港するようになった。全国的に攘夷の気分が強まってきた。三月七日長府藩侯（毛利元周）は赤間関「引島」の海岸を重視して砲台築造の立案を命じるとともに、引島の名が「引く」（退却する）につながるため「彦島」と改称した。三月一一日長府藩は本藩（萩藩）と彦島の海防について相談し、また大砲借用を願い出た。この間も異国船が下関を往来した。長府藩は長槍隊を廃止して鉄砲を習練させるようにした。

三月二六日萩藩は山田宇右衛門・兼重謙蔵・北条源蔵・長沼千熊・中島名左衛門に管内における塁営の地を巡視させるために彦島に派遣した。これには長府藩から河崎虎吉・吉岡金次郎等が立ち会った。三月二七日長府藩でも銅砲一〇余門を鋳造した。この間、萩藩から今後の攘夷・海防に備えて、総督・砲将・総頭・砲隊司令・銃隊司令から農兵砲卒に至る兵士三七九人（士分八五人、足軽二一四人、農兵八〇人）と野戦砲八門、一貫目玉筒七門、ミニエー銃六四挺、ゲベール銃一八四挺を彦島へ配備することとなった[24]。

ゲベール銃は、剣付き歩兵銃で、筒の内部に溝がない滑腔で丸い弾丸を発射する。これより古い形式の火縄銃は火縄の火を用いて筒内の火薬に点火するのに対し、ゲベール銃は引き金を引いて火打石で火をおこし点火する（燧石式）か、雷管によって火薬を点火して弾丸を発射するのが特徴である。弾は筒の先から込めるので、先込式（前装式）という。

ミニエー銃は、弾丸の底部に木栓をはめ、この栓が発射ガス圧で拡張されて施条（三本程度の溝）に食い込んで発射される、施条式前装銃である。ライフルの線条に合わせて銃弾を込める必要がないため、操作が容易であり、迅速な発砲が可能である。線条に食い込みながら弾が出ていくため、ガス圧が漏れにくく射程距離が非常に伸びる。さらに銃弾に回転がかかるため弾道が安定し、その命中精度はゲベール銃の五・五倍（八発対四四発）以上といわれている。フランスの歩兵大尉ミニエー（C.E.Minié）が一八四六年に開発したミニエー弾を使用する銃の総称であり、各国で使用されたが、製銃メーカーによって諸元はまちまちである。(25)

三月末日には長州藩は、幕府から対馬防衛のため兵庫警衛を免じられた。四月一三日には中島名左衛門を招聘し、馬関を巡視して攻守の策を講じるよう求めた。彼は砲台の防御を上書した。四月一六日に藩は山口へ移鎮した。萩城は僻地にして要害に乏しく、いったん急あるとき防長二州に号令するのに不便であるとの配慮である。山口に政事堂を設けるとともに、その入り口にあたる小郡周辺の警備の強化が図られた。

この頃には、萩の松本・青海・姥倉・沖原の鋳砲所のほかに、防府三田尻宰判内の鋳銭司村および今宿村と小郡福田の三箇所にそれぞれ鋳砲所が設けられたようである。福田には鋳砲所の横に水車錐通場が設けられた。(26)

三　攘夷の実行と砲台築造

四月二〇日幕府は攘夷決行を五月一〇日と定め、各藩に布告した。長州藩もまたこれに応えて下関や萩に砲台の築造にかかり、保有する大砲と兵力をそこに集結した。弟子待砲台は、すでに堡塁を設けてあるので、おもに守永弥右衛門の門下である粟屋正介・阿座上勝之進等を督励して荻野流連城砲（一貫目玉青銅砲）を配置させた。専念寺・細江砲台には本隊が新たに工事に着手し、亀山・甲山・壇ノ浦には光明寺党が、また前田以東は支藩長府藩・清末藩が分担して工事を始めた。

幕府攘夷決行の日の布告に従い、五月一〇日の深夜に久坂玄瑞等の光明寺党は下関海峡を通過するアメリカ商船に対し砲撃を開始した。以後、五回に亘って下関海峡において蘭米仏の軍艦と砲撃戦を展開することとなる。

五月中旬には壇ノ浦・弟子待・亀山・杉谷・前田等に不完全ではあるが砲台を築いた。文久三年の攘夷戦では七つの砲台に計五七門、野砲数十門が配置された。また、この砲撃戦に参加した長州軍艦は、庚申丸・壬戌丸・癸亥丸の三艦である。丙辰丸は、結果的にこの砲撃戦には参加していない[27]。

この時の各砲台と大砲の配備状況ならびにそのおおまかな地理的関係は次のようである[28]。

文久三年の下関各砲台（┳：砲台）

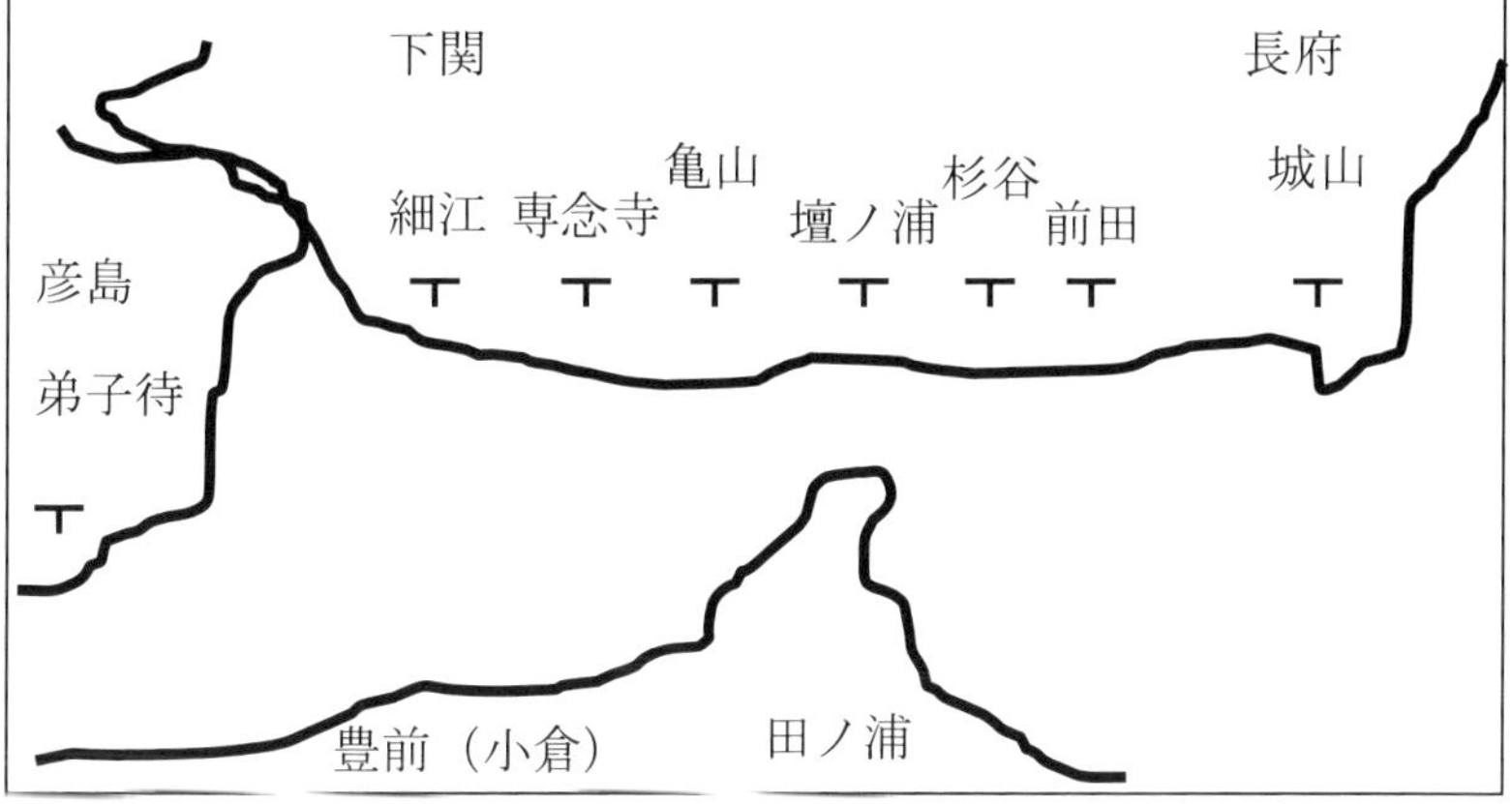

前　田―二四斤加農砲三門、一八斤加農砲二門
杉　谷―一五〇斤臼砲一門、忽砲一門
壇ノ浦―（第一塁）一八斤長加農砲二門
（第二塁）一二斤長加農砲四門
（第三塁）八〇斤フランス式砲（ペキサンス砲）一門、
一〇〇斤臼砲一門
亀山社―一八斤加農砲四門
専念寺―長砲一門（種類不明）
細　江―二〇斤臼砲一門
弟子待（彦島）―荻野流連城砲七門
総　計　大砲五七門、野砲数一〇門、砲兵五〇〇人、
歩兵二五〇〇人（斤＝ポンド、加農砲＝カノン）

四　文久三年の下関攘夷砲撃戦

文久三年の下関砲撃戦は、より具体的には、第一回から第三回までは長州側からの米・仏・蘭の艦船への攘夷砲撃であるが、第四回と第五回は逆に米・仏からの報復攻撃として位置づけられるであろう。

（一）第一回砲撃戦と英国密航留学生（長州ファイブ）の派遣

五月には各砲台の築造を急いだが、初旬にはまだ完成していなかった。このようななかアメリカ商船ペンブローク（Penbrocke）号は五月七日に横浜を出航し長崎から上海へ行くため下関海峡を通過しようとした。このとき、壇ノ浦の工事は未完成であったが、督励して土嚢を築き、八〇ポンドペキサンス砲以下数門をここに配備し照準を定めて外国船の通過を待った。

一五日この商艦は幕府の用命を兼ねての通過であり、風雨を避けて一時停留していた。総奉行毛利能登はその事情を斟酌し、攻撃すべきではないと判断し、久坂玄瑞率いる光明寺党にもその旨伝達した。しかし、攘夷の血気にはやる光明寺党は五月一〇日深更に下関沖を航行中の商艦を庚申丸・癸亥丸の二隻で砲撃した。同艦は庚申丸の砲撃により「リツギン」（マストの操帆装置）を切断され、その舷を破損した。このことをもって米国公使は一万ドルの賠償を幕府に要求した。

藩は、その一方で、五月一二日に、井上聞多（志道聞多、のち井上馨）・伊藤俊輔（のち博文）・野村弥吉（のち井上勝、鉄道の父、小岩井農場経営）・山尾庸三（明治後、工学・聾唖教育に貢献）・遠藤謹助（のち大阪造幣局長）の五人（「長州ファイブ」（長州五傑））を密かに英国（ロンドン大学）へ留学させた。

同日藩はまた、武具方検使役・砲兵教授方の郡司武之助を正木市太郎らの砲術家とともに、壬戌丸で下関に派遣し、巨砲配置等の経営に従事させた。武之助と正木らは、海峡一帯の地区を検分し、前田の地を選ん命じた。で中島名左衛門の考案に基づき一連の砲台（台場）を起工した。さらに一五日には山口藩庁は中島と郡司を下関に派遣した。また、五月一八日に鋳砲役郡司千左衛門に大砲鋳造の諸器械調査のため武具方への出向を命じた。(29)

（二）第二回砲撃戦

フランス東洋艦隊の情報伝達を目的とする報知艦キンシャン（Kienchang）号は、横浜を出て五月二二日に豊浦沖に繋泊し、翌朝海峡を通過しようとした。この頃には亀山・壇ノ浦砲台はすでに工事が完了し、他の砲台も工事半ばまで達し、応戦態勢も整ってきた。

二三日フランス軍艦の西進するなか、前田砲台から二四ポンド砲が二弾を発射し、一弾は艫《とも》（船尾）を穿ち、一弾は海中へ落ちた。壇ノ浦砲台もこれをみて八〇ポンドペキサンス砲と六貫目（約五〇ポンド）忽砲を連発した。小弾（カロナーデ弾）は艫（船尾）を破って船中に落ち、巨弾（ボンベン弾）は海中に落ちた。杉谷砲台も砲弾の装填に手間取りやや遅れて発射し、外輪に当たった。亀山砲台と庚申・癸亥の二艦とは相呼応して一〇数弾を発射した。フランス艦はこの事情を呑み込めず、書記官等をボートに乗せて説得に向かわせた。しかし、このボートはかえって攻撃に遭い、水兵四名が死亡した。フランス艦はまた蒸気機関を破損し潮水が艦内に侵入した。負傷した書記官が帰艦するや直ちに進行し、応戦しながら弟子待砲台を通過して長崎へ向かった。このとき長州側が発射した砲弾一八〇発のうち七発がキンシャン号に損傷を与えた。(30)

（三）第三回砲撃戦と中島名左衛門の死

オランダ軍艦メデューサ（Medusa）号は三本マスト蒸気艦でオランダ東洋艦隊中最も武備完備し、三〇ポンド以下のカノン砲八門備え、士官五九人下士官一六二人が定員であった。長崎より横浜に向かう途中の五月二五日夜下関海峡西側の藍島沖に停泊した。

五月二六日早朝にメデューサは逆流（西流）のなかをゆっくりと海峡を東進した。同艦は島陰を抜けたところで、待ち受けていた庚申・癸亥二艦に遭遇し、交戦となった。専念寺・亀山・永福寺・細江の諸砲台からも砲撃され、メデューサは吃水線の要所を撃破されるなど多くの損傷を被り、艦長は長州側の射術の高さに驚き恐怖すら覚えた。庚申丸より発射された三〇ポンド榴弾は甲板上に飛来し突然炸裂した。その老巧の手腕には同艦乗員皆奇異の感を喚起したという。

メデューサとの海戦で、癸亥丸はマストに榴弾を受け破裂し、庚申丸は船腹に被弾し穴が空けられた。亀山八幡社の横門や回廊の瓦が被弾し、埠頭繋泊中の和船や市家四棟も被弾した。メデューサは左舷に二〇数箇所の破損と四名の即死者（うち掌砲長一名）、五名の重傷者を生じ、総領事・艦長も庚申丸弾丸のために命を失いかけた。

メデューサ艦長は、このまま戦闘を続ければ沈没の恐れが濃厚となり、とくに蒸気機関の破壊を憂えた。同艦は苦戦約一時間徐々に早鞆の瀬戸へ向かった。庚申・癸亥の二艦と亀山・専念寺の二砲台はこれを追撃し、壇ノ浦砲台はこれを迎撃し船腹へ命中させた。壇ノ浦からの八〇ポンド砲弾（ペキサンス砲弾）が命中したときは同艦も動揺して船首もやや旋回したといわれる。同艦がこれをしのいで田ノ浦沖へ出るが、前田砲台と交戦した。三弾が同艦に命中し、同艦の放った一弾は長府の御茶屋の門棟と掘垣を破壊した。[31]

長州側砲弾の三一発のうちメデューサの左舷（一七発）・船腹（五発）・煙突（三発）・マスト（一発）・ボート（一発）・船体貫通（一発、水兵六人死傷・掌砲長および総領事負傷）・右舷小砲座（一発、水兵二人負傷）に被害を与えた。五月二七日藩は小郡代官に、福田鋳造所で二四ポンド・一八ポンド・一二ポンド・六ポンド・三ポンド・二ポンドの実弾を各二五〇発計一五〇〇発製造するよう命じた。

五月二九日世子一行は各砲台を巡見し、白石正一郎邸で軍議を開いた。このとき今後の防衛（砲台の状況）に関して悲観的な意見を陳べた中島名左衛門の発言は戦勝気分にわく一同の中で反発を買う始末であった。とくに松島剛蔵や光明寺勇士等攘夷論者との間と意見が合わず激論となった。その夜、宿舎において名左衛門は何者かに暗殺された。名左衛門の遺骸は、弟子の郡司千左衛門によって近くの妙蓮寺に藩費をもって仮埋葬された[32]。

（四）第四回砲撃戦と長州三艦撃破

五月二八日には南北戦争の南軍軍艦を追って東洋へ来ていたアメリカ軍艦ワイオミング（Wyoming）号が、先のペンブローク号の報復のために横浜を発し、六月一日払暁には長府城山沖を経て前田・杉谷砲台から壇ノ浦砲台へと西進し、長州軍艦および亀山砲台等諸砲台と砲撃を交わした。この時、壇ノ浦・前田の守備を担う志士たちの多くは、この日下関から壬戌丸で小郡へ向かう予定であった世子の旅館に集合していたため、砲台の守備兵は極めて少なかった。

米艦は、世子を迎えるために紫幕盛装した壬戌丸を旗艦とみてこれを追跡し大破させたのち沈没させた。これを助けようと諸砲台と庚申・癸亥二艦とは米艦と交戦したが、庚申丸は轟沈し、癸亥丸は大破した。アメリカ艦は戦後の調査を行い、六月四日横浜に帰港した。

ワイオミングは左右船腹に三二ポンド砲を各四門、甲板上には口径一一インチのダールグレン自在砲（旋回砲、11-inch Dahlgren pivot-guns）を二門搭載していたが、この砲撃戦では一時間一〇分（七〇分）の間に五五発の弾丸を発射した。一分間に約一発という当時では異例の敏捷な射撃動作であった[33]。

米艦の方は二〇余発被弾した。そのうち一〇弾は舷を破壊し、六つの大きな穴を穿ち、また煙突を破った。八弾は、前マストと中マストを傷つけロープを切断した。米側の死傷者は一〇名で四名は即死、二名は負傷後死亡、二名重傷、二名軽傷であった。長州側は死者八人（即死三、負傷後五）、重軽傷七人であった。

庚申・癸亥二艦は善戦したものの、庚申は轟沈され、癸亥は破損した。市街も兵火を蒙った。軍艦はこれで使用できなくなり、しかも壮士等は京都の攘夷派の援護のため多くは中山忠光卿に随って京都に去り、士気は振るわなかった。

藩公は高杉晋作に奇兵隊の編成を命じた。藩は撃沈・大破した二艦の修繕と戦死者の功を賞することにした。守永弥右衛門の荻野流門下等は弟子待砲台の砲備の充実を願い出た。庚申丸に乗船し海戦を指揮した松島剛蔵は、この戦闘で一気に長州海軍力を失ったことで、中島名左衛門に異議を唱えたことを深く恥じて、大いに反省し、兵を分散せず主要な砲台に兵を集中すること（要地集兵）を主張した。これにより、弟子待・壇ノ浦二箇所を中心に兵器を集め、不足する大砲は、五百目以下の和流大砲を熔融して新式火砲を鋳造することとした。また、名左衛門の死により防御計画の不足を補うために村田蔵六を江戸より呼び寄せることに決した。その連絡がまだ藩境を出ないうちにフランス軍艦の襲撃が起こった。

六月四日には山口の警備の一層の強化のため小郡口の柳井田に関門と砲台場を設けることになり、一七日には関門が完成した。なお、大破後沈没した壬戌丸は、六月中に中嶋治平によって浮上させられた。(34)

（五）第五回砲撃戦と前田・杉谷砲台破壊

フランス東洋艦隊水師提督ジョレス（C.Jaurès）少将は、先のキンシャン号砲撃の報に憤慨し、直ちに東洋艦隊旗艦セミラミス（Semiramis）号（大砲三五門搭載）とタンクレード（Tancrède）号（大砲四門搭載）

を下関に派遣した。六月五日に合流した二艦は前田砲台正面の田ノ浦の近くに停泊し、長州側の様子を窺った。砲台からの砲撃もないので、試みに六〇ポンド施条砲で砲撃したがなんら反応がなかった。実は先の砲撃戦で市民はすべて山中に逃れ、しかも兵の主力は京都へ出払っていた。博習堂の氏家鈴助や佐々木又四郎など僅かの銃隊しか残留していなかった。

フランス軍は水夫一八〇人、陸戦隊七〇人計二五〇名からなる上陸軍を編成し、セミラミスから砲撃を加えつつ、他方でタンクレード号を砲台側へ接近させた。前田砲台は敵艦が射程内に入るや二四ポンド砲で砲撃し、一弾は前マストに、一弾は後マスト、そして一弾は右舷吃水線上を穿った。タンクレードはこれに屈せず益々砲台への砲撃を加えた。一榴弾が砲台に命中し、照準手の兵士は死亡した。上陸隊二五〇余人はボート数隻に分乗し、船首には施条軽砲を装備し、榴弾を発射しながら上陸し、後方の二艦はその援護砲撃を行った。フランス軍上陸隊は前田の海浜より上陸し、砲台・村里・角石の三方に向かった。守備側の伏兵は樹間より狙撃し防戦に励んだが、遂に退散した。

砲台へ侵攻したフランス兵は大砲の火門を鉄釘で塞ぎ、砲架・砲車を破壊・焼却し、火薬弾丸を海中に投下した。守備兵の陣営であった慈雲寺に入った一隊は、甲冑刀槍や訳書の類を奪い、堂宇に火を付けた。これが民家に延焼し前田全村二〇余戸灰燼し、残戸二戸のみとなった。長州側の援軍はフランス軍の砲撃に阻まれ、遂に反撃の機を失ったまま終わった。二艦は田ノ浦に繋泊し、旗艦セミラミスは薄暮に帰途についた。タンクレードは、破損した船腹とマストの修繕のために遅れ、七日に帰途についた。[35]

V　文久三年の攘夷砲撃戦後の活動

六月五日のフランス軍艦による前田砲台の攻撃は大きな衝撃となり、萩では民衆の手で外敵を防ごうとする動きも高まり、とくに浜崎町方により菊ヶ浜土塁築造がはじまった。他方で、七月二日の薩英戦争は新型大砲（アームストロング砲）の脅威を含めて一層の危機感を高め、大砲増産が緊急の課題となった。八月一八日に長州藩は会津・薩摩両藩による政変で朝議が一変し、三条実美ら七卿は周防に落ちた（「堺町門の変」「八・一八の政変」）[36]。九月には萩の沖原に新しい鋳砲所が開設された。

一　奇兵隊創設・萩城下菊ヶ浜土塁築造

六月六日新軍編成の内意を得た高杉晋作は下関に向かい白石正一郎宅に泊まった。この時たまたま寄宿していた同志等一五人を得て隊伍編成の目途がついた。翌七日高杉は下関本営に来島又兵衛を尋ねた。そこで、まず、今回の砲撃戦で失った大砲の不足を補うためには、大砲の新造だけでは間に合わないので、久留米藩を介して佐賀藩から「ライフル」加農砲を購入することを決め、松島剛蔵を派遣することにした[37]。

さらに、八組士（大組士）を中心とする正規軍（正兵）に加えて、奇道をもって勝ちを制する新軍を奇兵隊と称して新たに編成することの賛同を得てこれを決した。高杉晋作自らが総督となり、名望がある者を司令に選び、これ以外はすべて隊士とし、身分（門地）・貴賤を問わないこととした。閥閲の士が奮ってこれに参加することは少なかったが、志ある者は自発的に参加し隊勢は漸く賑わった。

奇兵隊も山口政事堂も下関諸砲台の修築を痛感し、藩は藤井百合吉を壇ノ浦弟子待砲台築造掛として砲台修築に着手し、種々の方策を講じて防衛体制の立て直しを図った。またその間に、藩は死傷者の弔慰、戦士の行賞、被害地市邑の復興救済等について概ね終了し、砲台の営築・大砲配備もその大半を終了した。六月七日に行賞の第一として総奉行毛利宣次郎に略製鎧直垂一領を、来島又兵衛、氏家鈴助、郡司武之助、飯田行蔵に五郎丸小袴一領をそれぞれ賞賜している。

六月五日のフランス軍艦による前田砲台の陥落は萩城下にも伝わり、市民も大いに動揺したが、同時に自らの手で外敵を防ごうとする動きも高まった。とくに浜崎町方は菊ヶ浜土塁築造を願い出た。藩もこれを許可し、文字通りあらゆる階層の老若男女が参加して、しかも華々しく盛大に工事が行われた(「女台場」)。藩士・町民らは、この工事に対し多大の献納を行った。この時、郡司武之助は築造用係を務めた。土塁築造と同時期に町兵の取立が行われ、小銃狙撃等の伝習・発射演習も行われた。この土塁が完成し、元治元年正月には藩公が台場での発砲や町兵銃陣等を観閲した(38)。

二　大砲増産と沖原鋳造方

攘夷決行後の五月一八日郡司千左衛門は大砲鋳立諸器械の取調御用につき御武具方への出勤を命じられた。六月一八日には瀬戸崎浦究役の大和又四郎が両大津配付の銑筒(銑鉄製の銑砲)で錆びて酸化の激しいものについて反射炉で熔解し弾丸に鋳替えることの担当(見合役)を命じられた。この時期、大砲の弾丸の鋳造に錆びた鉄筒を熔解するために反射炉の使用がなされていたことが解る。

また、今後予想される列強の大攻撃に備えて、萩藩と長府藩内の梵鐘・銅器類を集めるとともに、小郡福田鋳砲所はじめ藩内の各鋳砲所で大砲の増産を急いだ。この時期、松本鋳造所の右平次は四ポンド銅製重目一三〇貫余(四ポンド野戦施条砲、四斤砲)一門を鋳造し、六月五日に藩に献納した。この時期、すでに施条砲が萩藩で自製されたことは注目されてよい。

沖原鋳造方模型写真（模写加工）

郡司鋳造所遺構広場における
円筒鋳型鋳造模型

右平次は、安政五年の西の濱台場の時には銀五貫目上納し、江戸・大坂・日向へも度々出張し、銅山用掛と大砲鋳造掛も併せて精勤し、下関の砲撃戦時に鉄弾数千発鋳造した。さらにこの施条砲の上納に加えて、菊ヶ浜土塁築立につき七月一三日には米百石を献上している。これまでの功績により三十人通となった。

六月二七日に郡司千左衛門は藩命により手当方北条源蔵とともに小郡福田鋳砲所へ赴き、大砲鋳造の事業を督励した。他方、三田尻都合役氏家彦十郎をして銅器梵鐘を千左衛門に送らせ、日夜、巨砲の新造にかかった。千左衛門はまた、山口明倫館兵学寮の教授役となり、砲術の指導も兼担した。また、七月三日には郡司武之助を鋳造場の水車鑽（水車鑽開台）の担当（見合役）を命じられている。さらには、粟屋帯刀家来の山根多門が水車大砲仕上げのために火急に御用を命じられるなど、大砲の穿孔仕上げに急いでいるさまが伝わってくる[39]。

九月この時期に萩の沖原に新しい鋳砲所を開設した。これは藩営になった松本の鋳造所の代替として開設したとされる。この鋳砲所は、万延元年頃から郡司千左衛門が築造を指導したとみられる。このことから、すでに存在する沖原鋳造所を松本の代替と認めたのであろう。右上の図は萩博物館蔵の沖原鋳造方模型写真を模写加工したものである。中央の円錐台の上には、三基の熔解炉（踏鞴炉）が設置され、番子が鞴（吹子）

で金属熔解したものを大砲の円筒鋳型に流し込んで鋳造するようになっている。この熔解炉図をもとに大砲鋳造遺構が復元されたのが、松本の郡司鋳造所遺構広場の鋳造場である。(40)

三　中嶋治平と大村益次郎

中嶋治平は、安政五年における長崎伝習以降、製鉄・綿羊の飼育・製茶・ガラス・軍用（兵糧）パン製造の必要性を藩に積極的に建白してきた。万延元年（一八六〇）五月に藩は萩江向の南園内にガラス製造所を設立した。六月には鉄工局の開設と分析術の利用法について建白した。八月には硝子製造諸見合役、分析試験御用掛に任命された。一〇月には薩摩の集成館を視察し、反射炉、鑽開台（水車機）、硝石、ガラス等の設備を視察し、長崎では蒸気器械などを購入した。この頃、写真術について翻訳した（「ホトガラフィーの説」）。また、この時に小型蒸気機関車模型を入手し、翌文久元年（一八六一）四月に藩公の前で試運転を行った。

萩硝子に関しては文久元年五月に長井雅楽が公武合体策を上申する際に献上して内諾に成功した。また、八月には藩公が天皇の中秋の観月御宴会用に萩硝子器各種組み合わせを献上した。同年九月には軍事優先のため舎密学研究は硝子器製造のみに縮小するよう命じられた。

文久二年三月中嶋は、殖産振興・硝子の改良研究・鉱物資源の調査・鯨油の利用・硝石火薬の研究等の必要性について建白書を提出する。前年の舎密学縮小命令に対し、舎密学の重要性を強調したものであろう。文久三年三月中嶋は理学・舎密学の振興、硝子製造の技術革新について藩に三度目の建白書を提出した。同年六月彼は米艦ワイオミングによって撃沈された壬戌丸の浮上に成功する。

砲撃戦に参加しなかった丙辰丸を除き、他の軍艦三隻はワイオミングとの砲撃戦で撃破された。なかでも撃沈された壬戌丸については中嶋治平がポンプや空樽を利用した引上方法を考案して海底より引き揚げた。

彼はこの艦に装備した機関はもはや軍用に堪えないので、これを修理して陸用に供して鍛冶・錬鉄に用いるべきことを上申した。これらの艦船はいずれも修繕・修復されたが、元治元年の連合艦隊との戦闘にはこれらの艦船は使用されなかった。後に壬戌丸は売却されるが、他の三隻は、幕長戦争（第二次長州征討）で使用される。中嶋はこの功により「士御雇」に準じる待遇となった。すなわち、九月には分析術熟達につき士御雇に準じ召し仕えることとなった。一一月一五日には好生堂（医学所）分析場御用掛となり理化学に関する事務を統括するようになる。(41)

村田蔵六は、六月一一日に逝去した緒方洪庵の葬式に出席した。この時、蔵六（弘化三年適塾入門、嘉永二年塾頭）は、隣に座った福澤諭吉（安政二年入門、安政三年塾頭）と、攘夷戦争真っ只中の長州藩に仕官したことが話題となり、両者の間で口論となった。(42)

一〇月二四日村田蔵六は帰藩後に御手当方御用掛を命じられた。一一月三日三田尻御船倉が拡大され海軍局と改称され、六日松島剛蔵が海軍局頭取役に任命された。一一月二六日山口講習堂は山口明倫館と改称され、文学寮と兵学寮が設けられ、また三田尻越氏塾をその管轄下に置くこととなった。越氏塾はのちに三田尻学習堂（元治元年二月）となり、さらに講習堂（同年七月）となるとともに、海軍教育の拠点となった。一一月二七日蔵六は御撫育方御用掛および鉄熕鋳造等の詮議も命じられた。郡司千左衛門もまた福田での造砲指導とともに、山口明倫館兵学寮砲兵塾の教授役を兼任して実戦指導にあたった。(43)

【第五章注記】

（1）末松謙澄『修訂　防長回天史』柏書房、一九六七年、一九二頁。時山弥八編『増訂もりのしげり』眞興社、一九一五年、四〇九頁。

（2）松村昌家『幕末維新使節団のイギリス往還記—ヴィクトリアン・インパクト』柏書房、二〇〇八年、六七—一一三頁。宮永孝『幕末遣欧使節団』講談社学術文庫、二〇〇六年、二四頁、一〇三—一三五頁。市川清流著・楠家重敏編訳『幕末欧州見聞録—尾蠅欧行漫録—』新人物往来社、一九九二年、二七頁。勝海舟『陸軍歴史Ⅳ』講談社、一九七五年、一八五頁、二六五頁。保谷徹「幕末維新の動乱と軍制改革」高橋典幸・山田邦明・保谷徹・一ノ瀬俊也著『日本軍事史』吉川弘文館、二〇〇六年、二六〇—二六三頁。

（3）小川亜弥子著『幕末期長州藩洋学史の研究』思文閣出版、一九九八年、八六頁。内田伸編『大村益次郎文書』マツノ書店、一九七七年、二二三頁。土橋治重『大村益次郎—物語と史蹟をたずねて—』成美堂出版、一九七六年、六一—六二頁、二一〇頁。

（4）木戸公傳記編纂所『松菊木戸公伝（上）』明治書院、一九二七年、年譜一三—一四頁。時山編前掲書、四一〇頁。妻木忠太『來原良蔵傳上・下』（復刻版）村田書店、一九八八年、（上）年譜八〇—八三頁。

（5）末松前掲書、二一七頁、二二九頁。小川前掲書、八七頁、一四三—一四四頁、二四六頁。庚申丸は、三本マストのバーク型で長さ四三・六㍍・幅八・四㍍・吃水八・〇㍍である。木村紀八郎『剣客斎藤弥九郎伝』鳥影社、二〇〇一年、三四三—三四四頁。中本静暁「長州藩の軍艦建造—西洋型木造帆走艦船　丙辰丸・庚申丸の建造—」『伝統技術研究』二〇一〇年、二四—二六頁。

（6）『忠正公伝』・「山田・來原書簡」および関連論文に関しては、拙稿「江戸後期幕府・諸藩の近代化努力と大砲技術」

笠谷和比古編『徳川社会と日本の近代化』思文閣出版、二〇一五年、五三六―五三九頁、五四五―五四六頁参照。例えば、「反射炉と軍艦製造所址」萩市東田婦人会編『萩史蹟名勝の栞』一九四〇年、二六―二七頁によれば、その後（軍艦完成後）も広島や須佐方面から職工を招いて盛んに刀剣を造った、とされる。

(7) 末松前掲書、二一七頁。「赤間関海戦紀事」古川薫『幕末長州藩の攘夷戦争―欧州連合艦隊の来襲』中公新書、一九九六年、二二三頁所収。下関市文書館編『資料　幕末馬関戦争』三一書房、一九七一年、二一頁。これらのボンベカノンは、佐賀藩の三六ポンドボンベカノン砲とは形状（とくに砲尾の形状）を異にする。秀島成忠『佐賀藩銃砲沿革史』肥前史談会、一九三四年、第五九図（銅製砲）、第六二図・第六六図（鉄製砲）。この点は、次の斎藤利生氏の論文でも論及されている。斎藤利生「米国にあった幕末長州の台場砲」『兵器と技術』日本兵器工業会、一九八七年五月号、二六―二九頁。

(8) 時山編前掲書、四一〇頁。藤田洪太郎「萩ガラスについて」『長州の科学技術～近代化への軌跡～』第二号、二〇〇四年、五―一二頁。末松前掲書、二二〇頁。「文久三年一〇月差出郡司右平次勤功書」山本勉彌・河野通毅『防長ニ於ケル郡司一族ノ業績』藤川書店、一九三五年、五三頁。拙稿「江戸後期における長州藩の大砲鋳造活動考―右平次（喜平治）勤功書を中心として―」『伝統技術研究』第四号、二〇一一年、三〇―三一頁。

(9) 末松前掲書、五〇八―五〇九頁、五一一頁。「御役進退録」道迫真吾「萩反射炉関連史料の調査研究報告（第二報）」『萩博物館調査研究報告』第七号、二〇一一年、一六―一七頁。山本・河野前掲書、八頁。萩博物館『幕末長州藩の科学技術―大砲づくりに挑んだ男たち―』二〇〇六年、六一頁。藤田洪太郎「忘れ去られた萩の世界遺産候補～大砲鋳造所跡～」『長州の科学技術～近代化への軌跡～』第三号、二〇〇八年、四三―四六頁。村田峯次郎『近世防長史談』大小社、一九二七年、九九頁。小川前掲書、一二〇頁。

(10) 末松前掲書、二五二―二五四頁、二六〇頁、五一二頁―五一三頁。山本・河野前掲書、九頁。小川前掲書、八三―八六頁、九一頁。妻木前掲書（上）、年譜八三―八六頁。
(11) 末松前掲書、二六一―二六七頁。
(12) 拙稿「享保期の異国船対策と長州藩における大砲技術の継承―江戸中期の大砲技術の展開―」笠谷和比古編『一八世紀日本の文化状況と国際環境』思文閣出版、二〇一一年、三九三―四一五頁。末松前掲書、四八七―四八九頁。
(13) 西嶋量三郎『悲劇の砲術家　中島名左衛門の死』梓書院、一九八五年、六六頁。妻木前掲書（上）、八五頁。末松前掲書、四八九頁、五一三頁。防長回天史では「三兵答久知幾」となっているが、ここでは以下も本文の「三兵答古知幾」に統一している。時山編前掲書、四一一頁。ガルバニ電池に関しては第六章注（16）参照。
(14) 末松前掲書、五一三―五一四頁。西嶋前掲書、七一―七四頁。山本・河野前掲書、三七―三八頁。
(15) 末松前掲書、四八九頁、五一四頁。小関高彦訳『山礮畧説』山城屋、安政二年（一八五五）、一丁、一八丁、一九丁。拙稿「幕末期鉄製大砲鋳造活動の展開―佐賀藩反射炉活動を中心として―」『大阪学院大学通信』第四六巻五号、二〇一五年、三五頁。有坂鉊蔵『兵器考―砲熕篇一般部』雄山閣、一九三六年、五一頁。
(16) 末松前掲書、二六〇―二六一頁、四八九頁。時山編前掲書、四一一―四一二頁。上津江火薬精錬所については、幕末長州科学技術史研究会編「萩に残る幕末の近代化遺跡」『長州の科学技術～近代化への軌跡～』第四号、二〇一一年、一〇一―一〇二頁参照。
(17) 妻木前掲書（上）、年譜九二―九八頁、年譜一〇〇―一〇一頁。妻木忠太『前原一誠傳』積文館、一九三四年、一八頁。時山編前掲書、四一三頁。
(18) 高杉晋作『遊清五録』東行先生五十年祭記念会『東行先生遺文』民友社、一九一六年、七二―一二三頁。高杉晋作『遊清五録』田中彰『日本近代思想大系Ⅰ　開国』岩波書店、一九九一年、二〇八―二八六頁。奈良本辰也『高杉晋作』中公新書、一九六五年、一〇四―一一五頁。鈴木正節『幕末・維新の内戦』三一書房、一九七七年、二〇―二一頁。宮永孝『高杉晋作の上海報告』新人物往来社、一九九五年、二五―二六頁、二二九―二三〇頁、二三四―二三五頁。なお、現代語訳としては、一坂太郎『高杉晋作の「革命日記」』朝日新書、二〇一〇年、二一八―二六三頁。

(19) 高杉「上海淹留日録」田中前掲書、二一四―二二二頁。東行先生五十年祭記念会前掲書、八三頁。高杉「続航海日録」等、田中前掲書、二二四―二二七頁。

(20) 妻木前掲書(上)、年譜一〇四―一〇五頁。なお、長井雅楽は翌文久三年二月六日に萩の自邸にて死を賜り、憤怒のままに自決した。時山編前掲書、四一四頁、四一六頁、五〇〇頁。末松前掲書、四九五頁。小川前掲書、一四六頁。

(21) 小川亜弥子「『佐倉出ノ人』手塚律蔵と洋学」『佐倉市研究』第二二号、二〇〇九年、四二―四三頁。拙稿「伯林一九〇〇―玉井喜作・R・ヒレル・山根正次ほか：ベルリン人物交差点―」『大阪学院大学通信』第四四巻七号、二〇一四年、五八―六〇頁。

(22) 末松前掲書、四九七―四九八頁。小川前掲書、一四七頁。木村前掲書、三四三頁。

(23) 中本前掲論文、二六頁。元綱数道『幕末の蒸気船物語』成山堂書店、二〇〇四年、三―四頁。

(24) 長府毛利家『毛利家乗　十』防長資料出版社、一九七五年、「巻之三十一　元周公五」文久三年(一八六三)三月、九―一四丁。下関市文書館編前掲書、一三―一八頁。

(25) 所荘吉『新版図解古銃事典』雄山閣、二〇〇六年、一〇六頁、一一四―一一五頁。鈴木一義「幕末長州藩の大砲鋳造技術―在来技術から近代技術へ」『幕末長州藩の科学技術―大砲づくりに挑んだ男たち―』萩博物館、二〇〇六年、六三頁。三宅紹宣『幕長戦争』吉川弘文館、二〇一三年、四六頁、五二頁(三宅紹宣『幕長戦争』

萩ものがたり、二〇一六年、一一一―一一三頁)。幕末軍事史研究会編『武器と防具　幕末編』新紀元社、二〇〇八年、一四―一五頁、一八―二一頁。

(26) 時山編前掲書、四一八頁。末松前掲書、四八六頁。

(27) 時山編前掲書、四一九頁、四二二頁。末松前掲書、四四三頁。下関市文書館編前掲書、一二八―一三〇頁。清永唯夫『攘夷戦長州砲始末―大砲パリから帰る―』東秀出版、一九八四年、四七―四八頁。古川前掲書、二八頁、二二一―二二三頁。

(28) これに関しては、次の史料・文献等を参照した。「赤間関海戦紀事」(古川前掲書、二二五―二二九頁、下関市文書館編前掲書、一三一―一三三頁)。豊田泰『開国と攘夷』文芸社、二〇〇六年、二四九頁。山口県教育委員会『前田茶臼山遺跡―平成一一～一四年度重要遺跡確認緊急調査報告書―』二〇〇三年、二頁。

(29) 元綱前掲書、七三―七五頁。末松前掲書、四四四―四四五頁。宮地ゆう『密航留学生「長州ファイブ」を追って』萩ものがたり、二〇〇五年参照。小郡町史編纂委員会編『小郡町史』、一九七九年、二〇九頁。

(30) 末松前掲書、四四六頁。古川前掲書、三七頁。

(31) 末松前掲書、四四七―四四八頁。中本静暁編訳『対訳　一八六三年と一八六四年におけるメデューサ号艦長の下関戦争』カペレン文庫、二〇一六年、四八―五八頁 (Jhr.F.de. Casembroot, DE MEDUSA in de Wateren van Japan in 1863 en 1864, 2.Druk., De Gebroeders van Cleef,s-Gravenhage, 1865.)。

(32) 古川前掲書、四〇―四二頁。小郡町史編纂委員会前掲書、二〇九頁。西嶋前掲書、二〇一―二〇四頁。その後、中島名左衛門の墓は、千左衛門と中島家の遺族とにより萩の光福寺と長崎の正覚寺とにそれぞれ建てられた。西嶋同書、二〇四―二〇七頁。光福寺の墓は萩城址と海とが見下ろせる高台に建てられている。

(33) 末松前掲書、四四九―四五〇頁。W.E Griffis, THE "WYOMING" IN THE STRAITS OF SHIMONOSEKI,

Century Illustrated Monthly Magazine, Volume 43.,1891, p.844,p.850.「赤間海戦紀事」下関市文書館前掲書、一三一頁。

(34) 末松前掲書、四五〇―四五二頁。古川前掲書、四四―四七頁。吉村昭『生麦事件(上)』新潮文庫、二〇〇二年、二六三―二七〇頁。小郡町史編纂委員会前掲書、二〇六―二〇九頁。小川前掲書、二〇一―二〇二頁。小川亜弥子「中嶋治平―分析術の振興に尽くした生涯―」『長州の科学技術〜近代化への軌跡〜』第二号、二〇〇四年、二頁。時山編前掲書、四二一頁。「御勘渡直り控」〔一一(二七―二四)〕・「医業成立沙汰控」〔一一(二七―二三)〕、道迫前掲論文、二二頁所収。

(35) 末松前掲書、四五二―四五三頁。アルフレッド・ルサン著・樋口裕一訳『フランス士官の下関海戦記』新人物往来社、一九八七年、九五―一〇五頁。なお、ジョレス少将の判断については、次の著に詳しい。保谷徹編『「欧米史料による下関戦争の総合的研究」報告書』東京大学史料編纂所、二〇〇一年、一九頁、八〇―八八頁。Griffis,op.cit.,p.850.

(36) 末松前掲書、五二九頁。時山編前掲書、四二三頁。山口博物館編『激動の長州藩』一九九〇年、六二頁。

(37) 末松前掲書、四五三―四五四頁。なお、奇兵隊日記では「八〇ポンド以上の大砲を買い求むるの策を決し候事」とある。日本史籍協会編『復刻　奇兵隊日記　第一』睦書房、一九六七年、一頁。

(38) 末松前掲書、四五四―四五五頁、四五七―四五八頁。萩市史編纂委員会編『萩市史　第一巻』ぎょうせい、一九八三年、九二九―九四二頁。

(39) 「異賊防禦御手当沙汰控」道迫前掲論文、二一頁―二二頁所収。「元治元年六月　郡司右平治勤功詮議」「毛利家文庫七三藩臣履歴」一八一丁。「文久三年一〇月差出」・「元治二年差出」・「明治二年差出」郡司右平次勤功書、山本・河野前掲書、一〇頁、五三―五五頁。萩市史編纂委員会編前掲書、九三六頁。小郡町史編纂委員会前掲書、二〇九頁。

(40) 時山編前掲書、四〇五頁。村田峯次郎『近世防長史談』大小社、一九二七年、九九頁、一七五頁。藤田洪太郎「忘れ去られた萩の世界遺産候補〜大砲鋳造所跡〜」『長州の科学技術〜近代化への軌跡〜』第三号、二〇〇八年、四三―四六頁。道迫真吾「『大砲鋳造石組遺構』の移築復元整備について」萩博物館『幕末長州藩の科学技術―大砲づくりに挑んだ男たち―』二〇〇六年、七〇―七三頁。

(41) 堀江保蔵「中島治平と山口藩の洋式工業」『経済論叢』第四〇巻第五号、一九三五年、一三五頁、一三六―一三九頁。酒井泰治「長州藩士中嶋治平とその建白書―山口県文書館蔵―」杉本勲代表『西南諸藩の洋学―佐賀・鹿児島・萩藩を中心に―』トヨタ財団助成研究報告書、一九八五年、二二七頁。小川亜弥子「中嶋治平―分析術の振興に尽くした生涯―」・藤田洪太郎「中嶋治平　関係年譜」『長州の科学技術〜近代化への軌跡〜』第二号、二〇〇四年、二頁、四頁。楠本寿一『長崎製鉄所』中公新書、一九九二年、六一頁。時山編前掲書、四二一頁。藤田洪太郎「萩ガラスについて」『長州の科学技術〜近代化への軌跡〜』第二号、二〇〇四年、六頁。防府市教育委員会『防府市史下巻』一九六九年、三七一頁。小川前掲書、二〇一―二〇二頁。「御勘渡直り控」〔一一（二七―二四）〕・「医業成立沙汰控」〔一一（二七―二三）〕、道迫前掲論文（「萩反射炉…」）、二二頁。

(42) 福澤諭吉（富田正文校訂）『新訂福翁自伝』岩波文庫、一九七八年、一五六―一五七頁。ちなみに、適塾生の中で山口県出身者が一番多いのは興味深い。山口県（五六）、岡山県（四六）、佐賀県（三四）、石川県（三三）、兵庫県（三三）、福岡県（三三）、広島県（三一）、京都府（二六）、福井県（二五）、愛媛県（二二）大分県（二一）、長崎県（二〇）、大阪府（一九）、東京都（一八）。（「姓名録による都道府県別塾生名簿および分布図」藤野恒三郎監修『緒方洪庵と適塾』適塾記念会、一九八〇年（改訂版一九九三年）、五六―五七頁。

(43) 時山編前掲書、四〇五頁。小川前掲書、一二〇―一二一頁、一三一―一三三頁、一五三頁、一七九頁。「御役

進退録　下ノ冊」〔一一（二七―二四）〕、道迫前掲論文（「萩反射炉…」）、二二頁。小郡町史編纂委員会前掲書、二〇九頁。

第六章　元治元年の下関戦争

——欧米連合艦隊の来襲——

はじめに

文久三年（一八六三）における下関の攘夷砲撃戦は下関砲撃事件と呼ばれることがある。[1]とくに、フランス軍艦の報復攻撃では、その直前に長州藩の主力正規兵は京都に大挙してのぼり、蛤御門において壊滅的な打撃をうけた。翌元治元年には英国の主導のもと英仏蘭米の四カ国連合艦隊が下関を襲撃してきた。そこで、高杉晋作が創設した奇兵隊や諸隊と長府藩兵とがこの連合艦隊との戦闘の中核となった。それは、もはや、長州にとって攘夷戦争というよりも郷土（防長二州）防衛戦争の様相を呈していた。[2]

欧米連合艦隊にとっては前年の攘夷行動に対する掣肘を口実として、むしろ開国・開港（租借）にあったとみられる。他方、長州藩は、前年の砲撃戦と正規長州藩兵の大挙上洛・敗北によって著しく弱体化した。藩としては欧米連合艦隊との戦争は回避したかった。伊藤俊輔や井上聞多の必死の止戦努力も空しく、連合艦隊は来襲した。奇兵隊・諸隊および長府藩兵を中心に自藩防衛・郷土防衛の戦闘が繰り広げられた。この連合艦隊との戦闘に敗れたことにより、数多くの青銅製大砲が高価な戦利品として各砲台から接収され、連合艦隊参加国で配分された。その一部は現在も各国に残されている。

Ⅰ　元治元年における長州藩の動向

一　文久四年・元治元年春の動向

文久四年（一八六四、二月より元治元年）一月一九日に中嶋治平は好生堂舎密頭取役となり、同月二一日には硝子製造方、鉱属詮議御用掛に任命され、村田蔵六・北条源蔵とともに藩内の鉱区調査を行った。一月二七日に松島剛蔵は、桂右衛門（航海術）、戸田亀之助・梅田虎次郎（運転術）、藤井百合吉・郡司千左衛門（艦砲術）、藤井勝之進（造艦術）を教授方頭取とする改革案を藩に提出し、許可を得て海軍局の改組を行った。

一月二八日高杉晋作は、藩公世子から命じられ、来島又兵衛の上洛を思いとどまらせるため、宮市で又兵衛に会うが、口論となり、激昂した晋作は京へ脱走した。二月一日受銅所を萩八丁南園内から沖原鋳造場内へ移した。沖原における大砲増産に便を図ったのであろう。

二月二〇日元治と改元された（幕府発令は三月一日、防長は三月一六日）。二月二六日に村田蔵六は兵学校の教授役に任じられた。二月二八日には山口練兵場を兵学校と改称した。二月二九日正木市太郎は萩鋳造方・製練方引除所への勤務を命じられ、三月一五日には和智虎太郎が萩鋳造方・製練方引除所の勤務を命じられた。さらに藤井百合吉が萩鋳造方御用掛を、また平田宗兵衛が同調整方御用掛を命じられた。これらは大砲増産のための萩鋳造方の移動人事としてとらえられるであろう。

三月二五日藩は先に脱走していた高杉晋作を密かに帰国させ、野山獄に入獄させた。同月二六日萩西の濱の土塁工事に着手した(3)。

この頃、村田蔵六はオランダ人クノープの三兵戦術書（W.J. Knoop, Kort begrip der krijgskunst, 1853）を翻訳して、『兵家須知戦闘術門』として出版し、山口兵学校や彼の私塾（山口宿泊先の普門寺観音堂）などで使用した。三月には、装條銃打方陣法等規則取調に任じられ、施条（ライフル）銃―とくにミニエー銃―の打方・陣法についての調査を命じられた。五月に、村田は鉄製大砲製造について調べる鉄熕取調方となっている。

なお、村田は、この後の四カ国連合艦隊との戦闘には直接参加せず、戦争終結後の八月一八日に外人応接掛となり、下関に出張した。同月二八日には政務座役事務扱・軍務専任となり、一二月九日博習堂用掛および赤間関応接掛となった。(4)

二　中嶋治平の製鉄所構想の実現

前述のように、元治元年一月二一日に中嶋治平は、村田蔵六、北条源蔵を伴って藩内の鉱区調査を開始した。五月四日に藩は北条源蔵に鉄熕鋳造御用掛を命じた。五月一〇日川上村亀ヶ瀬に製鉄所設置命令が出た。中嶋治平の建白に基づき村田蔵六が建議したことによるものであろう。村田蔵六は安政六年（一八五九）六月に宇和島藩で前原嘉蔵（嘉市・巧山）と協力して蒸気船を建造している。水車動力から蒸機関動力への展開は製鉄事業にとって不可欠といってよい。この日、平田宗兵衛が亀ヶ瀬製鉄場御用掛に命じられ、一一日には村田蔵六・郡司千左衛門も鉄熕御用取調を命じられた。七月二五日には北条源蔵が御武具方・製鉄場引除所勤務を命じられた。(5)このように藩は製鉄場の建設に相当に配慮したことは明らかである。しかし、その具体的な内容について詳細は不明のままである。

三　難局の長州藩

五月五日に麻田公輔（周布政之助）が酒に酔って馬上剣を抜き野山獄の高杉に放語した。これがもとで麻田は六月三日に失脚させられた。六月五日新撰組が池田屋を襲撃した。このとき吉田稔麿や肥後の宮部鼎蔵等多くの志士が失われた。前年にロンドンにあって下関での攘夷戦の報復に英国軍も参加することを知った伊藤俊輔と井上（志道）聞多とは、三月にロンドンを発ち上海経由で六月一〇日に横浜に到着した。彼等は直ちにイギリス公使館へ赴くなど、戦争回避の工作を開始した。六月一九日英国公使R・オールコック（R. Alcock）の主導により、二〇日以内に長州の問題に何らの進展がない場合、英仏蘭米四カ国が連合して長州の攘夷派に攻撃を加えることと、幕府の鎖港要求を撤回することとを通告した。六月二五日井上と伊藤は長州藩の説得を試みたが、逆に攘夷論者に命を狙われる始末であった。

この頃、藩は前年の京都追放（堺町門の変）の冤罪をそそぐために、三家老（益田右衛門介・福原越後・國司信濃）ならびに来島又兵衛・久坂義助（玄瑞）らが軍を率いて上洛した。七月一一日佐久間象山が京都三条木屋町で刺客に襲われ死亡した。

七月一九日長州藩は「禁門の変（蛤御門の変）」で敗退し、来島・久坂・寺島忠三郎・入江九一ら有力の藩士が戦死した。七月二四日幕府は第一次長州征討令（征長令）を発した(6)。長州藩は、四カ国連合軍との戦争の脅威に加え、国内的にも孤立した。全くの四面楚歌のなかで欧米連合艦隊来襲の驚異にさらされることとなった。

II　欧米連合艦隊の来襲

一　欧米連合艦隊の兵力

伊藤俊輔と井上聞多は、オールコックを説得し藩政府も講和に最終的に同意したが、英仏蘭米四カ国連合艦隊はこれを拒否し、八月五日に連合艦隊は下関を襲撃した。連合艦隊の総合戦力はイギリス九艦（大砲一八二門、二八五〇名）、フランス三艦（四九門、一一五五名）、オランダ四艦（五六門、九五一名）、アメリカ一艦（四門、五八名）の計一三艦、大砲計二九一門・兵員約五千人（水兵三千人、陸兵二千人）であった。

英国艦隊はすでに前年の薩英戦争でアームストロング砲の威力を実証済みであるが、この新兵器の扱いに不慣れであり、標的よりも遥か遠くへ着弾したり、あるいは故障・破裂も多く経験した。英国海軍内におけるアームストロング排斥の動きもこれに拍車を掛け、英国内で悪評が流布された。薩英戦争では二艦（パール・ハヴォック）を除きすべてがアームストロング砲を搭載していたが、今回の下関攻撃時には旗艦ユーリアラスに一一〇ポンドと四〇ポンドの後装式施条砲であるアームストロング砲を各一門搭載するのみであった。

アメリカは、自国艦ジェイムズ・タウンが機関の故障で使用できなかったので、商船ターキャンを雇い入れ、ジェイムズ・タウンのパロット砲（三〇ポンド砲）一門（a Parrot Gun）を含む四門の大砲と乗組員を搭載して、連合艦隊に参加した(7)。

二　下関各砲台の備砲と守兵　――『防長回天史』の説明――

『防長回天史』に従えば、長州側の守兵は、正規の萩藩兵・長府藩兵、奇兵隊・諸隊あわせて二千人程度である。この時の主要砲台とその守備状況についてみれば、主力の前田上下砲台には、八〇ポンド、二四ポンド、一八ポンド砲など二〇門を配備し、奇兵隊総督赤禰武人が指揮した。また、壇ノ浦砲台には三〇ポンド砲など一四門を配し、奇兵隊軍監山縣小輔（有朋）が指揮した。前田・壇ノ浦両砲台は、おもに奇兵隊・膺懲隊等諸隊六〇〇人が守備した。洲崎砲台には一五〇ポンド臼砲以下九門を配備し、洲崎と籠建場（杉谷籠建場）はおもに長府藩兵一五〇余人が、また同じく長府城山砲台には一〇〇余人が守備した。

彦島の弟子待砲台には、前年と同様、荻野流の和式大砲が七門配備された。彦島には荻野流（守永）一門からなる荻野隊一五〇人と長府藩士一六〇人などが守備していた。これ以外の砲台にも各種大砲が約七〇門配備され、それぞれ長州・長府藩士や諸隊のもの九四〇名近くが守備した。このように長州側の大砲総数は一二〇門（一五〇門という説もある）、兵士総数二〇〇〇人弱であった。[8]

前年の下関戦争では、砲兵五〇〇人、歩兵二五〇〇人の計三〇〇〇人であった。今回の大砲の数は前年の五七門・野砲数一〇門よりも多いが、兵士の方は一〇〇〇人近く大幅に少なくなっている。これは、長州藩（萩藩）の主力（正規軍）が七月京都の禁門の変で敗退したことが影響しているとみてよいであろう。

Ⅲ　連合艦隊との戦闘の経過

一　八月五日の戦闘

（一）連合艦隊の編成

元治元年（一八六四）六月には英仏蘭三国が数隻でもって下関を攻めると聞いた幕府はこれを止めようとしたがうまくいかなかった。英仏蘭米四カ国の連合艦隊は六月二八日と二九日の両日に横浜を出港した。キューパー（A.I.Kuper）提督（海軍中将）はユーリアラスに搭乗し、八月二日に国東半島の姫島沖に到着した。八月四日には、英九隻、蘭四隻、仏三隻の計一六隻と米商船一隻との計一七隻が揃った。キューパー提督が総指揮を執り、その下にターター艦長ヘイズ（L.M.Hayes）が同艦と小倉側田ノ浦寄りの艦隊計六隻（快走艦隊）の指揮を執り、他の一一隻の指揮をパーシュース艦長のキングストン（A.J.Kingston）が執った。[9]

八月五日（陽暦九月五日）海峡の潮流が順潮となった午後二時過ぎ、連合艦隊は抜錨し戦闘態勢についた。

これより、連合艦隊は三段構え（三層体制）で戦闘態勢についた。すなわち、下関各砲台寄りの沿岸には軽艦隊六隻が、向かいの田ノ浦にはコルベット（小回りの利く快走艦）やより大きなフリゲート（中型快走艦、レオパード）からなる六隻が、そして後方には旗艦隊五艦がそれぞれ配置についた。ちなみに旗艦のユーリアラス号はフリゲート帆装スクリュー艦である。[10]

（イ）軽艦隊六隻（下関各砲台寄り）＝（英）パーシュース［一七、Ｓｓ］、コケット［一四、砲ｓ］、バウンサー［二、Ｇｓ］、アーガス［六、Ｓ外］、（蘭）メデューサ［一六、Ｃｓ］、（仏）タンクレード［四、Ｓ外］

（ロ）コルベット（快走艦）艦隊六隻〔小倉側〕＝（英）ターター［二一、Ｃｓ］、バロッサ［二一、Ｃｓ］、レオパード［一八、Ｆ外］、（蘭）メトレンクルイス［一六、Ｃｓ］、ジャンビー［一六、Ｃｓ］、（仏）デュプレー［一〇、Ｃｓ］

（ハ）旗艦隊四隻（後方）＝（英）ユーリアラス［三五、Ｆｓ］、コンカラー［四八、戦ｓ］、（蘭）アムステルダム［八、外］、（仏）セミラミス［三五、Ｆｓ］、（米）ターキャン［四、商ｓ］

（なお、ここで［］内の数字は、備砲数、Ｓ＝スループ（縦帆船）、Ｃ＝コルベット、Ｆ＝フリゲート、砲＝砲艦、Ｇ＝ガンボート、戦＝戦列艦、商＝商艦、ｓ＝スクリュー、外＝外輪艦、を意味する。）

連合艦隊は、圧倒的な兵力であり、この兵力をもってすれば、中国のアヘン戦争やアロー戦争のように、防長二州からさらに大坂までも一気に侵攻する目論見があったとしても不思議ではない。[11] ここでは、欧米連合艦隊来襲時の下関各砲台の位置と連合艦隊の戦闘配置について次の図表に示しておこう。ここでの砲台№は、レイ報告の砲台№に相当するものであり、中本静暁氏の推定に従うものである。[12]

元治元年下関の各砲台と連合艦隊

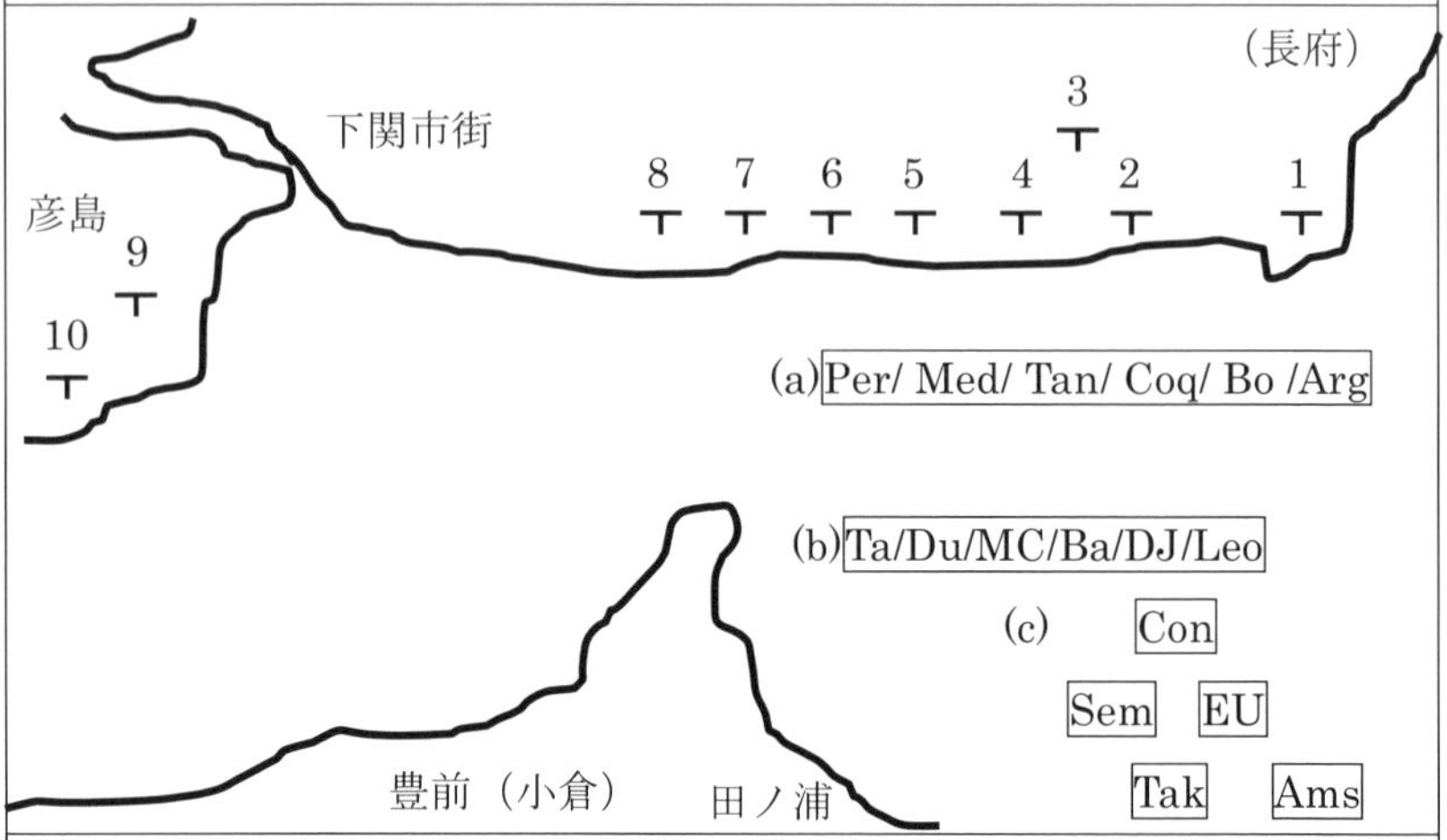

砲台；1=長府、2=黒門口、3＝茶臼山、4＝角石・前田上、5＝前田下、6＝洲崎、7=籠建場、8=壇ノ浦、9＝弟子待、10=山床。連合艦隊；(a)［Per＝Perseus, Med=Medusa, Tan=Tancrède, Coq=Coquette, Bo= Bouncer, Arg=Argus］、（b）［Ta=Tartar, Du＝Dupleix, MC＝Metalen Cruis, Ba=Barrosa, DJ＝D'Jambi, Leo=Leopard］、（c）［Con=Conqueror, Sem=Semiramis, EU=Euryalus, Tak＝Takiang, Ams=Amsterdam]）

（二）長州側の態勢

連合艦隊が出現しても砲台側からただちに打ちかけることはしなかった。前田孫右衛門と井上聞多とは最後まで止戦の対応に力を尽くした。前田孫右衛門の懇請により、君命を奉じ敵艦より発砲しない限りこちらからは開戦しないことに決したからである。

壇ノ浦と門司側との最短距離は約六〇〇㍍である。去る七月一五日長府濱においてフランス式着発榴弾量一貫一四〇匁を火薬九〇匁、仰角一二度で発射したところ一〇町（一〇九〇㍍）が最長距離であった。門司側の突端和布刈《めかり》付近までがペキサンス砲の有効射程距離ということになる。また、この時期には、ボンベン弾（ペキサンス弾）も時限信管ではなく着発信管が使えるようになっていたようである。[13]

（三）戦闘の経過

連合艦隊は、各艦船が定位置につき、午後三時四〇分旗艦ユーリアラスは開戦の火箭を打ち上げるとともに全艦隊一六隻は一斉に右舷の砲火を発した。旗艦は艦首砲（一一〇ポンドアームストロング砲）によって前田砲台に向けて約二四〇〇㍍（二五〇〇ヤード）の距離を定めて発砲した。

これを見て壇ノ浦以東の各砲台も直ちに応戦した。午後四時一〇分には小倉側約九六〇㍍の位置に停泊したコルベット艦隊が一斉に砲撃し、二〇分間くらい激戦が続いた。東沖に位置する旗艦隊は敵の射程外にあり、砲台からの砲撃を見定めて砲撃した。砲台寄りの軽艦隊は一箇所にとどまらず、つねに縦横進退しつつ砲撃した。その結果、長府城山方面の砲台はことごとく撃破され、前田も被害が甚大となった。その後、旗艦隊から発せられた砲弾が前田砲台の火薬庫に命中した。砲台の守備兵は、いったん退いて砲弾を避け、再び戻って反撃を試みた。午後五時過ぎには砲台守備兵は退避し、各砲台からの発砲はやんだ。

パーシュース・メデューサ二艦は砲撃のやんだ砲台下に接近し、守備兵のいないのをうかがい、午後一〇時すぎパーシュース艦長や士官・水兵等二〇名が前田浜から上陸した。上陸兵は、守備兵が林間から狙撃するなかをそのまま前田砲台へ進み、砲台備砲の八〇斤砲・二四斤砲等およそ二〇門から三〇門の大砲の火門に釘を刺して使えないようにし、一四門を廃棄し、砲架等に火をつけて帰艦した。

（四）連合艦隊の被害

この日、砲台から発射した榴弾一発がターターにあたり破裂した。また、レオパードには、実弾一個がマストの帆綱を断ち、実弾二個が右舷を撃ち外輪を損じその鉄軸を曲げ、また榴弾一個が船首の方で破裂し甲板を破損させ、他の一弾は艦腹に穴を開けた。また鉄砲の狙撃によってターターおよびバウンサーの水兵を五、六名負傷させた。そのほかメトレンクルイスおよびジャンビーにも数弾あたり、死傷者が三人出たという[14]。

二　八月六日の戦闘

(一) 砲台立て直し早朝の反撃

六日早朝壇ノ浦砲台を守っていた奇兵隊は、前田の三砲台もすでに破壊されたことを知り、敵艦が一斉にここに攻めてくることを予想して、前夜に破壊された砲台・砲架を修理し、大砲の位置を変え、一層勇を鼓舞して夜の明けるのを待った。東方が白む頃朝霧の中から敵艦の全体が眺望できた。数隻が昨日の位置に停泊しており、射程内にあることを発見した。杉谷砲台からレオパードに向けて砲弾一、二発が放たれた。壇ノ浦砲台の軍監山縣小輔は、まずその最も近距離にある艦（ターター・デュプレー）への砲撃を命じた。砲台から一斉に射撃がなされ、高く打ち上げた砲弾（榴弾）は敵艦の甲板に落ちて炸裂し、低く発射したものは艦腹を穿ち、打ち損なうことは無かった。前日の砲戦中によく照準の距離を測ることができたからである[15]。

その戦いは一時間近く続き最も激烈で敵兵死傷者は甚だ多かった。最も損傷を受けたのは小倉側に停泊していたターター、デュプレーの二艦であった。この二艦は夜間潮流が逆転した際に衝突し錨の鎖が絡まったため艦尾を砲台に向ける形となり応戦できなかったのである。艦長は、その後何とか右舷を砲台に向けてようやく応戦にあたり、双方激しく戦った。ターターは前日すでに砲撃で破損した以上に被害が拡大し、兵士二名が死亡し副艦長も重傷を負った。デュプレーも操舵長はじめ八名が戦死した。

この戦況を望見していたキューパー提督は、急遽、陸戦隊による上陸戦を決断した。これに対し、長州側は角石にいる総督の伝令が、軍監の山縣小輔に時機をみて前田の本営兵と合流するように伝えてきた。敵艦は壇ノ浦に絞って砲撃してきたので、山縣はついに守兵を徐々に後退させ、武器兵糧等を後方の一ノ宮に移すとともに、砲台の方は緩慢な射撃を行うようにして角石前田方面へ集結した。これ以後、海戦から陸戦へと移っていった。

（二）連合軍陸戦開始

午前七時過ぎ各艦隊の陸戦兵等は朝食後に端艇に乗り移り、八時過ぎには各艇に陸戦砲（野戦砲・山野砲）や弾薬を積み終わった。その総員はイギリス兵一四〇〇人・フランス兵三五〇人・オランダ兵二五〇人・アメリカ水兵一隊であった。陸戦隊は、フランス兵が先鋒で、これにイギリス兵、その後をオランダ兵が続いて前田の二砲台に進入し、前日火門に釘を刺した海岸砲一一門野砲一門の照準器・照門・砲架等を破壊した。この間イギリスの一支隊は丘稜をめざして守兵の一支隊と遭遇し小競り合いとなった。一方フランスの一部隊もまた砲台を下り西進して渓流を渡って洲崎砲台に突入した。ここは長府藩兵が守備していたところであり、仕掛けた地雷火が効を奏し、奇兵隊・膺懲隊とともに一進一退激闘善戦するも遂に退去した。ここには一五〇斤臼砲以下九門あったが、フランス兵はこれを毀壊し、再び使用できないようにした。この際にも守備兵により林の中から数回狙撃された⑯。

壇ノ浦砲台はまだ持ちこたえており、連合軍側はさらに砲撃せざるを得ない。そこですでに占領した三砲台を破壊する兵を残して、その他の兵隊は下関（馬関）方面の砲台を破壊しながら進攻することになった。フランス兵およびオランダ兵は沿道から、またイギリス水兵一大隊は崖上の森林中を迂回して下関に進攻した。さらには、武装した端艇が上記二縦隊の左側の沿岸を援護しつつ進んだ。杉谷・籠建場には、前日すでに長府藩兵は撤退し、二門の臼砲のみが遺棄されていた。

壇ノ浦の奇兵隊は、間道から角石へ向かって撤収した。このため陸戦隊は兵火を交えることなく正午（亭後）には壇ノ浦を占領し、その一部はさらに進んで長府兵や農兵等と応戦した。他の一部は援護されながら砲台の大砲の諸要具を破壊し、砲架や弾薬庫に火を付け爆破した。下関市街の守備は長府藩兵、清末の援兵・農商兵や佐世八十郎（のちの前原一誠）指揮の一小部隊のみであり、偵察隊が市街に近づいて家屋に放火しても、遠方からまばらに射撃を受ける程度であった。

昼食後、陸戦隊は再び市街に向かって海陸双方から進軍したが、街頭に人影は無く試みに数回砲撃したが、遠方から数回射撃がなされただけであった。これより陸戦隊は壇ノ浦に戻り黄昏時に端艇に乗って帰艦した。

（三）前田砲台の攻防

三時前にユーリアラス号のアレキサンダー大佐（Captain Alexander）は前田砲台を破壊せよとの命令を受けた。アレキサンダー大佐は前田砲台を破壊するため海兵を二つに分けた。一部は角石陣屋に通じる途上の両側の丘陵に兵を出して長州兵の逆襲に備えるとともに、他の海兵を指揮して急ぎ三砲台の破壊に取りかかり、午後三時に至った。この間角石陣屋方面の逆襲に備えていた援護隊は奇兵隊・膺懲隊二隊と接戦し、銃砲を交え小戦闘は六回の多きに及んだ。奇兵・膺懲二隊はよく戦い、一進一退しつつ半日に六度もイギリス兵を撃退した。

三時過ぎ砲台の破壊を終わったアレキサンダー大佐は諸兵を端艇に移そうとした。その時あたかも軍監山縣の率いる壇ノ浦兵が角石に到着して堡塁側に野砲七門を配し、時山直八の一支隊が突撃敢行して、イギリス兵と銃弾雨のごとく激戦を繰り返した。このため低地のイギリス兵は打撃を被むり、アレキサンダー大佐は足に銃創を負い、サザー中佐（Lieutenant-Colonel Suther）が代わって隊の指揮を執った。士官二名もまた負傷した。

しかし、イギリス兵はなお屈せず、堡塁前二〇メートルまで迫った。この地の地雷火は不発に終わった。この間にも砲台の砲も多く破損し、山縣小輔等は機を見て槍隊を督励し敵中に突撃させ善戦したが、益田豊前と大組隊はすでに長府に退き角石は全く孤立無援の状態であった。総督の赤禰武人は陣営に火を放ち、兵を率いて清水越に退いた。前線で戦っていた山縣や三浦五郎（のちの三浦梧楼）らも、その状況を知り、撤退して清水越に合流することに決した。他方、長府へ退いた益田豊前から事情を聞いた長府藩兵士は、奇兵隊の応援に向かい、一部は清水越に陣を構え、二小隊はさらに進んで角石を救援すべく直ちに戦闘に加わった。戦闘の後、黄昏とともに連合軍は兵を収めて帰艦した。

この日の連合軍は死者八名、負傷者四〇名であり、長州側は死者一二名、負傷者は山縣・林半七ら三〇名であった。英艦パーシュースは陸戦隊の援護射撃のために前田海岸から五〇㍍の浅海まで近づき退潮により動けなくなった。夜間の高潮を待ってレオパード・アーガスの二艦の助けにより、浅海より脱出した。夜中に奇兵隊・膺懲隊・荻野隊は退去して一ノ宮に宿営し、長府藩兵が代わって各地を警戒した[17]。

なお、陸上戦において連合軍側はミニエー銃のような新型の鉄砲（前装施条銃、尖頭弾）が中心であったのに対し、長州側は、旧式のゲベール銃（前装滑腔銃、球形弾）や槍・弓が中心であった。また、長崎伝習以来時折実験していた地雷火もある程度効果があった。

（四）米艦ターキャンとパロット砲

なお、以上の戦闘はおもに英仏蘭三国の軍隊が中心であるが、ターキャンで参戦したアメリカ軍はどうであったか。グリフィス（W.E.Griffis）の記述（楠正吉訳文）に従えば以下のようであった[18]。

「戦争は午後から始まり翌朝まで続いた、わがターキャングもまた三千ヤードの距離から、例のパーロット砲をもって盛んに射撃したが、その発射の迅速なることかのユーリアラスのアームストロング百ポンド元込め砲をはるかに凌駕する程度であった。

かくしてわがターキャングは陸戦隊員を曳航して上陸せしめ、各砲台を占領し、大砲を撤去せしめたる殊功ある働きをなした」

このように、米艦ターキャンに搭載されたパロット砲（前装施条砲）の性能・威力を強調している。ここにはアームストロング砲（後装施条砲）への対抗心が強くにじみ出ている。

四　八月七日以降

八月七日、まだ講和の申し出がないので、連合艦隊は彦島を砲撃することに決した。しかし、潮の流れが順流になるのは午後まで待たないといけないので、それまでに各艦から分隊を派遣し、援護隊を配置しつつ、各砲台に置き去られた各種大砲・野砲六〇余門を接収して艦内に運び込んだ。

この間、フランス艦セミラミスは門司岬角に進み下関市街に向けて榴弾数弾を発射した。示威砲撃によって反攻の意気を削ぐためであった。午後六時潮流が順流に変わったのでターター（英）・デュプレー（仏）・メトレンクルイス（蘭）・ジャンビー（蘭）の四艦（快走艦隊）が単従陣を組んで逐次海峡に進入し、彦島の弟子待・山床の二砲台を占領し、七門の大砲の火門に釘を打って引き揚げた。

八日午前九時には連合軍は各砲台に兵を派遣して残りの火砲を接収した。この日専念寺、永福寺の丘陵樹陰に潜伏していた長州兵は、陸地近くに停泊していたフランス艦タンクレードを見て狙撃した。フランス兵はこれに応じて散弾数発を発射し、まさに戦闘を再開しようとしていた。午後には講和使節が休戦を告げてきたので、各艦戦闘隊形を解き双方は休戦した。

九日各艦七〇門その他の戦利品を分載し、それぞれ帰途についた。ＩＬＮ（Illustrated London News、絵入りロンドン新聞）は、全艦隊の被害総数は死傷者一〇〇人弱、うち英艦隊は死者一五人、負傷者四九人で、青銅製の大砲六〇門と臼砲三門が甲板に運ばれたとしている[19]。

他方、長州藩では八月七日に世子毛利定広（元徳）を中心に会議を開き、善後策を検討した。これには高杉晋作や井上聞多等も参加し激論が交わされた。高杉は、この年一月に京都脱藩の罪で野山獄へ投獄され、六月から自宅座敷牢で謹慎していた。八月四日に急遽山口へ呼び出され、翌日出頭したのであった。井上の提案に基づき、高杉を家老名義（宍戸刑馬）で正使として講和談判に行かせることに決した。八日には高杉等は下関に到着し、伊藤俊輔が英艦に乗船し講和の意を伝え、午後から講和談判が開始された。そして、八月一四日に長州藩は連合軍と講和条約を締結した[20]。

五　四国連合軍との講和

講和条約の内容は以下のようであった[21]。

一　今日より以後総じて外国船が馬関通行の節は懇切に取り扱うべきこと

一　石炭食物薪水そのほか船中入用の品売渡すこと

一　馬関海湾は風涛が強い所であるので、風波の難に遭ったときは船員たちの上陸を妨げないこと

一　新規に台場を造るのは勿論不可であり、古い台場を修理したり、大砲を置いたりしないこと

一　馬関（下関）町より最初に外国船に発砲したのであるから、この度町を焼失に及ぶべき所、焼かなかっ

たのでその償金を出すこと、そのほかに軍の諸経費を出すこと、この二箇条は江戸において四カ国の全権代表（欽差）によってこれを決定することを承知すること

このように講和の結果、今後の外国船への友好的な対応と、砲台の修復をしないことに加えて、その賠償金については連合国の決定に委ねることが合意された。九月二二日に幕府と四カ国代表との間で「下関取極書」が調印された。その内容は、賠償金三〇〇万ドルを割賦で支払う（三ヵ月ごとに五〇万ドル）か、さもなくば下関港かあるいは瀬戸内海の貿易に適当な港（兵庫港）を開港するかのいずれかを選択するというものであった。同二二日夜に井上聞多（志道聞多）は襲撃され瀕死の重傷を負った。

なお、英駐日公使オールコックは、一方で下関から山口へ侵攻し、他方で日本海側から萩城下を制圧して長州を完全征服する可能性を期待したようである。しかし、山口への侵攻は奇兵隊等の激しい抵抗により阻まれ、また早期に講和を申し出たために、戦線拡大を好まない英艦隊司令官キューパーはこれを受け入れた、というのが実情であったようである(22)。

Ⅳ　連合艦隊との戦闘において使用された大砲

一　下関戦争関係の資料

元治元年の連合艦隊との戦闘において長州側が使用した大砲に関しては、長州側の資料として、「元治甲子前田壇ノ浦始め台場手配の事」（以下、「台場手配の事」と略称）、『防長回天史』、『奇兵隊日記』等と関連データ（壇ノ浦八〇ポンド砲等の当時の記述、安尾家文書等）が挙げられる。

これに対し、連合艦隊側に関しては各国の戦記等が挙げられるが、わけても、大砲に関する資料としては

英国側の資料が最も詳しいとみられる。これには、英軍艦ターター号のヘイズ艦長がキューパー提督の命令によって作成したリスト（以下、ヘイズ・リスト）が有名である。これは接収した大砲の国別配分リストである。他方、各砲台占拠時の大砲の記録としては英陸戦隊長ヘンリー・レイ（Henry Wray）工兵少佐の報告がある。また、英国外交官アーネスト・サトウ（Ernest M. Satow）は、八月七日にアレキサンダー大佐に随伴して上陸し、戦闘の状況をつぶさに記録している。(23)

また、各国に現存する大砲については近年実地に観察調査することが多くなり、大砲の砲耳に刻まれた識別番号からそれが配分リストのどれに相当するかがほぼ判明してきた。さらには、かつて英国ポーツマスの砲術学校に配分された大砲三門については、有坂鉊蔵博士の著書『兵器考』（雄山閣、一九三六年）に写真が残され、斉藤利夫教授、有馬成甫氏などの研究がなされており、これもヘイズ・リストのどれにあたるかある程度明らかになってきている。(24)

二　長州側主要資料の内容

各砲台と大砲配備状況に関して、『防長回天史』の記載については先にみたとおりである。この他に各種の記録が残されている。最も詳細に記録されているのは、長府毛利家編纂所による整理資料「台場手配の事」であろう。これについては長府博物館図録『旧臣列伝』に一覧表示されている。この図録の表にはさらに添付資料として御城山・長府鳥居海岸・長府松崎の三箇所が追記されている。

「台場手配の事」に従えば、長府鳥居海岸、松崎、御城山に続いて黒門口、百町の台場、角石の台場（上の台場、下台場、茶臼山）、前田洲先（洲崎）の台場、御駕籠建場台場、壇ノ浦台場、彦島弟子待の台場、同所宮之原のそれぞれについて守備する主立った藩士・兵士の名前と備砲数が記述されている。(25)そのなかで、壇ノ浦砲台の備砲については、一〇斤短一門、二四斤長一〇門、一八斤長九門の計二〇門となっている。これに対し、『防長回天史』では壇ノ浦砲台には三〇ポンド（斤）砲など一四門が記載され、『奇兵隊日記』では六月一五日の記録に三〇斤砲とともに八〇斤砲など一三門が記載されている。[26] 砲数および砲種に大きな開きがあるが、「奇兵隊日記」の方が三〇斤砲や八〇斤砲を含んでおり、むしろ『防長回天史』や後にみるレイ報告さらにはサトウの記述に近い。また、当時、壇ノ浦を守備していた奇兵隊の記録であるからそれだけ確度は高いと思われる。

三　長州側資料とレイ報告の比較

長州側資料は事前つまり戦闘前の配備状況であり、その砲種は外形からみた鋳造時の状態によるものとみられる。これに対し、レイ報告は、第二日目の各砲台占拠時の調査であり、目測等の概測による記録である。そこには、戦闘中に移動した大砲の配備状況も含まれているが、彦島等の三日目の接収した大砲は含まれていない。他方、ヘイズ・リストは最終的な四カ国への最終的な大砲分配リストである。レイ報告はいわば途中の経過報告とみることができる。

砲台の区分についてはレイ報告では砲台名はなく、第一砲台から第一〇砲台までの番号で示されている。これに対応する長州側砲台については中本静暁氏が推定されている。それを参考にすれば、事前の長州側資料による各砲台の備砲との対比が可能となる。[27] レイ報告の各砲台別大砲について先の長州側資料と併せて表示すれば次の表のようになるであろう。

	長州側資料（事前）	レイ報告（途中）
1 長府	35 門［(城山) 24 斤 (2)、18 斤 (3)、(鳥居海岸) 古流三貫目 (10)、(松崎) 12 斤野 (2)、不明 (18)］	4 門［9p (1)、32 p 忽 (1)、12 p 野 (1)］
2 黒門口	5 門［6 斤 (3)、3 斤山 (2)］	1 門［鉄 9p(1)］
3 百町 / 茶臼山	10 門［(百町) 24 斤 (2)、18 斤 (3)、(茶臼山) 20 寸臼 (3)、15 寸臼 (2)］	0 門［長州兵が撤収］
4 角石・前田上	6 門［24 斤長 (6)］	11 門［30p(4)、12p 忽 (1)、小臼 (1)、6 p 野 (2)・周発 (3)］
5 前田下	7 門［80 斤長 (1)、24 斤長 (1)、24 斤短 (1)、18 斤長 (4)］	7 門［8 インチ (1)、24p (6)］
6 洲崎	12 門［150 斤長 (1)、80 斤短 (1)、30 斤長 (2)、24 斤長 (3)、18 斤長 (2)、*12 p 野戦砲 (3; 杉谷)］	8 門［11 インチ (2)、18 p (3)、12p 野 (3)（杉谷)］
7 籠建場 (杉谷)	3 門［29 拇ボンベン (1)、15 寸臼 (1)、20 寸長和微砲 (1)］	2 門［8 インチ臼 (1)、13 インチ臼 (1)］
8 壇ノ浦	13 門［80 斤 (1)、30 斤 (4)、18 斤 (2)、15 拇忽 (2)、12 斤 (3)、6 斤 (1)］	13 門［8 インチ (1)、30p(7)、鉄 24p(3)、5 インチ忽 (2)］
9-10 彦島	20 門［(弟子待) 古流鎮城砲 (1)、3 貫目筒 (5)、2 貫目筒 (4)、(宮の原) 1 貫目筒 (5)、野砲百目筒 (5)］	16 門［(弟子待) 30 p (6)、5 インチ忽 (1)、6p 野 (4)、(宮の原) 24p(1)、9p (2)、6p 野 (2)］
合計	111 門［カノン砲 (71)、忽砲 (4)、臼砲 (6)、野砲 (12)、不明 (18)］	62 門［カノン砲 (38)、忽砲 (5)、臼砲 (3)、野砲 (16)］

(斤＝p＝ポンド)

なお、ここで黒門口砲台は城山砲台跡と前田・茶臼山砲台跡の中間に、また百町台場は、黒門口の西南で茶臼山に近いので茶臼山に含めて位置づけている[28]。籠建場のボンベン砲三門はボンベン弾（炸裂弾）を発射するための忽砲（曲射砲）とみられる。また、杉谷砲台にあった野戦砲三門は、レイ報告では洲崎砲台に記録されているので、ここでは洲崎砲台の備砲として追加した。杉谷砲台は籠建場砲台の西南側つまり壇ノ浦砲台側にあり、洲崎砲台とは若干離れているが、野戦砲であれば移動はそう困難ではない。レイ報告で、鉄製大砲として示されているものについては、実際はほとんど青銅製であったことは後のヘイズ・リストからも明らかである。また、先のＩＬＮによれば青銅製の大砲が六〇門、臼砲が三門とあった。レイ報告では臼砲三門は同じであるが、これ以外の大砲は五九門と一門少なく報告されている。

レイ報告では第八砲台（壇ノ浦砲台）について「カノン砲が八インチ砲一門、鉄二四ポンド砲三門、三〇ポンド砲七門と五インチ曲射砲二門」が記録されている。口径八インチ（二〇・三二センチ）砲に対応するのは八〇斤砲であることは特に問題はないであろう。レイ報告では口径五インチ（一二・七センチ）の曲射（忽）砲二門とある。忽砲については籠建場砲台にあった二〇寸長和微砲一門が戦闘中に壇ノ浦砲台に運ばれたのであろうか。もう一門は当初からあった一〇斤短忽砲であろう。

戦闘二日目の朝壇ノ浦砲台から一斉に射撃がなされた。この時敵艦の甲板に着弾したのは忽砲によるものである。低く発射（つまり平射）して鉄装製の船腹を穿ったのは八〇ポンド砲（八インチ砲）単発では難しい。二四ポンド長カノン砲等で実弾を命中させ、そこに八〇ポンドや三〇ポンドの炸裂弾を撃ち込む戦法がとられた可能性が大きいとみられる[29]。

また、壇ノ浦にはレイ報告では三〇ポンド砲が七門となっている。これは事前（長州側資料）には壇ノ浦に四門、洲崎台場に二門の計六門があったのに対し、翌朝までに洲崎の二門と他から一門の計七門が壇ノ浦に集められたと解される。レイ報告では洲崎には一一インチ砲（口径一一インチ＝二七・九五センチ）が二門あるが、これは事前の長州側資料からすれば、一五〇斤長砲一門と八〇斤短（鑽開一五〇超ポンド）ペキサンス砲一門とに相当する。

三　安尾家文書と壇ノ浦八〇ポンド砲模型

（一）安尾家文書

長府藩は、文久三年三月二七日に銅砲一〇余門を鋳造した。このころから、長府藩も本格的に大砲鋳造に着手し始めたとみられる。そして、文久三年八月に長府藩内の安尾家で一五〇斤長砲を鋳造したとされる。この一五〇斤長砲は長州側資料によれば洲崎に配置されていた。

なお、安尾家文書における［各種砲弾］記録によれば、文久三年一二月頃に一八斤弾二四個、一月二三日に一八斤弾二四個ほか一四三個、三月一三日に八〇斤弾七個ほか五七個計二二四個の砲弾を作製している。

他方、同家の［各種大砲］鋳造の記録は次のようである（加納御筒＝カノン砲）。

安政二年―二七〇貫青銅砲（一〇四両三分）
安政六年―一二斤加納御筒（四〇六両二朱）、ハンドモルチール（手臼砲、一〇両）
文久三年―六斤加納御筒玉五〇付（六〇両二分歩）
元治元年―一五〇斤加納御筒（三二八両）、二〇寸臼砲榴弾五付（二三両）
慶応元年―一二拇忽砲（一〇〇両四挺）、一八斤加納砲（二九七両二分、二挺）
明治二年―四斤施条砲（二一両）

これを見る限り、元治元年の下関戦争当時における安尾家鋳造の大砲はそう多くないが、一五〇ポンド長砲はここで造られたことは確かである。なお、「豊の浦浪」も安尾家では一五〇斤や一八斤の大砲は鋳造しているが、八〇斤の大砲鋳造に関する記述はない(30)。

(二) 壇ノ浦の八〇ポンド砲模型

壇ノ浦には、現在「八〇ポンドカノン砲模型」等が展示されている。当時、長府では一五〇ポンド砲と八〇ポンド砲を寺社の鐘等を鋳つぶして鋳造した。一五〇ポンド砲は安尾家で、八〇ポンド砲は吉田口の松屋方で造ったとされる（内藤寿三郎回顧談）。また、『もりのしげり』では、元治元年四月一八日に「長府毛利氏厚狭郡松屋村ニ於イテ八十斤弾ノ巨砲ヲ鋳十八日之ヲ方試ス」とある。

壇ノ浦の大砲模型

吉田口は松屋の近辺であり、いずれも小月よりも東で、厚狭に近いから、先の回顧談はこのことかもしれない。また、当時長府だけでなく小月方面でも大砲が鋳造されていたという言い伝えがあり、小月の庄屋の所では二四斤砲を造ったとされる(31)。

問題はこの八〇ポンド砲であるが、現在の壇ノ浦砲台跡に置かれている八〇ポンド大砲模型は、砲身三五六センチ・口径二〇・〇センチとされ、八〇ポンドボンベカノン（ペキサンス）砲（二九〇センチ）よりもはるかに長砲である。それは、いわゆるペキサンス砲（ボンベカノン）とは明らかに外形・砲種が異なっており、むしろ二四ポンドカノン砲や一八ポンドカノン砲と同型の長カノン砲である。

中本静暁説では、この八〇ポンド砲はトロイポンドの八〇ポンド砲で、標準ポンドでは二四ポンド砲に相当するとされる。とすれば、この大砲が二四ポンド（長）砲の中に含まれたとしても不思議ではない。それとともに、小月の庄屋の所で二四斤砲を造ったとする記述と符合する。

同様の八〇斤カノン大砲模型（小型模型）が安尾家にもあった（安尾家資料八〇斤カノン砲模型、現在長府博物館蔵）ことからみても、当時長府でも容易にこの図面（あるいは嘉永七年長州藩製二四ポンド砲つまりパリの二四ポンド・一八ポンド砲の図面）は入手できたのであろう。

この松屋方の八〇ポンド砲に該当するものを上記の大砲資料のなかから探すとすれば、前田下の八〇斤長砲ということになる。ところが、このサイズの八〇ポンド長砲は後のヘイズ・リストにはみられない。ただし、この八〇ポンド砲がトロイポンドの八〇ポンド砲で、標準ポンドでは二四ポンド砲に相当するという中本説に立てば、ヘイズ・リストではむしろ二四ポンド（長）砲の中に含まれたとしても不思議ではない(32)。

四　アーネスト・サトウの記述

アーネスト・サトウは、八月六日の上陸戦でアレキサンダー大佐に伴って上陸するよう指令を受けた。九時かっきりに上陸し、彼等は次のような砲台を順に侵攻している。

（イ）「前田村砲台東方の断崖を登って着いた土造の砲台」には、すでに持ち去られたのか、大砲は見当たらなかった。このことから、この砲台は「茶臼山」砲台と推定される。

（ロ）「第七砲台（battery No.7）」については、主力砲台群の中央の砲台にはフランスの上陸部隊と若干のイギリス海兵隊員が占領した。大型車輪付きの旋回操作できる砲架に載せられた嘉永七年鋳造二四ポンド砲（実際は三二ポンド弾発射）、短身三二ポンド砲一門、弾薬庫の向こう側に一〇インチ砲が一門あった。大砲二門を海辺へ引き下すのに三時から四時までかかったとされる。このことから、第七砲台は前田下砲台と推定される。[33]

（ハ）「九門砲台（the 9-gun battery）」には一一インチの青銅の重砲が二門あった。これはレイ報告の洲崎における一一インチ砲二門と一致する。長州側資料では、当初、洲崎砲台に（野戦砲三門を除き）九門のカノン砲が配備されていたこととも符合する。

（ニ）その「次の砲台」は、片方に一〇インチ榴弾砲（忽砲）、三二ポンド砲、二四ポンド砲各一門が配置され、別の側には同数の大砲（三門）と、そのほかに二四ポンド砲が一門あった。この大砲の外見（外形）による配備内容は、壇ノ浦の東側二箇所の備砲内容に近い。

かくして、（イ）「前田村砲台東方の砲台」は茶臼山、（ロ）の「第七砲台」は前田下、（ハ）九門砲台は洲崎、（ニ）その「次の砲台」は壇ノ浦と、それぞれ推定される。

なお、アーネスト・サトウに従えば、八月七日に、水兵の工作隊は大砲一〇門をボートに積み込んだ。また、柵岩では野砲数門を発見し、破壊・転覆させ、持ち帰ったりした。全部で六〇門の大砲を接収したが、そのうちの二門は臼砲、六門が小臼砲であった。さらに、翌日（八日）には、労役隊が砲台群の大砲のなかから二門を残してあとの一九門全部と、前田村から一五門、彦島（引島）の砲台からそれと同数（一五門）を運んできた。[34]

これより、八月七日の段階で一〇九門（六〇＋一九＋一五＋一五＝一〇九門）を少なくとも接収したことが解る。また、八月七日は工作隊の活動であるから、工兵将校であるヘンリー・レイの報告に近い内容とみられる。そして、翌日の作業からは、彦島から一五門の大砲が接収されているから、城山と黒門口の大砲と合わせると一二四門の大砲が確保されたこととなる。

V　ヘイズ・リストと現在に残る大砲

一　ヘイズ・リスト　―接収された大砲の各国への配分

戦闘の過程において、占拠された砲台から多くの大砲が戦利品として接収され、軍艦に積載され、最終的に五四門が各国へ配分された。四カ国に配分された大砲については、前述のようにターター号艦長ヘイズによるヘイズ・リストが残されている。

ヘイズ・リストには接収した大砲の「表№」「識別№」「積載艦船名」「砲長f（フィート）・in（インチ）」「口径in（インチ）」「重量t（トン）」「配分国」が一覧表示されている。国別配分についてみれば、イギリス二六門、フランス一四門、オランダ一三門、アメリカ一門の計五四門である。砲種に関しては、青銅大砲（カノン砲）が四四門、野戦砲が三門、臼砲が二門、忽砲・曲射砲（榴弾砲）が五門となっている。

そこで、この一覧表を幾分簡略化して示せば、次のようになる（a＝表№、b＝識別№、c＝砲長（フィート、インチ）、d＝口径（インチ）、e＝重量（トン）の順）。

a	b	c	d	e	
21	49	9f9	4.75	1.5	
22	*	9f9	4.75	1.5	
23	*	6f10	6.25	1.5	
24	*	6f10	4	0.8	
25	*	5f10	6	0.8	
26	*	6f6	4.5	1	野
27	4	11f6	6	2.8	
28	7	8f6	6	2	F
29	8	8f6	6	2	
30	9	11f6	5.5	2.8	
31	10	9f6	4	0.8	
32	11	6f6	6	0.5	野
33	12	4f6	7	0.3	忽
34	13	7f6	5	2	
35	14	8f6	7	2	
36	15	6f6	3.5	1	
37	27	6f6	8	0.3	臼
38	30	6f6	3.5	0.8	
39	31	3f6	6	0.5	忽
40	41	8f6	9	5	

a	b	c	d	e	
1	1	9f6	11	6	E
2	2	2f9	13	2	臼
3	17	5f5	3.5	1	
4	18	5f4	3	1.5	
5	19	3f11	5	1.25	忽
6	20	5f2	6	1	
7	5	11f2	5.5	2.75	
8	28	5f6	6	0.5	
9	29	6f6	3.5	0.75	
10	33	5f6	6	0.5	
11	55	8f6	7	2	
12	56	11f6	6	3	
13	38	13f10	10	4.5	
14	39	10f6	6	3.5	
15	42	8f4.5	8.5	2.5	
16	43	10f9	6	2.75	
17	44	10f9	6	2.75	
18	45	10f9	3.5	2	
19	46	7f1.5	6	1.5	
20	48	10f3	5.5	2	

a	b	c	d	e	
41	3	11f2	5.5	2.8	H
42	16	9f2	4	1	
43	21	9f6	4	1.3	
[44]	22	6f1	4	0.8	
45	23	6f1	3.25	0.8	
46	24	4f1	6.5	0.5	忽
47	25	4f1	6.5	0.5	忽
[48]	26	5f6	4	0.5	野
49	33	5f6	6	1	
50	34	10f6	5.5	2.8	
51	37	10f6	5.5	2.8	
52	40	10f6	5.5	3	
53	47	7f1.5	6	1.5	
[54]	6	8f1.5	6	2	A

E＝英 、F＝仏

H＝蘭、 A＝米

臼＝臼砲、忽＝忽/榴弾砲

野＝野戦砲

[a]＝現存する大砲

a＝かつて存在していた大砲

二　各国に現存する長州砲とヘイズ・リスト

幸いなことに四カ国に配分された大砲のうち、八門が各国に現存することが確認されている。[35] また、かつて第二次大戦前に英国ポーツマスに三門が存在していたことが記録として残されている。近年、その現存する大砲がヘイズ・リストのどれに相当するかについて、その砲耳に刻まれた番号（bつまり識別№）等から確認する試みがなされている。これについてはヘイズ・リストの表№を枠で囲ってみた。これを以下に検討しておこう。

イギリス・ロンドン東郊のウリッジアーセナルにある王立大砲博物館には二門の大砲が所蔵されており、両方とも荻野流一貫目玉青銅砲であり、砲身には荻野流に特有の雲竜の彫り物と作成年（天保一五年）および製造番号等が施されている。表№三（識別№一七）には郡司富蔵作、表№九（識別№二九）には郡司喜平治作の刻印がある。

フランス・パリのアンヴァリッド（廃兵院・軍事博物館）には、喜平治が江戸砂川藩別邸で鋳造指導した一八ポンドと二四ポンドの長カノン砲の二門がその北門と内庭に置かれていた。表No.二八（識別No.七）が一八ポンド砲、表No.三〇（識別No.九）が二四ポンド砲である。さらにもう一門、表No.三六（識別No.一五）の喜平治作一貫目玉青銅砲は、長府博物館に長期貸与されている。

オランダのアムステルダム国立博物館には長府毛利家家紋の銀象嵌を埋め込んだ砲身断片が所蔵されている。これは砲耳がないので識別No.から確認することはできないが、表No.四四と推定されている。同博物館のデータによれば、「長さ二四・二センチ、外径二二・五センチ、内径一〇センチ、重量七〇キログラム」と記録されている。同一口径には表No.四三とNo.四四が考えられるが、中本静暁氏が推定されるように砲身の短い方が該当するであろう。(36)

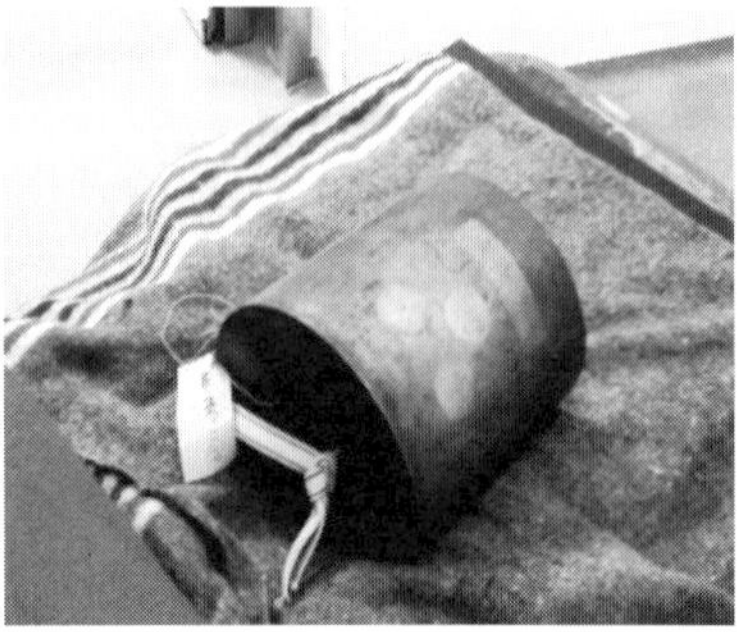

長府砲銀象嵌砲身断片

デン・ヘルダー一二ポンド野戦砲

砲耳の識別 No.

また、軍港デン・ヘルダーの海軍博物館には表№四八（識別№二八）の一二ポンド野戦砲が展示されている。アメリカ合衆国の首都ワシントンDCのネイヴィヤード（海軍工廠）には、表№二八の三六（三〇）ポンドボンベカノン砲が同敷地内のダールグレン通りに展示されている。

三　英国ポーツマスにあった三門の大砲調査

ところで、英国にはかつてポーツマスに三門の長州砲が展示されていた。それは外形からすれば八〇ポンドペキサンス砲と三六（三〇）ポンドボンベカノン砲ならびに郡司喜平治銘のある忽砲である。八〇ポンドペキサンス砲は、外形・砲長からすれば八〇ポンド砲であるが、少し肉厚に造られており、口径からして一五〇ポンド超に鑽開拡大して使用された可能性が高いと思われる。また、三六ポンドボンベカノン砲は、まさにネイヴィヤードの大砲と同型で、デン・ヘルダーのロイク製三〇ポンドボンベカノン砲と非常によく似ている。これらは、いずれも炸裂弾を発射しうる大砲であり、米・英両方のボンベカノン砲は、いずれも萩において鋳造された大砲とみられる。ポーツマスの大砲は現在はその存在が確認できず、第二次大戦時に爆撃によって破壊されたのかもしれない。

斎藤利夫氏が引用した有馬成甫氏の論文におけるデータ（三木繁吉少佐の調査）によれば、ポーツマスの長州砲三門について、次のような要目が挙げられている。(37)

（イ）ペキサンス砲　［砲長一〇六・〇インチ（二六九・二四センチ）口径一一・〇インチ（二八センチ）］

（ロ）ボンベカノン砲　［砲長八四・〇インチ（二一三・三六センチ）口径七・五インチ（一九センチ）］

（ハ）忽砲（喜平治作）［砲長三七・〇インチ（九三・九八センチ）口径六・三インチ（一六センチ）］

これらがヘイズ・リストのどれにあたるかは、斎藤利夫氏や中本静暁氏の推測を参考にすれば次のものが当てはまるであろう。

（イ）については、その外形からみて八〇ポンドペキサンス砲であり、砲長は三メートル以下の中カノンである。その中でも口径が一一インチ（二七・九四センチ）とあり、口径からすれば一五〇ポンド超の大砲で、これに該当するのは表No.一一（識別No.一）である。

（ロ）はその外形からみて三〇（三六）ボンベカノン砲であり、これに該当するのは表No.一一と表No.一九のいずれかが当てはまるが、砲長からみて表No.一九の方がより近いとみられる。

（ハ）の忽砲に関しては、有馬論文とヘイズ・リストでは開きがあるが、英国に分配された忽砲がこれしかない以上、これが相当すると考えて差し支えないであろう[38]。

パリにはもう一門の荻野流一貫目玉青銅砲が存在していた。昭和五年以前にすでにフランスより買い戻され、靖国神社の遊就館内に保管されていたが、現在は所在不明である[39]。この大砲はフランスに配分された同種の大砲であるから表No.三八が該当するであろう。

VI ヘイズ・リストの砲種（口径・砲長）別分析

一 青銅砲（カノン砲）・山野砲の整理

これまでの分析と検討を踏まえて、下関戦争とくに元治元年の連合艦隊との戦闘においていかなる大砲が使用され、最終的にいかなる種類の大砲が四カ国に分配されたのかについて考察しておきたい。

ヘイズの配分リストでは砲種は、青銅砲、臼砲、榴弾・忽砲、野戦砲に区分されている。青銅砲には、実弾中心のいわゆるカノン砲（加農砲）とボンベン弾を発射するボンベカノン砲（爆母砲）のような西洋式大砲や、旧式の和流大砲までさまざまのものが含まれる。これらの青銅カノン砲を整理するにあたっては、砲身の長さ（砲長）により、（一）三メートル（九・八四フィート）以上の青銅砲は長カノン砲、（二）二メートル（六・五六フィート）以上三メートル未満の青銅砲は中カノン砲、（三）二メートル未満の青銅砲は短カノン砲に区分することが可能である。

この時期の長州藩が使用したカノン砲に関して、口径・砲長から類型化すれば、具体的には次のように区分されるであろう。

（一）一五〇ポンド以上の長カノン砲・中カノン砲

（二）八〇ポンドから三〇ポンドまでの中カノン砲（ボンベカノン砲、爆母砲）

（三）二四ポンド・一八ポンド長カノン砲

（四）和流カノン砲（短カノン砲）

①古流三貫目筒、②三貫目筒、③二貫目筒、④一貫目筒（荻野流一貫目青銅砲）

ここで、長府側資料における六斤砲と三斤砲は野戦砲（山野砲）として位置づける方が良いであろう。六斤砲はかつて江戸で鋳造され大森で試射した大砲（六ポンド軽砲）と同種とみれば野戦砲あるいは移動型の山野砲として位置づけられる。六ポンド周発台も同様に移動型山野砲として位置づけられうるが、こちらは、むしろ和流（天山流）の大筒であり、一貫目筒などとともに和流大砲に位置づけるべきであろう。

（一）洋式カノン砲

ここで興味深いのは、洋式カノン砲の中でも、一五〇ポンド超、八〇ポンド、三〇ポンド級の砲弾を発射する巨砲一〇門はすべて連合軍側に接収され、分配されたことである。なかでも、一五〇ポンド砲以上のうち表No.一三の大砲は、砲長四二二センチ［一三フィート一〇インチ］と最も長い。長府で作られた、「洲崎台場の大王と頼

砲種別比較分析表

砲種	事前	備考	途中	事後	ヘイズ・リスト表 No.
150p 砲以上	2	150p 長砲(1)80p拡(1) :洲崎(2)	2	2	1,13
80p 砲以上	2	80p爆(2) :前下(1) 壇浦(1)	2	2	15,40
30p 砲以上	6	36p爆(4)30p爆(2):洲崎(2)壇浦(4)	6	6	11,19,23,35,53,54
24p 砲相当	15	城山(2)百町(2)角石(6)前下(2)洲崎(3)	14	11	7,12,14,16,17,27,30,47,50,51,52
18p 砲相当	14	城山(3)百町(3)前下(4)洲崎(2)壇浦(2)	3	3	20,28,29
古流筒	11	城山(10)彦島(1)	6	5	6,8,10,25,49
三貫目筒 30p	5	彦島(5)		3	21,22,24
二貫目筒 24p	4	彦島(4)	1	5	24,31,42,43,44
一貫目筒 9p	5	彦島(5)	4	5	3,9,36,38,45
不明その他	18	城山(18)、黒門3斤砲(2)、彦島百目筒(5)	3		
カノン砲合計	82		38	43	
12p 拡野戦砲	8	城山(2)洲崎(3)壇浦(3)	5	3	26,32,48
6p野砲(軽砲)	4	黒門(3)壇浦(1)	8	1	4
臼砲計	6	茶臼(5)篭建(2)	3	2	2, 27
忽砲計	4	篭建(1)壇浦(2)	5	5	5,23,39,46,47
総計	111		62	54	

*砲台、城山＝長府、黒門＝黒門口、百町・茶臼＝百町／茶臼山、角石・前上＝角石前田上、前下＝前田下、洲崎、篭建＝篭建場、壇浦＝壇ノ浦、彦島＝弟子待・山床

んだ一五〇斤砲は二発目に転倒して遂にその用をなさなんだ」といわれた(40)。表No.一の大砲は、一五〇ポンド砲の口径よりさらに大きいが、砲長は二九〇㌢と、三㍍に達しない中カノン砲である。これは八〇ポンドボンベカノン砲を一五〇超ポンドまで鑽開（穿孔拡大）したものとみられる。そのため、他の八〇ポンド砲よりもより長く重く（厚く）造られている。これにはポーツマスのペキサンス砲が該当するとみられる。

これに次いで八〇ポンド砲以上が二門あるが、本来、長州側の資料では、八〇ポ

ンド砲は前田下砲台、洲崎および壇ノ浦に三門が配備されていた。この内の一門は一五〇ポンド超砲に拡大されている。よって、他の二門の八〇ポンドペキサンス砲がこれにあてはまるであろう。

三〇ポンド砲以上の六門のうち表№．九および№．五四は、ポーツマスおよびワシントンDCの三六（三〇）ポンドボンベカノン砲である。その外形は、デン・ヘルダーの博物館に展示されていたロイク製の三〇ポンド鉄製大砲と同じ形態である。上記六門の大砲は、三〇ポンド砲か、一部は三六ポンド砲に鑽開拡大された可能性が高いとみられる。

二四ポンド砲以上の大砲は、長州側の資料でも当初一五門配備されていたようであるから、一一門が接収、分配されても不思議ではない。松屋方の八〇ポンド砲（トロイポンド＝標準ポンド二四ポンド砲）もここに含まれるとみられる。

一八ポンド砲以上は、最終的に三門が接収分配された。表№．二八はアンヴァリッドの一八ポンド砲である。表№．二八と表№．二九とはリスト上では砲長と口径が等しく、同型の可能性が高いとみられる。なお、表№．二八はリスト上砲長が短く記載されているが、その実測は、［砲長一〇フィート一インチ（三〇六センチ）、口径五・四三インチ（一三・八センチ）］である。

（二）和流大筒（和式カノン砲）

一貫目筒は、表№．三（富蔵砲）・九（喜平治砲）・三六（長府喜平治砲）・三八（遊就館砲）・四五（蘭）である。なお、大砲によって砲長が六フィート六インチ（一九八センチ）と五フィート五インチ（一六五センチ）、重量が一トンと〇・七五トンとの二種類がみられる。砲筐を含めた場合、砲長は短く、重量は重く計測されたのであろう。

二貫目筒は、途中は長府の一門であったが、彦島の二貫目筒四門が翌日搬入されたとみられる。オランダに分配された三門（表№四二、四三、四四）は、いずれも切断された長府砲と同口径であり、最も短いもの（表№四四）が長府砲砲身と推定された。三貫目筒は、彦島の五門のうち三門が最終的に運びこまれたとみられる。古流筒に関しては、口径六㌅（一五・二四㌢）で三貫目玉を発射するが、砲長は一五八㌢から一七八㌢までという二㍍以下の短カノン砲で、重量も一トン以下で相対的に軽く、荻野流一貫目筒等よりも古い時代の古流三貫目筒とみることができよう。

（三）山野砲（野戦砲・軽砲等）

一二ポンド野戦砲は、最終的に三門が各国に分配された。表№四八はデン・ヘルダーの野戦砲である。表№三二の口径は六㌅と二四ポンド砲並みに大きいが、砲身ははるかに短く軽量である。表№二六は、一二ポンド砲よりも口径が少し大きいが砲身は表№三二と等しい。

六ポンド砲（事前四門、途中八門、最終一門）は最終的に一門（表№四）のみ運ばれた。なお、これは、ヘイズ・リストではカノン砲に含まれるが、ここでは野戦砲に含めた。この大砲は砲長、口径からみて嘉永七年八月の大森試射場で使用された六ポンド軽砲の可能性があると思われる。

三斤山砲と野戦百目筒は事前にはそれぞれ二門と五門あったが、ヘイズ・リストには含まれてはいない。

（四）忽砲・臼砲

忽砲は、最終的に五門が分配された。このうち、表№五の忽砲のみが英国に配分されたから、これがポーツマスの喜平治銘の忽砲ということになる。

臼砲（曲射砲）は二門であるが、表№二の一五〇ポンド臼砲は口径が最も大きい。二〇寸（拇）爆臼砲は口径が約二〇チセンであるから、二〇寸臼砲というよりも二〇拇臼砲という方がむしろ適切であろう。

二　若干の考察

なお、レイ報告では、三〇斤砲は一一門と、長州側資料やヘイズ・リストよりも多く記録されている。この三〇ポンド砲は、前述のように庚申丸の備砲として最低六門は鋳造されていた。ただレイ報告のように一七門は多すぎる。その配備場所をみるとき、壇ノ浦の七門のうち六門は三〇ポンド砲の確度は高い。角石・前田上の四門は、二四ポンド砲（八〇トロイ・標準二四ポンド砲）を鑽開拡大したものであろう。また、彦島の三〇ポンド砲は、古流鎮城砲や三貫目筒を三〇ポンド砲と誤認し記録した可能性が高いとみられる。

他方、彦島にあるはずの一貫目筒はレイ報告では二門と少なく記録されている。これを整理・再検討すれば、前田上・下と壇ノ浦の青銅砲はすべて洋式砲とみることができる。レイ報告における彦島（弟子待・宮之原）の三〇ポンド砲や二四ポンド砲は古流鎮城砲や三貫目筒を誤認し記録した可能性があり、これを短三貫目筒と位置づけることができるであろう。そのうえで、和式大砲については、事前と途中と事後では砲数の増減変化が大きいのは、レイ報告の翌日に彦島や長府山城から搬入されたことによるものと思われる。

上記の分析により、整理後のヘイズ・リストとレイ報告とは相対的に近い結果となる。このような結果からは、和式大砲が比較的多く接収され分配されたことがうかがえる。和式大砲や江戸砂村藩別邸で造られた和製洋式大砲は、砲身に装飾・刻銘が施されており、芸術品・珍品としての価値があるとみられたと思われる。なお、表№一八の大砲は口径からすれば和流一貫目筒に属するが、砲長は一〇フィート九インチ（三二八チセン）と長く、洋式の九ポンド砲と位置づけられるもしれない。

新旧大砲の性能概要比較

	ボンベカノン砲 ダールグレン砲	アームストロング砲（A砲） パロット砲（P砲）
前装か後装か	前装砲	後装砲（A砲） 前装砲（P砲）
砲腔	滑腔	施条（螺旋：ライフル）
材質	欧米（パドル法→錬鉄製） 佐賀（鋳鉄製） 長州・薩摩（青銅製）	成層砲（hooped gun） 内腔砲尾錬鉄製（P砲）
砲弾	弾丸・炸裂弾	尖頭（椎の実型）施条弾
信管	着発信管 （当初時限信管）	着発信管
有効射程	鉄製　約1,500 m～2,400 m 銅製　約1,200 m	A砲　約4,000 m 30ポンドP砲　約6,100 m

三　大砲の技術格差

とくに元治元年の戦闘で、長州側は八〇ポンド（鑽開一五〇ポンド）ペキサンス砲および三六（三〇）ポンドボンベカノン砲を二四ポンド（八〇トロイポンド）長カノン砲ならびに一八ポンド長カノン砲とともに主に実戦に使用したとみられる。とくに鉄装船に対しては長カノン砲の実弾（実体弾）で標的に穴を空け、そこにボンベカノン砲で炸裂弾を打ち込むという戦法がとられたと思われる。

これに対し、欧米連合艦隊側は、従来の砲種に加えてアームストロング砲ならびにパロット砲を使用した。実業家アームストロング（W.G.Armstrong）は、一八五五年に五ポンド砲を開発して以来、各種口径の後装施条砲を製造してきた。薩英戦争後イギリス本国で軍部を中心に排斥運動がなされたため、下関の砲撃戦では旗艦ユーリアラスに一一〇ポンドと四〇ポンドの二門のアームストロング砲しか搭載しなかったので、前回のように不慣れで多くの自損事故を起こすようなことはなく、砲手は十分熟練して使用したであろう。(41)

前年のアメリカ軍艦ワイオミングはおもにダールグレン砲を使用したとみられる。この大砲はペキサンス砲に対抗して米海軍将校のダールグレン（J.A.Dahlgren）によって一八四九年に開発されたものである。したがって、ペキサンス砲とダールグレン砲とは同類の大砲であり、まだ施条（ライフル）が刻まれていない滑腔砲で旧式のものと位置づけられる。パロット砲は一八六〇年に退役将校のパロット（R.P.Parrott）大尉によって開発された前装ライフル砲である。銑鉄製の砲身は破裂しやすいため、砲尾部分をコイル巻きの錬鉄製の帯状金具で補強してある。

そこで、洋式大砲のうち、ボンベカノン砲・ダールグレン砲（米）とアームストロング砲（英）・パロット砲（米）とについて概略対比しておけば、前頁のようである。[42] アームストロング砲とパロット砲とは後装式（後込め）と前装式（先込め）の違いがあるが、施条（螺旋、ライフル）砲であることで共通している。また、その砲弾も先端の尖った円筒形（椎の実型砲弾、尖頭弾）となることによって、着発弾として使用し易くなる。施条砲から尖頭型の榴散弾を発射することによってより正確で長距離の砲撃が可能になる。このような施条砲が長州藩でも郡司右平次によって文久三年にすでに製作されていたこと（前章）は特筆にあたいする。その後、施条砲の技術は右平次や郡司千左衛門の片腕となって長く務めてきた郡司徳之丞（登工之丞）に受け継がれていく。

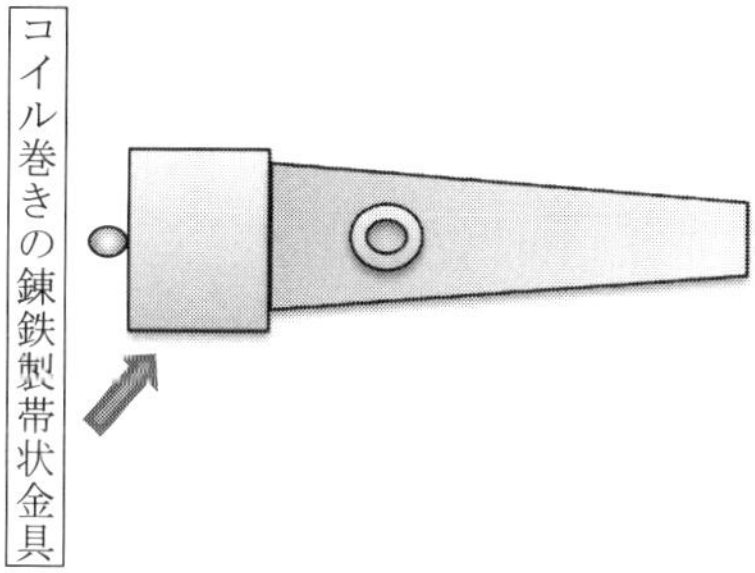

ネイヴィヤードのダールグレン砲（上）
とパロット砲（下）の外形略図

【第六章注記】

(1) 保谷徹『幕末日本と対外戦争の危機—下関戦争の舞台裏—』吉川弘文館、二〇〇九年、六五頁、一六二頁。豊田泰『開国と攘夷』文芸社、二〇〇六年、二四三—二五六頁。

(2) この点は早くから古川薫氏によって言及されてきた(彦島租借論)。古川薫『幕末長州藩の攘夷戦争—欧米連合艦隊の来襲—』中公新書、一九九六年、六三—八四頁、一九八—二〇六頁。

(3) 小川亜弥子『幕末期長州藩洋学史の研究』思文閣出版、一九九八年、一五三頁、一七八—一七九頁、二〇二頁。小川亜弥子「中嶋治平—分析術の振興に尽くした生涯—」・藤田洪太郎「中嶋治平 関係年譜」『長州の科学技術～近代化への軌跡～』第二号、二〇〇四年、三頁、四頁。時山弥八編『増補訂正もりのしげり』赤間関書房、一九六九年、四二四—四二五頁、四三三頁。「御役進退録」一二(二三—四)、一二(二三—五)「御手当沙汰控 上」一二(二三—五)、道迫真吾「萩反射炉関連史料の調査研究報告(第二報)」『萩博物館調査研究報告』第七号、二〇一一年、二三頁。

(4) 大村益次郎訳『兵家須知戦闘術門』長門陸軍学校、元治元年(一八六四)・明倫館版、慶応三年(一八六七)。鈴木正節『幕末・維新の内戦』三一書房、一九七七年、一四四—一四五頁。土橋治重『大村益次郎—物語と史蹟をたずねて—』成美堂出版、一九七六年、二一〇—二一一頁。内田伸『大村益次郎文書』マツノ書店、一九七七年、二二三頁。小川前掲書、九七頁。

(5) 時山編前掲書、四二七頁。末松謙澄『修訂 防長回天史』柏書房、一九六七年、六一六頁。藤田前掲年譜、四頁。内田伸編『大村益次郎史料』マツノ書店、二〇〇〇年、五—六頁。土橋前掲書、五〇頁。「御手当沙汰控 上」一二(二三—八)、「御役進退録」一二(二三—一四)、道迫前掲論文、二四—二六頁。小川前掲書、二〇四頁。

（6）時山編前掲書、四二七―四三〇頁。末松前掲書、五九二頁、六一六頁、六三一―六三六頁。保谷前掲書、一七二頁。豊田前掲書、二九〇―二九一頁。冨成博『誰も知らない幕末薩長連合の真相』新人物文庫、二〇一〇年、二二六―二二八頁。拙稿「江戸後期幕府・諸藩における西洋兵学受容と大砲技術―ペキサンス砲の衝撃と幕府・諸藩の対応―」『大阪学院大学通信』第四三巻九号、二〇一二年、一三―一七頁。

（7）松村昌家「アームストロング砲と幕末日本―下関海峡における長州砲とアームストロング砲のエンカウンター―」郡司健編著『国際シンポジウム論文集　海を渡った長州砲～長州ファイブも学んだロンドンからの便り～』ダイテック社、二〇〇七年、二六頁、二八頁。拙稿「万延・文久期長州藩の近代化と大砲技術」『伝統技術研究』第八号、二〇一五年、五六頁。Ernest M. Satow, A Diplomat in Japan, London, 1921, p.103. 坂田精一訳『アーネスト・サトウ　一外交官の見た明治維新（上）』岩波文庫、一九六〇年、一二五頁。

（8）末松前掲書、六六七―六六八頁。古川前掲書、九一頁、九七頁。吉村昭『生麦事件（下）』新潮文庫、二〇〇二年、二三一頁。膺懲隊は、文久三年七月二二日赤川敬三等によって創立された。元治元年六月二一日赤間関へ出張し、奇兵隊と合併を仰せつけられ、この戦闘に加わった。山口県『長州諸隊一覧』（『山口県史　史料編　幕末維新六別冊）二〇〇一年、一〇三頁。

（9）「赤間関海戦紀事」下関文書館編『資料　幕末馬関戦争』三一書房、一九七一年、一三五頁。The Illustrated London News (ILN) : Compiled and Introduced by T.Bennet, Japan and The Illustrated London News, Complete Record of Reported Events,1853-1899, Global Oriental, 2006, Nov.19, 1864, p.124. 金井圓編訳『描かれた幕末明治―イラストレイテッド・ロンドン・ニュース日本通信一八五三―一九〇二』雄松堂書店、一九七三年、一〇二頁。拙稿「元治元年の下関戦争と四国連合艦隊に接収された大砲」『伝統技術研究』第九号、二〇一六年、一八―二六頁。

（10）松村前掲論文、二六頁。元綱数道『幕末の蒸気船物語』成山堂書店、二〇〇四年、八〇―八七頁。拙稿前掲（「万延・文久期長州藩…」)、五六頁参照。

(11) 保谷前掲書、九六―九九頁、一九九―二〇三頁。豊田前掲書、二九〇頁。

(12) これに関しては、次の史料・文献等を参照。末松前掲書、六六七頁。古川前掲書、九七頁。中本静暁「〈紹介と考察〉元治元年の下関戦争における主要砲台と備砲に関する欧米資料」『郷土』第四九集、二〇〇六年、三二頁。Plan Du Détroit De Simonoseki, avee l'indication des operations des divisions. alliées en Sept, 1864. なおこの下関海峡作戦計画図(「一八六四年九月の連合艦隊配置作戦指示書による下関海峡の計画」(avee → avec) は、アルフレッド・ルサン (Alfred Roussin) の著(『日本沿岸の戦い』Une campagne sur les côtes du Japan, Hachette, 1866) に所収(「原書所載」) のものである。これは安藤徳器・大井征共訳『英米佛蘭聯合艦隊　幕末海戦記』平凡社、一九三〇年、口絵(「英米佛蘭聯合艦隊下関海峡砲撃図(原書所載)」) に収められている。このルサンの砲台番号と本稿の砲台番号とは必ずしも一致しない。

(13) 末松前掲書、六七〇頁、六六七頁。拙稿前掲(「幕末期鉄製大砲…」)、二九頁。

(14) 赤間関海戦記事、下関文書館前掲書、一三七―一三八頁。古川前掲書、九一―九八頁、二三五―二三七頁。松村前掲論文、二五―二八頁。保谷前掲書、一九四―一九六頁。末松前掲書、六六七―六七一頁。

(15) 末松前掲書、六七一頁。「赤間関海戦紀事」、下関文書館編前掲書、一三八―一三九頁。「発射された球型弾の一弾が甲板に落ちて炸裂、他の一弾は艦腹をうがった」とされる。吉村昭『生麦事件(下)』新潮文庫、二〇〇二年、一九二頁。

(16) 末松前掲書、六七一頁―六七二頁。赤間関海戦紀事では上陸兵はイギリス兵二〇〇〇人・フランス兵三五〇人・オランダ兵二〇〇人・米海兵隊五〇人計二六〇〇人と記載されている。下関文書館編前掲書一三八頁。末松前掲書、六七二頁。地雷火の効果については「元治甲子前田壇ノ浦始め各台場手配の事」に詳しい。下関文書館編前掲書、一六三―一六四頁。また、次の論文には長州藩のガルバニ電池機地雷火の詳しい検討がなされている。桑原邦彦「長州藩における瓦爾発尼機地雷火等火術の導入と展開」『山口県地方史研究』第九八号、二〇〇七年、一八―三三頁。中本静暁「長府藩士河崎虎吉の『ガルバニ電池』」『伝統技術研究』第五号、二〇一三年、二一―二六頁。

(17) The Illustrated London News, ibid ,pp.145-146, p.148. 金井編訳前掲訳書、一二二頁、一一五頁。Satow,op. cit.,pp.109-111. 坂田訳前掲訳書、一二四頁。末松前掲書、六七二―六七三頁。

(18)「米英仏蘭連合艦隊下関攻撃に関する敵側の戦闘記事」下関文書館編前掲書、一七四頁。この訳文の原文はW.E.Griffis, Our Navy in Asiatic Waters, Harbours New Monthly Magazine, Vol.97, No.581, 1898,Oct. で、翻訳者は、楠正吉氏とされる。永井栄吉「『文久・元治』に関する二、三の資料」前掲（『郷土』第七集）、二一―三頁。グリフィスのこの論文にも、前年のワイオミングの大砲に関してはダールグレン砲の記述はあるが、パロット砲の記述はみられない。下関文書館編前掲書、一七〇頁、一七二頁。

(19) 末松前掲書、六七三―六七四頁。The Illustrated London News, op.cit.p.146. 金井編訳前掲訳書、一二三頁。

(20) 末松前掲書、六七四―六八六頁。鈴木前掲書、八四頁。この経緯は、次著に詳しい。古川前掲書、一一七―一三五頁。

(21) 末松前掲書、六八四頁。

(22) 豊田前掲書、三〇六―三〇七頁。古川前掲書、一四四―一五〇頁。末松前掲書、六八五頁。保谷前掲書、二〇一―二〇三頁。

(23) Pro ADM125/118 { Return of the distribution of Guns captured from the Japanese Batteries}: Leo M.Hayes, Return of the distribution of Guns captured from the Japanese Batteries by the Combined Squadron under the orders of Vice Admiral Sir A.I.Kuper, K. C.B in the Straits of Simono Seki. Pro, ADM 1/5877,Kuper to the Admiralty,No.354. 保

谷徹「〈史料紹介と研究〉一八六四年英国砲兵隊の日本報告（三）」『画像史料解析センター通信』第二二号、二〇〇三年、一二頁所収。Satow, ibid., pp.105-115. 坂田訳前掲訳書、一二八―一四〇頁。レイ報告における各砲台別の備砲と先の「元治甲子前田壇ノ浦始め台場手配の事」とを突合した図表は、次の論文にもみられる。中本静暁「下関戦争で四ヶ国連合艦隊によって接収された台場砲―英国側史料の中に現存する大砲を探す―」『長州の科学技術〜近代化への軌跡〜』第三号、二〇〇八年、一五頁参照。

(24) 有坂鉊蔵『兵器考―砲熕篇一般部』雄山閣、一九三六年、二〇四頁、二五三頁（忽砲）。斎藤利夫「英国ポーツマスの長州砲」『兵器と技術』一九八七年一一月号、三六頁。有馬成甫「英国軍艦の分捕せる下ノ関の大砲に就て」『有終』第二〇二号、一九三〇年。

(25)「元治甲子前田壇ノ浦始め台場手配の事」下関文書館編前掲書、一五二―一六七頁。台場別の備砲一覧に関しては、長府博物館『企画展　旧臣列伝―下関の幕末維新―』二〇〇四年、四四頁および添付資料参照。馬関開港百年委員会・下関郷土会編『馬関開港百年（郷土　第七集）』一九六四年、附録一―三八頁。

(26) 日本史籍協会編『復刻　奇兵隊日記　第一』睦書房、一九六七年、三四三頁、三五二頁、三四七頁。

(27) レイ報告書[資料 ADM1/5877. 保谷前掲論文、一二頁所収。中本前掲論文(「〈紹介と考察〉元治元年…」)、三七頁。

(28) 黒門町よりも西南に位置する豊浦村に百町鼻という地名があるところから、百町は黒門口よりも西南方面の前田茶臼山と併せて表示している。拙稿前掲（「元治元年の連合艦隊…」）、二三―二五頁。山口県教育委員会『前田茶臼山遺跡―平成一一―一四年度重要遺跡確認緊急調査報告書―』二〇〇三年、二頁参照。

(29) Books LLC, Artillery of France, Tennessee,2010,pp.111-112. 拙稿前掲（『江戸後期幕府・諸藩…』六八頁注９）参照。

(30) 長府博物館前掲書、四五頁。金子功『反射炉Ⅰ―大砲をめぐる社会史―』法政大学出版局、一九九五年、二一二―二一三頁。「豊の浦浪」下関文書館編前掲書、二〇九頁。

（31）古川前掲書、一〇二頁。清永唯夫『攘夷戦長州砲始末―大砲パリから帰る』東秀出版、一九八四年、六五頁。時山前掲書、四二六頁。小月の鋳造（庄屋木村茂右衛門）に関しては金子前掲書、二二五頁参照。
（32）中本静暁「外国側史料にみる下関攘夷戦争　付説：『壇之浦の八〇斤長州砲のレプリカ』と『ポンド砲』に関する一考察」『伝統技術研究』第八号、二〇一五年、三二頁。拙稿「安政期長州藩の西洋兵学受容と大砲技術―西洋式大砲鋳造・反射炉・洋式船と兵制改革―」『伝統技術研究』第七号、二〇一四年、二〇頁。
（33）Satow, op.cit.,pp.109-110. 坂田訳前掲訳書、一三〇―一三二頁。その占拠の状況については、ベアトの写真や、ＩＬＮのスケッチ画に見いだされ、まさに前田下砲台（第五砲台）における占拠を指している。横浜開港資料館編集『Ｆ・ベアト幕末日本写真集』、一九八七年、一二三頁。The Illustrated London News, op.cit., p.150. 金井編訳前掲訳書、一二八頁。保谷徹「〈史料紹介と研究〉一八六四年英国砲兵隊の日本報告（一）」『画像史料解析センター通信』第二〇号、二〇〇三年、五頁。萩原延壽『薩英戦争　遠い崖―アーネスト・サトウ日記抄二』朝日文庫、二〇〇七年、一八三―一八四頁。この砲架は、パーペット砲架、グリボーバル方式回転砲座、キスト砲架とも称される。今津浩一訳『アルバート・マヌシー著　大砲の歴史』ハイデンス、二〇〇四年、二二頁。松尾千歳「薩摩藩の鋳砲事業に関する一考察―幕末の台場砲鋳造を中心に―」『尚古集成館紀要』第一一号、二〇一二年、二一二頁参照。
（34）Satow, op.cit.,p.110, p.115, p.138. 坂田訳前掲訳書、一三二頁、一三七頁、一三九頁。
（35）例えば次著等参照。古川前掲書。古川薫『わが長州砲流離譚』毎日新聞社、二〇〇六年。拙著『海を渡った長州砲―ロンドンの大砲、萩に帰る―』萩ものがたり、二〇〇八年。
（36）デン・ヘルダーの野戦砲の識別№二八とイギリスの富蔵砲の識別№一七は筆者が確認、喜平治砲は萩博物館里帰り中に学芸員の道迫真吾氏が確認した。アンヴァリッドの二四ポンド砲は長府博物館学芸員田中洋一氏が確認、同一八ポンド砲は郡司尚弘氏が確認した。拙稿「オランダとパリのカノン紀行―海を渡った大砲を訪ねて―」『大阪学院大学通信』第三七巻三号、二〇〇六年、五六―五九頁。拙稿「オランダ・パリ・ロンドンの大砲―海を渡った長州砲―」『新・史都萩』第二二号、二〇〇七年、二頁。拙稿「江戸後期における長州藩の大砲鋳造活動考―右平次（喜平治）勤功書を中心として―」『伝統技術研究』第四号、二〇一一年、三四―三五頁、四三頁。道迫真吾「英国から里帰りした『長州砲』についての新情報」『長州の科学技術～近代化への軌跡～』第三号、二〇〇八年、四一―四二頁。拙稿前掲（「江戸後期における長州藩…」）、三六―三七頁。田中洋一「下関戦争と長州砲」『維新史回廊だより』第一七号、二〇一二年。中本前掲論文（「下関戦争で…」）、二一頁。

(37) 有坂前掲書、二〇四頁、二五三頁（忽砲）。斎藤前掲論文、三六頁。拙稿前掲（「元治元年の下関戦争…」）、三九―四二頁。

(38) 中本静暁「幕末に使用された砲弾の度量衡―大砲の口径から弾丸の質量を推定する―」『伝統技術研究』創刊号、二〇〇九年、四六―四七頁。斎藤前掲論文、三六頁。

(39) 安藤・大井訳前掲書（『英米仏蘭聯合艦隊　幕末海戦記』一九三〇年）の口絵には、砲筐に収められた荻野流青銅砲写真とアンヴァリッドの一八ポンドカノン砲の写真（維新史料編纂官大塚竹松氏撮影）とが掲載されていた。また一八ポンド砲は、平尾道雄『奇兵隊史録』河出書房、一九四四年、口絵にも掲載されていた。

(40) 「豊の浦浪」下関文書館編前掲書、二二四頁。

(41) 松村昌家『幕末維新使節団のイギリス往還記―ヴィクトリアン・インパクト』柏書房、二〇〇八年、二一六―二一七頁。Dougan D.,The Great Gun-Maker, The Life of Lord Armstrong, Sandhill Press, 1991, p.61.

(42) 詳しくは、拙稿「下関戦争における欧米連合艦隊の備砲と技術格差」『伝統技術研究』第一一号、二〇一八年、二七―三七頁参照。Holly,A.L., A Treatise on Ordnance and Armor, New York,1865, pp.106-113, pp.863-874.

第七章　元治・慶応期長州藩の近代化

――内訌・幕長戦争を中心として――

はじめに

元治元年（一八六四）七月一九日禁門の変で長州兵は京都から敗走した。長州藩の来島又兵衛、久坂玄瑞、寺島忠三郎、入江九一らは戦死し、桂小五郎は但馬に逃れ城崎に潜伏した。七月二三日に朝廷・幕府は第一次長州征討令（征長令）を発布した。この困難な状況の中、八月には欧米連合艦隊が来襲し、交戦・敗北した。

連合艦隊との敗戦後も防長二州では、第一次征長令への対応のなかで、保守派（純一恭順派・俗論派）が台頭し、そして改革派（武備恭順派・正義派）との対立は年を越した。元治二年（慶応元年）初には両派が激突した。大田絵堂の戦いとも称される内訌戦争がこれである。この戦いに改革派（武備恭順派）が勝利を収めた。

連合艦隊との敗戦から内訌戦争（大田絵堂の戦い）へ、そこからさらに第二次長州征討令への対応（戦争準備）へと防長二州の状況はめまぐるしく変化する。激動する状況のなかで、桂小五郎（木戸貫治）・村田蔵六（大村益次郎）を中心に藩政・軍制改革が一層推進され、薩長和解のもと軍備の近代化（施条銃砲・蒸気船調達）が図られていった。かくして、長州藩は、大島口、安芸口、石州口、小倉口の四境において幕府軍と戦端を開いた。この戦いは、四境戦争、幕長戦争ともいわれる。

このような元治・慶応期さらにひろくは幕末明治維新における長州藩の近代化は、おもに西洋兵学（軍事科学技術）の導入が中心となるが、これを可能にする経済基盤がどうであったのかも大きな関心事である。

ここでは、元治・慶応期の長州藩における近代化努力とこれを支えた経済基盤（撫育金制度）についても検討してみたい。

Ⅰ　元治元年の連合艦隊との戦闘直後

一　村田蔵六と散兵戦闘術

村田蔵六は、連合艦隊との戦争には直接携わらなかったが、その直後の八月一八日に外人応接掛となって下関に出張した。同月二八日には政務座役事務扱・軍務専任となり、一二月九日博習堂用掛および赤間関応接掛となった。この間、村田蔵六は、前章でも述べたように『兵家須知戦闘術門』を出版し、これと『散兵教練書』とを山口兵学校や彼の私塾（普門寺観音堂）などで使用した。村田蔵六は、この翻訳書に基づき、ライフル銃による西洋銃陣を編成し、必要に応じて散開し各所から適宜射撃する散兵戦闘術を徹底しようとした(1)。

戦略・戦術・戦闘という近代軍事編成において、中核的基本的単位である中隊から小隊さらに分隊に分かれて指揮命令系統を体系的に実行するのが戦闘単位である。村田は、三兵戦術の内とくに歩兵を中心にその戦闘単位の行動パターンを散兵戦闘術によって内容を変革充実し近代化しようとしたとみられる(2)。

二　俗論・恭順派の台頭

元治元年八月一五日、幕府は藩公父子の謹慎を命じた。この間の藩の尊王攘夷の動きはいわゆる改革派によるものであり、その挫折は藩内における保守派の台頭をもたらすこととなる。保守派は毛利家の存続を願って、幕府に対してひたすら恭順すること、つまり「純一恭順」を主張した。

九月二五日に藩公は政務員等の重役会議に井上聞多を呼んだ。井上は「武備恭順」を主張し、純一恭順の俗論派を激しく批判した。翌二六日井上聞多が湯田で保守派（俗論派・恭順派）に襲撃され瀕死の重傷を負う。同日麻田公輔（周布政之助）は、この間の征長に至る責任を感じ自宅で自刃した。一〇月には藩の政務員は保守派にすべて入れ替わった。

一〇月二〇日に奇兵・膺懲両隊は幕府軍の侵入に備えるため、徳地の要害に転陣した。二一日諸隊に対して藩は解散を命令したが、彼らはこれに従わなかった。

高杉晋作は宍戸左馬之助らが野山獄に投獄されたことに危険を感じ、急遽、萩を去った。一〇月二四日に高杉は山口の井上聞多を訪ね、さらに徳地の奇兵隊を訪れた。二九日に高杉は下関へ行き、一一月二日に博多に渡り、その後野村望東尼のもとに潜伏した。一一月二日には竹内正兵衛、中村九郎、佐久間佐兵衛、宍戸左馬之助の四政務員が反対派によって野山獄で処刑された。一一月一一日と一二日には益田右衛門介、國司信濃、福原越後の三家老が自刃した。

奇兵隊諸隊は一一月四日に山口へ進み、一一月一五日五卿（三條、東久世、壬生、西三條、四條）を奉じて一七日に長府に転陣した。五卿は功山寺に入った。

幕府征長総督徳川慶勝等の軍は、一一月一日に大坂を進発し、一六日に広島に到着した。三家老の首級は、一八日に広島の国泰寺にて稲葉閣老、永井主水正らによって実検された。二五日藩主父子は天樹院に蟄居して恭順の意を示した[3]。

II　内訌戦争と幕長戦争準備

一　高杉功山寺挙兵から伊佐進軍へ

三家老の賜死に憤った高杉晋作は、一一月二五日に下関に戻り、一二月一六日に功山寺で五卿に別れを告げ、伊藤俊輔の力士隊、高橋熊太郎・石川小五郎の遊撃隊を中心に挙兵し、新地会所を襲撃した。

藩は、不穏の状況下、諸役所の日常業務を停止して専ら軍事を処理させるため、新たに道家龍助、藤井百合吉、多田辰三郎、大西健蔵、佐藤寛作、森重政之進、守永弥右衛門、郡司武之助、郡司千左衛門といった砲術師範家を手当掛とした。

一二月一九日夜これまで改革を推進してきた前田孫右衛門、毛利登人、山田亦介、渡邊内蔵太、楢崎弥八郎、大和國之助、松島剛蔵の七政務員は反対派のために野山獄で刑死させられた。同日奇兵隊、八幡隊、南園隊の三隊は美祢の伊佐に進み、膺懲隊は同じく美祢の四郎ヶ原に移動した。幕府巡見使は、一二月一九日山口を巡見し、二〇日に萩に入り城中巡見した。彼等は二三日に萩を出て、二六日に岩国を経て広島へ帰任した。

一二月二五日ころ高杉等二〇名は三田尻に至り、癸亥丸を奪取した。同日清水清太郎が自刃した。藩（保守派）は、高杉等の挙兵に対し、諸隊鎮撫令を発し、毛利宣次郎を総奉行として明木に兵を進めた。二八日萩政府軍は粟屋帯刀を前軍の将として絵堂に進み、毛利宣次郎を中軍の将として明木に、児玉若狭を後軍の将として三隅に布陣させた。

一二月二九日五卿守衛の任務にあたった御楯隊も長府を去って四郎ヶ原へ進んだ。同日福田良助が伊佐駐屯の南園隊の全部と八幡隊奇兵隊の一部を率いて伊佐の河原宿に進軍した。(4)

二　大田絵堂の戦い

元治二年（一八六五、四月慶応元年）一月二日赤禰武人は保守派（恭順派）に与したため殺害される恐れがあることを知り、下関を脱して筑前に逃走した。同二日高杉晋作や伊藤俊輔等は遊撃隊を率いて再び下関で挙兵し、伊崎会所を奪い、討奸の檄を士民に伝えた。一月四日幕府の撤兵令により、幕府軍は撤収した。

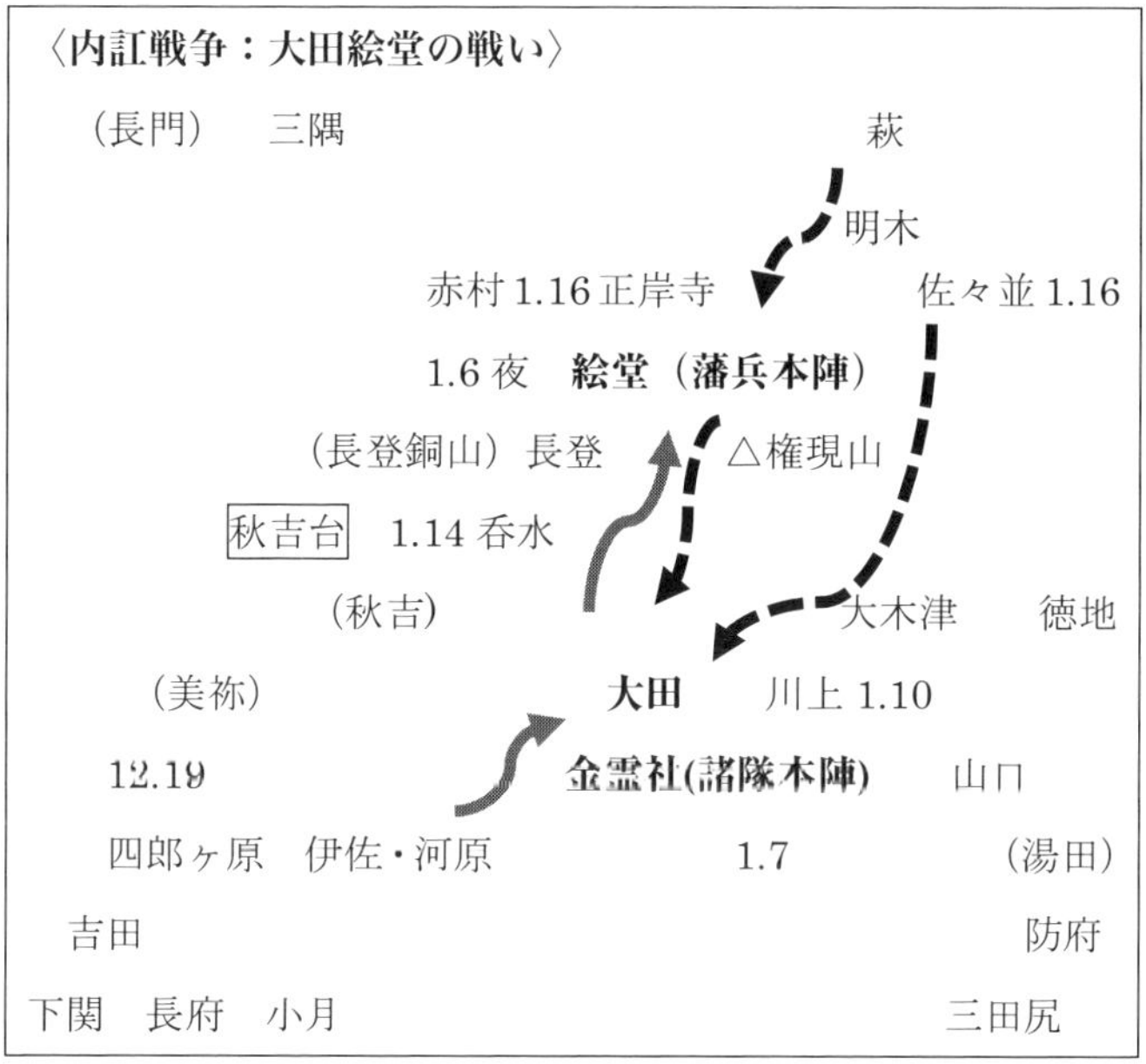

（参照：末松謙澄『防長回天史』766 頁、鈴木正節『幕末・維新の内戦』109 頁等。）

一月六日伊佐村にいた奇兵・膺懲・南園・御楯の諸隊は萩政府軍選鋒隊長粟屋帯刀に戦書を送り、絵堂村を夜襲した。選鋒隊は大敗し退去した。一月七日伊佐の諸隊は本営を大田の光明寺へ移し、さらに金麗《きんれい》社に移動した。また、山田市之允（顕義）、御堀耕助、野村和作等は兵を率いて小郡勘場を襲い市川代官をとらえ、大庄屋林勇蔵から準備金（旧札三五貫目）を出させ、伊佐に帰った。翌八日諸隊の一部が山口奉行所を襲い金銭穀物を出させた。

一月一〇日吉富簡一等は幽囚中の井上聞多を救出し、山口勘場を襲った後、鴻城軍を結成し、井上聞多を総督、松原音造を副督とした。

同じ一月一〇日萩軍が大挙して大田に入ろうとし、大木津および川上で諸隊と戦い、萩軍は退去した。この頃、萩恭順派の士人と選鋒隊の若手は清光寺に集まり恭順派に賛同して清光寺党と仮称した。一月一四日篠川太中、林半七等十数人は船木勘場を襲い金銭穀物を奪い諸隊と呼応した。同日萩軍と諸隊兵とが長登の呑水《のみず》で戦ったが、萩軍は形勢不利となり退去した。同日諸隊のうち二百人余は大砲小銃を携え徳地御茶屋を包囲し、代官役は逃げ去った。一月一五日高杉晋作・伊藤俊輔・石川小五郎（好義隊軍監）等が率いる遊撃隊は大田の諸隊と呼応して、下関を進発し伊佐に到達した。

一月一六日恭順派の専横に憤慨した少壮の士は萩瓦町の三笠屋に集まり、これに賛同する二百余人は諸隊征討に反対し、恭順派の要路交代を促進することを求め、自ら「鎮静会議員」と称した（のち三月一五日干城隊の名を賜る）。同日鎮静会議員ははじめ弘法寺に集まり、その後東光寺に参籠祈願し、広く士民にその意を告げた。

同じ一月一六日に高杉晋作、山縣狂介（有朋）らは遊撃隊を主力として赤村（赤郷）の萩軍（粟屋帯刀・選鋒隊）の本陣のある正岸寺を攻撃し敗退させた（萩軍の死者二人、諸隊は三人）。同一六日山口鴻城軍と御楯隊は暁に乗じて佐々並の萩軍（選鋒隊・市勇隊）を襲いこれを破った（戦死者各三人）。一九日大田にいた諸隊は山口に入り、その部署を定めた。二一日美祢の諸隊も山口に転陣し、諸隊会議所を設けた。同日諸隊の一部が吉田勘場を襲った。

一月二八日諸隊が奪った癸亥丸で萩沖に向かい、萩市中に向けて空砲を発射し示威運動を行った。同日藩公は改革に着手し、一部要路の交代を行った。二月六日藩公は萩明倫館にて選鋒隊士を招集し、解散の諭告を行う。二月九日には長府侯が登城し、老臣、政務員、長府清末両支藩の老臣を集めて大いに議論し、諸隊の願書の可なるものはこれを認め、前政務員の罪は寛大に措置し、吏員の交代を断行し、諸隊の追討を中止する意見を上申した[5]。

三　藩論「武備恭順」に統一

二月九日村田蔵六は上海に渡り、沈没後引き揚げた壬戌丸を売却した。ただし、余計な疑義を避けるために壬戌丸は沈没したと報告した。二月一一日藩公の意を伝えるために山口の諸隊陣営に行った鎮静会議員四名中三名が、その帰途権現原において選鋒隊士らによって暗殺された。鎮静会議員と選鋒隊士らはそれぞれ萩城と天樹院とに集まって対立した。二月一五日恭順派の椋梨藤太等十二人は脱走したが、津和野で遂に捕らえられた。二月一六日から二〇日にかけて藩は吏員の大更迭・交代を断行した。二七日から藩公は明木絵堂の戦場を視察し、大田で民間の疾苦を慰問し、三月一一日に三田尻から山口に帰館した。

三月一四日には益田、福原、國司三家老の家を再興した。幕府の疑いを配慮し当初は別家名で再興し、後に旧に復した。一四日、村田蔵六は防禦掛兼兵学校用掛となる。一五日鎮静会議員の上書により、干城隊の復興を認めた。干城隊の総督は鈴尾（福原）駒之進、頭取は佐世八十郎（前原一誠）とした。奇兵隊は先に軍監（林半七・山縣狂介）のみ置かれていたので、山内梅三郎を総管に任じた（慶応三年三月二六日にこれを免ずる）。三月一六日奇兵隊等諸隊を一〇隊一五〇〇人とした。

三月二三日藩公は長府・徳山・清末の三侯を招き、藩論を「武備恭順」に一決した。二六日藩公は山口茶屋を出発し、佐々並を経て萩に帰る。この時諸隊百人が藩公を護衛した。この頃高杉晋作と伊藤俊輔は思うところあって洋行を企て、長崎に至ったが、事情があり中止となった[6]。

四　慶応改元・防長再征、文武軍制改革・桂・大村による軍制改革

四月七日慶応に改元（幕府発令四月一八日、防長両国は閏五月一一日発令）。この頃、幕府では防長再征の議論があり、再征の部署（総督紀州徳川茂承、先鋒総督・副督、中軍、後備等の担当）を定めていった。四月一八日長州藩は旧式銃・甲冑等を売却した資金で装條(ライフル)銃を購入することを発令した。なお、三月下旬に楊井謙三は長崎で当初予定していた大砲を購入することをやめ、装條銃八〇〇挺（一万四四〇〇両）をプロシャから購入した。四月二三日藩は、巷間流布された馬関開港説が事実無根であることを発布し、その主唱者である高杉、楊井、井上、伊藤等を処分した。同日高杉、井上、伊藤等は壮士による暗殺を免れるため諸国へ散った。高杉は五月二五日に帰藩した。四月二六日京都の変により但馬に身を隠していた桂小五郎が大坂から海路下関に到着し、村田蔵六は桂を迎えに行った。

五月七日すでに刑死し家格没収された大和國之助、毛利登人、前田孫右衛門、山田亦介、宍戸左馬之介、竹内庄兵衞、松島剛蔵の七士の家を再興した。二二日老臣連署して、もし幕府の兵が四境に迫ったら臣民一致して分を尽くすべきとする対幕方針を示した。五月二三日藩は執政加判役等軍制を改革して一般銃器を中心の陣とする意志（一般火器陣となすの志）の徹底を命じ、士太夫に文武改革を令し、二五日には干城隊に「干城」（干つまりタテとなって城を守ること）たるべき趣意書と条書を示した。五月二七日桂小五郎は政事堂用掛及国政方用談心得となった。村田蔵六は大組に列し、用所役軍政専務となった。これ以後、桂小五郎のもとで藩政改革が行われ、村田蔵六のもとで慶応の軍制改革が具体的に行われることとなる。(7)

五　薩長和解相談、幕長決戦にむけて装條銃（施条銃）隊編成

閏五月一日坂本龍馬等が下関に来て桂小五郎に会って薩長和解のことを話し、数日滞在した。同月六日村

田蔵六は大組、馬廻士譜代の班に列し、一〇〇石高となった。二〇日藩公父子は長府・徳山・清末・岩国の四侯と対幕府の軍議を開き、各支藩の兵と岩国兵はその封境を堅守し、一歩でも侵入すれば決戦することを議決した。同二二日、将軍は京都に入り参内して長藩再征の理由を奏し、二五日には大坂に着いた。二八日椋梨藤太など俗論派は処刑（刑死・遠島・入獄等）された。

六月五日将軍家茂が進発することを聞き、藩は待敵令を発した。六月九日一五歳以上で軍役その他勤務に服する者は出米を免除する等、諸種の兵制改革を行った。六月一五日従来の弓隊銃隊の足軽および城代足軽、三田尻の舸子（舵取）銃手足軽をあらためて装條銃（施条銃）隊を編成した。

他方、大砲、野戦砲の増産が急がれ、この六月に、藩は郡司徳之丞を小郡鋳造所に派遣し、各種の大砲や榴弾を多数製造させた(8)。

六　幕府嘆願と兵制改革・装條銃買付など

六月一五日長州藩は四大夫一一士の処刑書を還納し、罪状取消・名誉回復をはかった。一九日権現原での鎮静会議員を殺害した刺客は処刑された。六月二四日山縣半蔵は、広島へ行き、嘆願書を家老以下の意見として示した。七月九日徳山毛利侯・岩国吉川侯は、幕府より上坂の令があったが、これを辞退し、陳情書を提出した。一二日幕意を聞くために、小田村素太郎（後の楫取素彦）と二見一鷗齋を備前に派遣した。七月一三日には、兵制を変更し、統一運用を図るために従来の八手分配法を改め八組士を合併した。二七日には足軽組の名称を廃止し装條銃隊と称し、物頭の名称を廃止し中隊司令士と改称し、十三組足軽を六組とし、中間頭を六人に減らした。

なお、七月二一日には、井上聞多と伊藤俊輔は長崎に到着し、薩摩藩の協力によりライフル（装條）銃で椎の実弾を発射するミニエー銃やゲベール銃等の購入にあたった。八月二六日には、ミニエー銃四三〇〇挺（七万七四〇〇両）、ほかにゲベール銃三〇〇〇挺（一万五〇〇〇両、計九万二四〇〇両）が薩摩藩の船で三田尻に届けられた。

ミニエー銃の値段（一八両）はゲベール銃（五両）の三倍以上するが、その性能はゲベール銃とは比較にならないため、藩はミニエー銃への転換を断行した。(9) この頃、米国の南北戦争の余剰品がわが国に大量に輸入・使用されたことも大きいであろう。

七　幕府応接・越荷方権限強化・国泰寺応接・対幕戦争準備

八月一日藩は宍戸備前を陳情のため広島に派遣することを決定した。一二日に広島で幕府に陳情する。九月二一日大久保一蔵は朝廷が幕府の征長を許すべきではないことを激しく主張したが、朝廷は一橋慶喜の要請を認め、再征を許可した。

一〇月三日坂本龍馬が三田尻に到着し、薩摩藩西郷隆盛らの意向を桂小五郎ら藩政務員に伝え、糧米の準備をきっかけとして薩長和解について面談した。一〇月一八日長崎で英人より蒸気船（ユニオン丸）を薩摩藩名義（桜島丸）によって五万両で購入した。乙丑丸《いっちゅう》がこれである。この船代金六万ドルに加えて、施条（ライフル）大砲三門五〇〇〇ドルの代金も支払われた。またアームストロング砲一五門は正月ころまでに届けられることとなった。

一一月七日幕府は征長軍の進軍を発令した。同七日長州藩は越荷方の権限を拡張し、営利専業として藩外通商の事務を担当させ、その利益は一切海軍費に充当することを命じた。一一月一一日には木津四郎右衛門と小田村素太郎を広島に派遣した。一一月二〇日、三〇日に彼等は広島国泰寺にて幕府大目付永井主水正等の訊問に応接した。同三〇日藩は、幕府軍の来侵に備えて諸兵守戦の部署を定めた。一二月一二日村田蔵六は大村益次郎と改名した(10)。

Ⅲ　慶応二年の幕長戦争

一　長薩連合成立・対幕戦準備

慶応二年（一八六六）一月二一日京都小松帯刀邸において木戸貫治（桂小五郎）と西郷隆盛とにより長薩連合が成立した。二三日夜坂本龍馬は三吉慎蔵とともに長府から伏見に行き、入京を前に襲撃され負傷し伏見の薩摩藩邸に入った。二五日長く逃亡していた赤禰武人が捕らえられ、山口の鍔石で処刑された。このころ藩は吉敷郡鯖山に製臘（蠟）局を設置した。

二月三日木戸貫治等が帰国した。藩は御木本主殿に干城隊総督を命じ、前原彦太郎（一誠）に蔵元役兼馬関越荷方事務を専掌させた。二月七日老中小笠原長行大目付永井尚志等が広島に到着した。一一日国貞直人は幕令対応のために広島へ到着した。二月一二日藩公は山口駐在の諸臣を公館に招集し、対幕府戦備令を告げ、また各区の関門における誰何（通行人確認）を厳重にした。宍戸備後助の起草した防長士民癸丑以来（嘉永六年ペリー来航以来）の情況を記述した「防長士民合議書」を藩公の内覧を経て三六万部を刷り、防長士民三六万人に配った。

四月三日大村益次郎は三兵教授役兼軍政用掛となる。一四日薩摩藩は征長の名目がないことを諭し、幕府から進軍の命令があっても辞退すべきことを陳述した。五月一日広島の国泰寺で第三回目の応接があり、長藩・四末家に出頭と削封の幕令が交付された。五月九日幕府応接にあたってきた宍戸備後助と小田村素太郎は芸州藩に拘留された。五月一五日藩公は山口新館へ移転した。以後、幕府軍四境に迫り、奥方等公族は諸処へ移居した。

五月に高杉晋作は長崎でグラバーより軍艦（オテント丸、Otento）を勝手に三万六二〇五両二分で購入し、丙寅丸《へいいん》と名付けた。高杉は、五月二七日に海軍用掛を命じられ、六月六日に海軍総督を命じられた。(11)

二　幕長戦争〈四境戦争〉

五月二九日幕府は長州藩からの陳情書を返却し、征長進撃（開戦）の期日を六月五日と発令した。六月六日大村益次郎は石州口参謀を命じられた。この戦いは、瀬戸内海の大島口、山陽方面の芸州口、山陰方面の石州口、そして関門方面の小倉口の四つの藩境において戦闘が展開されたところから、おもに長州側では四境戦争ともいわれる。

戦端は、六月七日幕府軍艦が大島郡を砲撃したことにより開かれた。同月中旬には芸州小瀬川口(一四日)、石州口（一六日）、小倉口（一七日）で戦闘が始まった。大村益次郎は、主力はあくまで芸州口・石州口・小倉口の陸地戦であり、あえて大島口に精兵を向けることはせず、村上水軍の諸家水兵、僧兵、地元の農商兵に緩急援兵を出すべきであるという意図を示していた。想定通り幕府軍は六月七日に侵攻してきた。反撃は一二日夜に始まり、六月二〇日には撃退した。他の三方面は、長州側から侵攻し、時には不利な情勢もないわけではなかったが、局面は長州側が優位に進んだ。(12)

三　大島口の戦い

六月七日幕府軍は大島郡安下庄の沿岸を砲撃し、翌日松山兵が来襲したが守兵無く全島を占領した。一二日夜、高杉晋作、山田市之允、田中顕助等は丙寅丸に乗り、暗闇に乗じて久賀沖で幕府軍艦の間を縦横に疾走し砲撃を加えて下関に帰航した（周防灘海戦）。この奇襲に奮起した第二奇兵隊（軍監林半七・白井小助・世良修蔵）・浩武隊等の長州軍は、一五日から上陸して屋代・沖浦・三浦・椋野の四方から進撃し、山岳戦・散兵戦を展開して幕府軍を久賀から安下庄に追い詰め、一六日には大島を奪回した。その後、六月一九日に幕府軍が久賀に上陸し、放火略奪して引き揚げ、二〇日朝に幕府軍艦は退去した。この時の戦死者は二二名とも二七名ともいわれ、家屋の焼失は、一六九〇軒余といわれる[13]。

〈大島口・芸州口・石州口の戦い〉

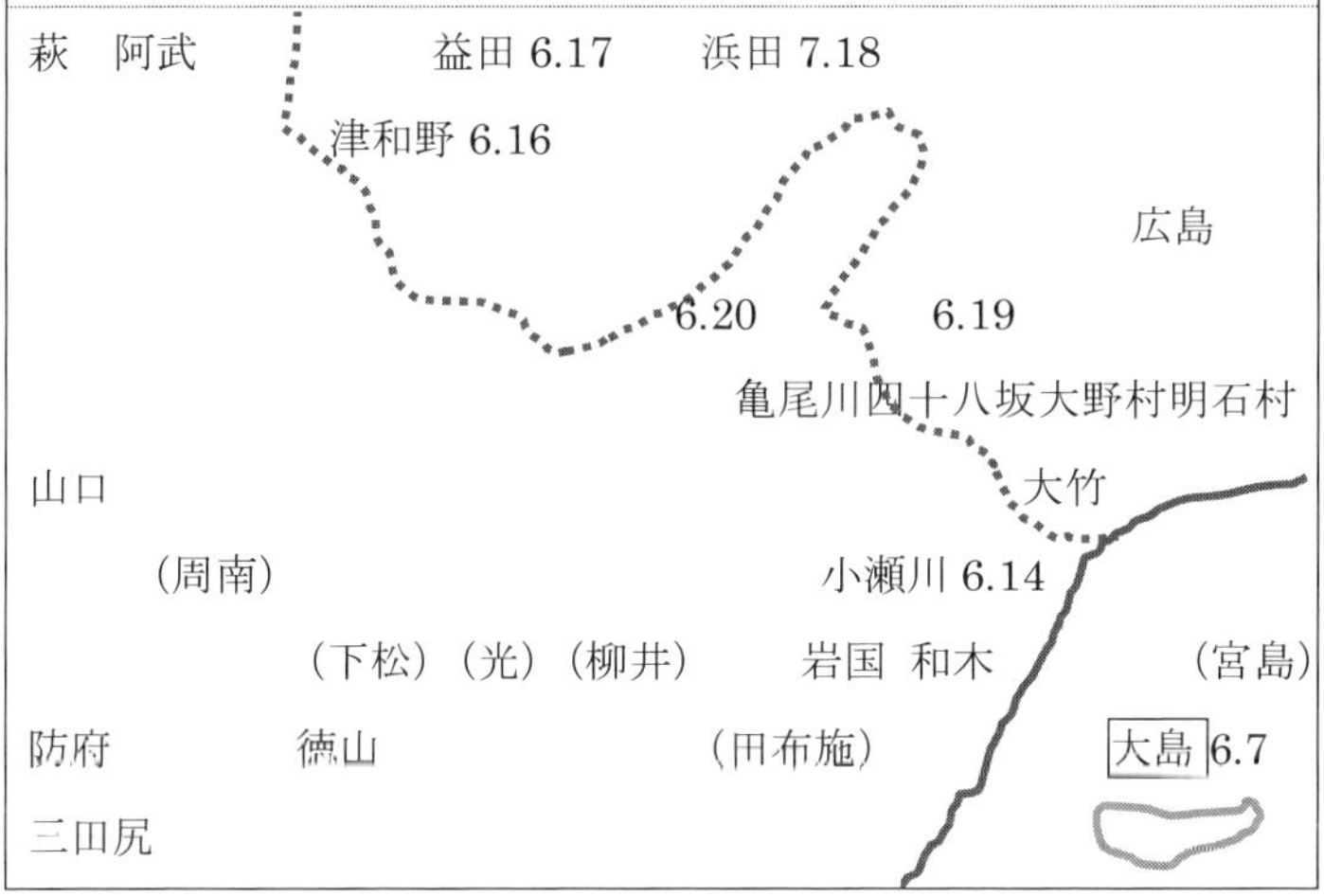

（参照：末松謙澄『防長回天史』989 頁、995 頁、998 頁、1003 頁、1006 頁、1032 頁等。鈴木正節『幕末・維新の内戦』154 頁、159 頁、164 頁。三宅紹宣『幕長戦争』94 頁。）

四　芸州口の戦い

芸州口は、六月一四日総督紀伊大納言のもとに、先鋒井伊、榊原の兵に紀州藩、幕府歩兵、大垣藩兵が進撃し、和木村を砲撃し、さらに小瀬川口において交戦した。長藩は遊撃隊が主力で総督は毛利幾之進、参謀は河瀬安四郎、大田市之進（御楯隊総管）が務めた。この戦闘は八月五日まで続き、長州兵の死者は六五名であった。

一四日の小瀬川口から和木にかけての戦闘で、旧態依然たる井伊・榊原の兵は退却した。一九日には芸州藩領内の敵本営のある大野村を西国街道と四十八坂とから攻撃した。洋式兵備の紀州兵および幕府歩兵と激戦の末に長州兵は退却した。この時の長州兵の死者五人重傷者一六人であった。小瀬川口の戦闘が膠着状態にあるため、二〇日長州軍は山代口の亀尾川・浅原から芸州津田村に進撃し、激戦の末、一応、亀尾川・浅原に引き揚げた。ここでは宮津藩兵と洋式の幕府別手組が当たった。また、幕府軍艦からの艦砲射撃にも苦しめられた。

大野村の戦闘は六月二五日に再戦して七月一六日まで続いた。長州側も小銃のほかに各方面大砲および臼砲を各四～五門使用して攻撃したが、一進一退の苦しい状況であった。他方、幕府軍側もまた長州軍を長州藩領に押し戻すことができず、大きな焦りとなった[14]。

六月二七日幕府軍副総督松平（本荘）伯耆守は諸口の幕府軍の形勢不利と各地の敗退を見て、宍戸備後助と小田村素太郎を調和のために放還した。彼らは七月二日に山口へ帰還し、小瀬川口は宍戸らの放還とともに休戦状態に入った。

しばらく休戦状態にあったが、七月になって長州軍は再び行動を開始する。芸州口では、七月一三日に三田尻を進発した御楯隊は、一五日に芸州中津原へ進出した。

他方、幕府側では、七月一〇日に紀州侯が総督の辞表を提出したが慰留され、一一日副総督松平伯耆守が召喚された。一二日に沼津城主水野忠誠が老中となり、一七日征長副総督となった。同日芸州使者西本清助等と長州側河瀬安四郎等が相会し双方の止戦を約束した。一八日世子が椙原《すぎはら》治人等八九名を引き連れて小瀬川口を視察し、二八日に山口に帰着した。この間も、七月二七日大野村の東方明石村から幕府軍が大挙侵攻し、二八日から八月七日にかけて大野村および四十八坂を中心に激戦を繰り返した。幕府軍は陸兵だけでなく、軍艦三隻および汽船帆船各一隻と大多数の和船に装條砲を積んで兵員輸送と砲撃に使用し、長州兵と一進一退の戦いを続けた。

八月七日小瀬川口と亀尾川口で双方激突した。亀尾川口では大野村・四十八坂の戦いに加えて、長州兵の一部は明石村方面の宮内を攻め落とした。これにより大野村方面の幕府軍は両面からの挟撃を恐れ、翌九日には大野村から全面撤退した。かくて、長州軍の大勝となり、宮内を占領したことにより、幕府軍は皆広島に退却した。

八月一一日水野忠誠が広島到着した。なお、七月二〇日将軍家茂が大坂にて薨去し、八月二〇日に発喪した。この間、七月一六日徳川慶喜は勝海舟（安房守）に止戦の密旨を授けた。九月二日勝海舟は宮島大願寺で廣澤兵助等と会見し、ここに休戦の協定が成立した[15]。

五　石州口の戦い

石州口の幕府軍は、浜田藩、紀州藩、備後福山藩等の兵があたった。総督代は紀州田辺藩安藤飛騨守であった。六月一五日津和野藩は中立を保ち長州兵は津和野城以北の地を通り益田に向かった。その後、出師の檄を路傍に掲げ、士民にこの出兵の理由を明らかにするとともに安堵を約束しつつ進んだ。主力は南園隊で精鋭隊がこれに続く。全軍総督毛利讃岐守、作戦の中心は大村益次郎、参謀杉孫七郎、瀧彌太郎である。この石州口の戦いでは、とくに大村の散兵戦闘術が遺憾なく発揮され、幕府軍は大いに攪乱された。

石州口では、六月一六日長州軍が益田に進軍し、夕刻に幕府軍と交戦した。一七日午前から激戦となり、午後には精鋭隊・南園隊・國司・福原の兵は益田および本郷を攻めてついに陥落させた。六月二二日には幕府軍は周布村（紀州兵）、大麻山（浜田兵）、熱田（雲州松江兵）・長浜村（福山兵）等に布陣し、長州軍に備えた。この石州口の戦いでは、郡司武之助は武具方検使役として高津に出張している。また、武之助の長男虎之助は、熕砲司令として石州口の戦いに従軍した。

七月五日長州軍はこの日ようやく行軍を開始し、七月一三日から周布川をはさんで交戦し、一五日には大麻山の浜田兵と激戦し、一六日には周布村で交戦したが、午後には幕府軍は浜田城に退却した。この間、長州軍と浜田藩との間で止戦交渉がなされるうちに、一八日浜田城が落城し、藩侯らは脱出した。長州藩はさらに石見銀山を民政下に収め、石州口の戦いは終結した[16]。

六　小倉口の戦い（小倉戦争）

（一）小倉口の戦い

幕長戦争で最も激烈とされた小倉口の戦いにおいて、幕府軍は肥後熊本藩、筑後柳川藩、豊前小倉藩の各藩兵（二万四〇〇〇人余）があたり、総指揮は閣老小笠原壱岐守であった。これに対し、長州側の主力は奇兵隊で長府報国隊がこれに次いだ（約七三〇名）。総督山内梅三郎、海陸軍参謀高杉晋作、軍監山縣狂介（有朋）・福田侠平、参謀時山直八等であった（七月二九日発令）。戦闘は六月一七日から一〇月七日まで続き、戦死者は一一五人、太貫山赤坂が最も激戦地であった。

六月一七日午前三時蒸気軍艦丙寅丸・帆船癸亥丸・丙辰丸は田ノ浦沖へ、また蒸気軍艦乙丑丸・帆船庚申丸は門司沖に停泊し、高杉晋作は丙寅丸で指揮を執り、坂本龍馬や海兵隊士は乙丑丸に乗って参戦している。午前六時過ぎからそれぞれ小倉藩兵舎を砲撃・交戦し、午前七時に奇兵隊・報国隊各小隊が上陸し、散兵・銃撃戦を展開し、小倉藩兵を敗走させた。長州軍は各砲台を破壊し、付近に停泊中の敵船をことごとく焼き払った。

七月二日夕刻報国隊士等は三貫目筒三門を船に積み込み、三日夜陰に乗じて富士山丸に接近し蒸気機関をめがけて砲撃した。この砲声を聞いて、彦島の弟子待砲台から大里を砲撃した。この間亀山下から渡船して大里周辺に三方面から進軍していた奇兵隊・報国隊などの長州兵が小倉藩軍とすさまじい砲撃戦を交わしたが、小倉藩兵はついに敗走し、その日のうちに勝敗は決した。

その後、幕府軍は、小倉城を守るために、大里から要害の地赤坂の防御に小倉藩・熊本藩の兵と各砲台に大砲を配置した。これに対し長州側は、七月二一日に萩の備砲六〇斤（ポンド）砲一門、二〇斤砲二門、八〇斤砲一門を下関に回した。七月二七日長州側は彦島砲台から大里を砲撃しつつ、奇兵隊等が渡海上陸し進撃を開始した。長州軍は小倉兵さらに熊本兵と遭遇し、幕府軍のライフル野戦砲の砲撃に対して蒸気軍艦から炸裂弾で反撃し、散兵戦闘術で縦横に進退を繰り返し、七月三〇日まで攻撃の手を緩めなかった。二九日前述のように藩公は山内梅三郎に馬関口海陸軍諸兵指揮を命じ、高杉晋作を海陸軍参謀とした。この日熊本藩兵は自藩内の尊王攘夷派の意見を反映して停戦し撤収した。同日夜、将軍薨去を知った小笠原長行は小倉から脱出し

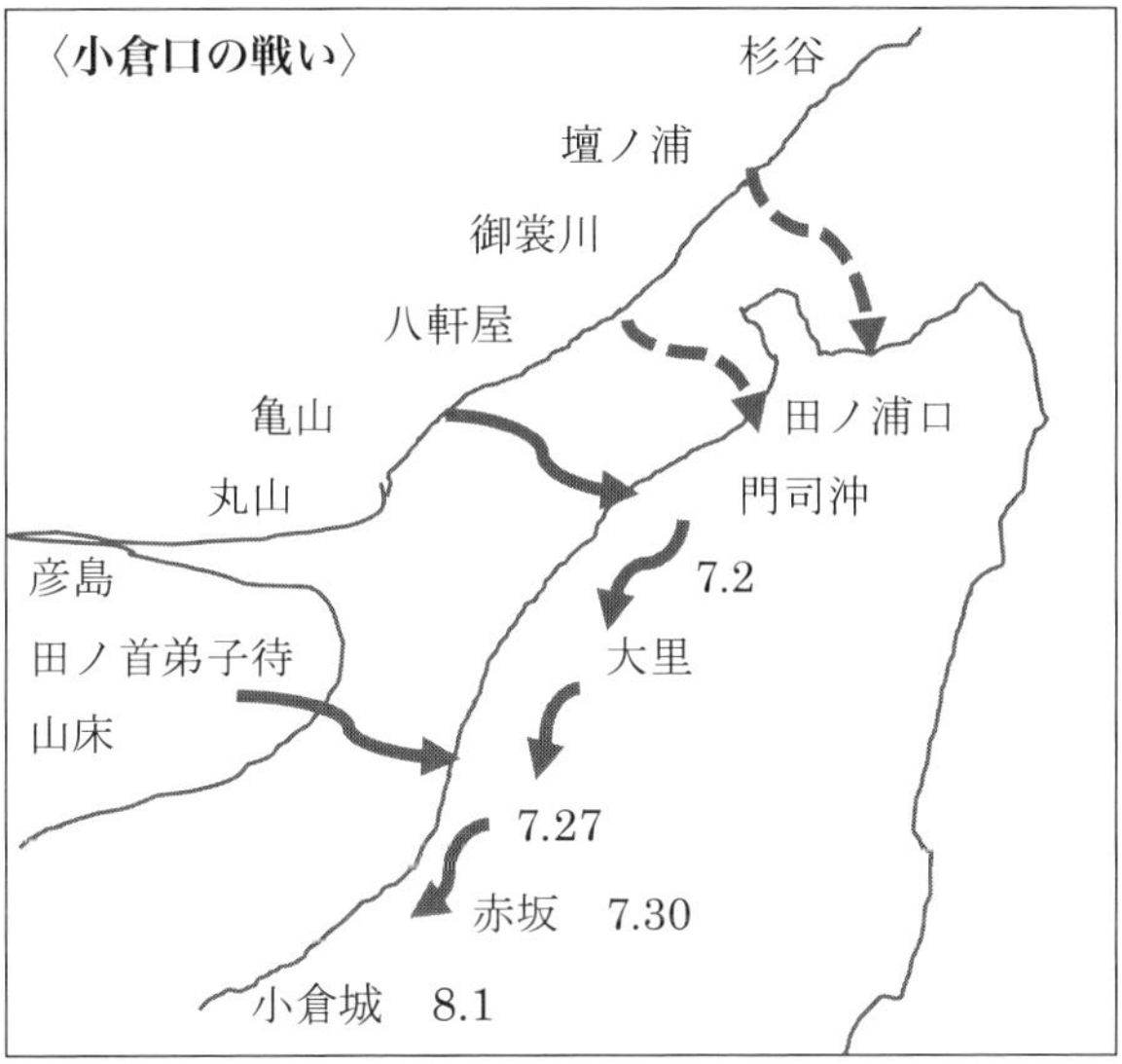

（参照：末松謙澄『防長回天史』1009 頁、1044 頁、1048 頁、1049 頁。山口県教育委員会『前田茶臼山遺跡』2 頁。鈴木正節『幕末・維新の内戦』170 頁。三宅紹宣『幕長戦争』207 頁。）

た。翌八月一日小倉藩は自ら城に火を放ち、以後一〇月頃まで各所で抵抗戦を展開した。(17)

（二）小倉戦争時の下関砲台備砲と軍艦

この小倉口の戦いでは、長州側は連合艦隊との戦闘で破壊された砲台を修復し、彦島弟子待砲台や壇ノ浦砲台からも砲撃したようである。奇兵隊日記の八月二二日の記録では砲台とその備砲が示されている。それによれば、彦島方面では六砲台に二〇門の大砲が、丸山・亀山・八軒屋方面は八砲台に二三門の大砲が、壇ノ浦は三砲台に八門の大砲がそれぞれ配備された。以上一七砲台に五一門（四九門不明二門）が配備された。

ここには、八〇斤・六〇斤ペキサンス砲各一門（八軒屋一、弟子待一）や八〇斤（トロイ斤＝標準二四斤）・二四斤・一八斤長加農砲、一二斤・八斤・六斤短加農砲や三貫目筒、五百目筒さらには忽砲五門や臼砲七門のような在来の大砲だけでなく、二〇斤施条砲、一二ポンドアームストロング砲三門（彦島一、壇ノ浦二）や米利堅《めりけん》ライフル砲四門（亀山等）、のように、おそらくはグラバー等を経由して買い付けた英米等からの輸入大砲も含まれている。(18)

また、長州海軍も蒸気軍艦二艦（丙寅丸・乙丑丸）と帆船三艦（癸亥丸・丙辰丸・庚申丸）の計五艦すべてが参戦している。これに対し、幕府側軍艦も富士山丸、順動丸、翔鶴丸、回天丸、飛龍丸（小倉藩）等が参戦した。長州軍艦は幕府側と比較して小規模ながらも善戦したということができよう。

（三）九州等の情勢変化

七月伊藤俊輔（この頃、春輔を名乗る）は、汽船購入のため長崎に行き、大村藩士渡邊昇と勤王を巡って気脈を通じ、途中幕吏の追跡を逃れて二〇日に下関に帰着した。渡邊昇は三田尻に来て、木戸貫治と会見し、時事（九州一縄策・諸藩連合策）を論じた。肥後藩は藩内勤王派の勢力が強まり、長岡監物は長州再征に反対した。長岡は、小倉より撤兵を決し、小笠原閣老との激論の後、七月三一日に他兵との交代の名目のもとに自軍を撤退した。同日小笠原閣老は小倉方面の諸藩兵が長州再征が不可であることを唱え各軍を撤収しており、しかも将軍薨去の訃報を得たこともあり、ひそかに軍艦富士山丸で長崎へ脱出し、八月一二日に上京して慶喜に解兵の始末について報告した。八月三一日諸藩兵の退却と小笠原閣老脱走の結果、小倉藩単独で防戦することはできないので、城を焼き要地に退却して防戦を継続することとした。

八月八日芸州口では幕府軍は皆広島に退却したが、小倉方面では豊前金邉口と豊前狸山口とで一〇月七日まで戦闘が続き、一〇月一〇日に止戦となった。金邉口には奇兵隊・長府報国隊・好義隊等が、また狸山口には奇兵隊・長府報国隊・厚狭高田の家兵等がこれにあたった(19)。

七　幕長戦争の終結

八月一三日芸州亀尾川口出陣の膺懲隊は八幡隊と交代して山口に帰着し、第五大隊の半数も帰山した。二八日には石州口の精鋭隊が山口に帰り、藩公に拝謁した。

八月一六日慶喜参内して止戦の議が定まり、密勅を勝安房に授けた。勝は二一日広島に到着し、九月一日に廣澤兵助と会見し休戦の意を伝えた。翌二日勝は宮島大願寺で廣澤兵助、大田市之進、井上聞多、長松文輔と会見し、休戦協約がほぼ成立した。

九月一九日幕府は広島口の軍に各藩地に帰るよう発令した。一〇月一日には世子が小倉口戦状視察として柏村一馬等一一人を従え下関各地を巡視し、軍艦を検閲して、一〇月一〇日山口に帰った。薩摩藩修交使として黒田嘉右衛門、平川甚左衛門、東郷源四郎が一〇月二二日山口に来て正式に両藩修交の意を表した。

一一月一五日木戸貫治改め木戸準一郎と川北一は藩命により一六日山口を発し、三田尻から丙寅丸に乗って下関で薩使および渡邊昇を乗せて二五日に鹿児島に着き、使命を果たして山口に帰り、一八日に復命した。一一月に山口の後河原に相場所を設置し、米穀売買の取引を行わせた。一二月一二日大村益次郎は海軍用掛を兼任した。

一二月一三日慶喜将軍宣下を布告する。二五日孝明天皇が崩御した。一二月二八日には小倉藩老臣に誓書を出させ、二九日には英国提督キング（G.King）が軍艦四隻で三田尻に来航し、藩公らが軍艦に招かれた。(20)

八　明治維新

慶応三年（一八六七）一月九日天皇践祚の礼を行う。一月二一日長州藩は軍政を改正し火技専一となすことを奨励した。二二日には銃器の年賦購入令を発令した。二三日には大隊編成を改革し、軍装を統一した。二三日小倉藩との和議が成立した。同日幕府は、国葬の故をもって諸藩征長の兵を解かせた。

二月七日長州藩は鉄砲をすべて一八六一年式(ミニエー銃)に統一使用することとした。二月二三日御楯隊・鴻城軍を合併して整武隊と称し、南園隊・義昌隊を合併して振武隊とし、八幡隊・集義隊を合併して鋭武隊と称した。二四日柳井田土塁では砲兵を廃し、運輸砲隊を編成し、これを第三番隊と称した。三月四日萩明倫館境内に兵学校を建設し、生徒二〇人の寄宿を許した。四月一四日高杉晋作が下関にて病死する。二四日藩公は諸郡に郷校を設け教員および費用を予定した。(21)

このようにして長州藩はどうにか内訌を克服し、幕長戦争にも勝利し、滅亡を免れた。一〇月一五日には大政奉還がなされ、王政復興の号令がくだった。慶応四年（一八六七、九月明治元年）一月には鳥羽伏見の戦いが起こり、四月一一日には江戸城が無血開城された。各地で維新戦争が展開され、五月一五日には江戸でも上野戦争が起きた。長州兵もまた各地に転戦し、明治二年（一八六九）五月、函館五稜郭の戦いが終結し、ここに長い内戦が終了した。

Ⅳ　元治・慶応期の兵制改革と大村益次郎

一　慶応元年の長州藩兵制改革　――兵学校と三兵塾・塾規則制定――

元治二年（慶応元年）の内訌戦争における正義派（改革派）の勝利は、まさに幕府の征長軍進発に対して、毛利家の藩論を武備恭順に決定し、大いに兵制を改革し、その統一を図り、銃隊を編成し海軍もまた拡充し、不慮の事態に備えようとするものであった。

三月八日藩公は騎兵塾用掛（山縣箴・井上留之助・河北一）と騎兵塾教授方（平田常次郎・三戸宗右衛門・葉若勝之進）を任命した。一三日村田蔵六を手当用掛兼兵学校用掛とし、一五日砲兵塾用掛（井上梅槌）を任命し、馬屋原右衛門および内藤隼之助を砲兵塾用掛および錬兵場教授から手当用掛とした。二四日能美右門に兵学校用掛兼任を命じた。四月一八日火縄銃および甲冑を売却して装條銃の購入を命じ、一九日蔵元附・地方組・百人の各中間に銃陣の練習を命じた。

五月三日四役（挟箱籠槍持小人）に一一日以後一五日間練兵場で操練の講習を命じ、山口学校と萩学校に騎兵塾を建設し、山口に教授二〇人、馬二〇騎、萩に教授一〇人、馬一〇騎を置いて有志の士に修業できるようにした。四日大野順太郎に築城典型および「三兵答古知幾」訂正用掛を命じた。このことは「三兵答古知幾」のより実践的適用を配慮するものである。また大組中間の請求による毎月六回の明倫館での銃陣練習を許した。一一日には兵器の統一を図るため、士民がみだりに銃砲を製造することを禁止し、また農工商兵について諸郡で勝手に徴兵募集することを禁じ、火技を以て第一とし他の武術を差し止めることとした。

五月一七日萩練兵場を萩兵学校とし、山口兵学校と名称を統一し、その塾を歩兵塾・砲兵塾・騎兵塾と称することとした。同日砲術修業の法を定め、砲術師家がその流儀によって門弟に教授することを禁止した。皆、砲兵塾に入って練習することとし、事情があって入塾できない者は皆その規則に準拠して練習するものとし、砲術練習の統一を図った。二二日農商兵の人員を限り節制の規則を定めた。

五月二三日士大夫に兵制改革の大方針を発令した。すなわち、藩士に対し、藩中一般火器隊を定め、萩・山口両学校にてますます向上を目指す。文道は国学漢学を以て才能を成就することを要務とする。武衛は当今の専業は歩騎砲三兵学・海軍が大いに関係する。士官（卒伍之頭）は用兵学が最も大事で、自己の技芸にこだわらず修業することが肝要である。身分の上下を問題とせず少壮の者はいったん入学を許可されたら各自勉励努力して古来よりの御武威を高めるようにする。万一遊惰にして文武いずれの用に立たない者は知行石高減少、隠居、家継不許等のお咎めがあるとした。

五月二六日さらに文武修業の大要を文学寮ならびに歩騎砲三塾について学ぶ者に示した。そこでは各寮・塾の心得とともに定員数についても定められた。また馬術練習の方針として、旧（和流）に拘泥せず、専ら簡易にして実戦の用に適するように命令した。二七日村田蔵六を用所役・軍政専任とし、二八日直目付杉孫七郎に軍政事務専任を命じた。

閏五月四日歩兵塾の規則を定め三期に分けて業を終えるようにした。同一七日砲兵塾規則を定めた。六月六日村田蔵六は大組百石となる。

九日一八歳以下の戸主に幼少出米を命じたが、一五歳以上で軍役その他の勤務に服する者はこれを免除した。軍備の拡張に伴う人員の増加が必要なためである。九月二〇日、荻野流砲術師家守永弥右衛門・吉次郎親子にその旧式を放棄し、西洋流砲術を研究し、多数の門弟を教導すべきことを諭告している[22]。

二　歩兵改革と新式装條銃（施条銃）の購入

大村益次郎の歩兵改革の第一のものとしては新式装條銃の大量調達があげられる。慶応元年には、大砲購入に二万両を充てるとともに、大量の装條銃を購入した。（六月に）まず撫育方より金三万両を支出し、その内二万両をもって大砲をプロシャへ注文し、一万両をもって装條銃五百挺の購入費に充塡することとした。本勘（一般会計）からも剣銃二〇〇〇挺の代金として一万五〇〇〇両の支出を決定したが、ついでこれを装條銃一五〇〇挺に振り替え、その代金の差額二五〇〇両をも撫育方より支弁することにした。これにより、装條銃一五〇〇挺が一万二五〇〇両で購入されたことになる。このような三坂圭治説に対して、林三雄説、末松謙澄説（防長回天史）等の追加的な諸説があるが、これを集合すれば以下のようになるであろう[23]。

前述の三月下旬に楊井が装條（ライフル）銃八〇〇挺（一万四四〇〇両）を購入し、八月二六日には、ミニエー銃四三〇〇挺（七万七四〇〇両）、ほかにゲベール銃三〇〇〇挺（一万五〇〇〇両、計九万二四〇〇両）三田尻に到着した。別途、ミニエー銃一八〇〇挺、剣銃二〇〇〇挺を購入した。これにより、当初の一万挺の小銃（装條銃）調達計画は満たされる。いずれにしても、その後の追加購入により四境戦争までに一万挺のミニエー銃が備えられていたとされる[24]。

慶応三年（一八六七）には、洋銃一〇〇〇挺を二万五〇〇〇両で購入している。他方、大砲の購入に関しては、二万両が予定されていた。（伊藤より桂への書簡抄に）慶応元年一〇月一八日には蒸気船（ユニオン丸）をグラバーより六万ドルで購入するとともに、ライフル大砲三門（五〇〇〇ドル）とアームストロング砲一五門を含めて大砲の予算は二万両である[25]。なお、西国では銀貨（貫目）建てが中心であるが、幕末では金貨（両）建ての取引が多くなり、ここでは両建て概算によっている。以上より、慶応元年（一八六五）〜慶応三年（一八六七）の大砲・小銃等の購入に関しては次のように整理されるであろう。

慶応元年（一八六五）

装條銃八〇〇挺（単価@一八両）	一万四四〇〇両
同　四三〇〇挺（@一八両）	七万七四〇〇両
剣銃　三〇〇〇挺（@五両）	一万五〇〇〇両
追加・ミニエー銃一八〇〇挺	三万二四〇〇両
追加・剣銃二〇〇〇挺	一万〇〇〇〇両
小銃合計（装條銃六九〇〇挺、剣付銃五〇〇〇挺）	一四万九二〇〇両
大砲	二万〇〇〇〇両
ユニオン丸（乙丑丸、六万ドル／五万両→実費）	三万九〇〇〇両

慶応三年（一八六七）

洋銃二〇〇〇挺	二万五〇〇〇両

慶応元年〜慶応三年　大砲・小銃購入総合計　一九万四二〇〇両

三　軍隊組織再編

奇兵隊・諸隊の攘夷対応から対幕（倒幕）対応への転換による軍隊組織の再編が図られた。すなわち、諸隊を整理し、家臣団の八手組編成を解体し、その中核としての干城隊を編成し、足軽組織を改編するとともに、農商隊を同格化するなど指揮命令系統を統一化し機能性強化がなされた。

（一）諸隊の整理

三月一六日諸隊の数（当時四九隊）を一〇隊とし、総数を一五〇〇人に制限した。その内訳は次のとおり。[26]

御楯隊（一五〇人、総管大田市之進）、鴻城隊（一〇〇人、森清蔵）、遊撃隊（二五〇人、石川小五郎）、膺懲隊（一二五人、赤川敬三）、南園隊（一五〇人、佐々木男也）、奇兵隊（三七五人、山内梅三郎）、八幡隊（一五〇人、堀真五郎）、第二奇兵隊（一〇〇人、白井小助）、集義隊（五〇人、桜井慎平）、荻野隊（五〇人、守永（森永）吉十郎）

これらの諸隊は、それぞれ三田尻（御楯）、船木（集義）、山口（鴻城）、高森須々萬（遊撃）、萩（南園）、小郡口（八幡）、徳地（膺懲）、下関のち吉田（奇兵）、岩城山（第二奇兵、現在の光市）、小郡（荻野）の各拠点に配置された。なお、奇兵隊は総管不在であったので、五月二五日山内梅三郎が総管に任じられた。また、諸隊の人数に関しては五月に四〇〇人が追加された。

（二）干城隊・家臣団・農商隊の編成

慶応元年三月一五日鎮静会議員に干城隊の名前を与え、五月二五日には干城隊に「干城」たるべき趣意書と条書を示した。この干城隊の総督は福原越後養嗣子駒之進、頭取は前原一誠とした。干城隊を中核として諸隊もこの指揮下に組み入れることを主張したのは高杉晋作の構想とされる。[27]

家臣団は、干城隊を中核として、各大隊に区分される。また、農民・商人兵については定員を一六〇〇人とし、十六歳から十九歳までの人物から選び、年一俵支給することとした。これより、田中彰教授の分類によれば、家臣団と農商隊は次のように示される。[28]

①家臣団の編成―（イ）干城隊＝「鎮静会議」家臣団の建議により編成、支隊として衝撃隊等一〇隊、（ロ）第四大隊＝蔵本・大組・地方組・百人等の中間による銃隊編成、（ハ）第五大隊＝一五〇石から一〇五〇石家臣団より禄高に応じた家臣による銃隊編成、（ニ）装條銃隊＝足軽隊、第一・第二・第三大隊、（ホ）南北大隊＝一〇〇〇石以上の家臣の陪臣隊、南大隊（周防・長門第一～第十三大隊）、北大隊（北長門第一～第三大隊）、（ヘ）その他＝南第十四・十五大隊・大津中隊（以上家臣の銃卒による編成）、北第四～六大隊、宣徳隊等七隊（以上陪臣隊）、散兵中隊（徒士以下）等、（ト）支藩の隊＝報国隊（長府藩士民）・山崎隊（徳山藩士民）・第一大隊（同足軽中間）、順詳隊等四隊（以上徳山藩士）、育英隊（清末藩士卒農）、建尚隊等五隊（以上岩国領士・領士卒農商）等

②農商隊の編成―農民・商人兵については定員を一六〇〇人とし、十六歳から十九歳までの人物から選び、年一俵支給する。以下の三つに区分される。（イ）干城隊支配＝郷勇隊（農兵）、市勇隊（商兵）、神威隊（社人）、金剛隊（僧侶）、民砲隊（社人・僧侶・農商兵）、狙撃隊（猟銃兵）、（ロ）その他＝奇兵隊付属の町兵・郷侠組等、遊撃軍付属の地光隊・維新団・勇力隊（力士）、奇兵隊付属の好義隊、山代神威隊（社人）、偕行団（僧侶）、猟銃隊・剣銃隊（農兵）等、（ハ）支藩の隊＝盤石隊（報国隊付属・長府藩力士）等十五隊（省略）、長府藩・徳山藩・清末藩・岩国領所属の農商兵等による各隊等

これらの各部隊の編成は一挙に実行されたわけでなく、随時、各隊の総督等の任命とともに編成されていったようである。また、すでにみてきたように慶応元年六月九日一五歳以上で軍役その他勤務に服する者は出米を免除する等、諸種の兵制改革を行った。六月一五日従来の弓隊・銃隊の足軽および城代足軽、三田尻の舸子銃手足軽について装條銃（施条銃）隊を編成した。七月一三日には従来の八手分配法を改め八組士を合

併した。二七日には足軽組の名称を廃止し装條銃隊と称し、物頭を中隊司令士と改称し、十三組足軽を六組とする等、細部にわたって再編整理がなされた(29)。

四　散兵戦闘術の徹底と兵站

元治元年の連合艦隊との上陸戦において奇兵隊・諸隊の兵士は、敵上陸兵の戦闘行動から散兵的な戦闘の効果を実戦的に経験していたため、村田の散兵戦闘術は比較的容易に受け入れられた。また、内訌戦によって諸隊だけでなく藩政府軍（先鋒隊）も山野戦で具体的実践的に習熟していった。

慶応二年（一八六六）四月に大村益次郎は三兵教授役兼軍政用掛となった。そして、幕長戦争（四境戦争）に際しては、六月六日に石州口参謀を命じられた。幕長戦争では四境の諸口で長州兵はその散兵戦闘術の展開にあたり、ミニエー銃で装備し、荷駄や食料も順調に補給された。これに対し、幕府方は荷駄や食料が途中で放棄されたり、あるいは軍夫が逃亡したりして必ずしも円滑に補給されなかった。つまり、物資の調達や運搬等についても長州軍は、幕府軍と比べて十分に機能したとみられる。とくに石州口における散兵戦闘術は、旧来の戦闘法を主とする幕府側の諸藩軍を大いに戸惑わせ、大村の散兵戦闘術はその効果を遺憾なく発揮した(30)。

五　西洋兵学（三兵制）による軍制改革

三兵戦術による西洋式軍隊組織の導入は、長州藩では万延元年（一八六〇）八月の教練規則の制定に見いだされる。幕府も文久二年（一八六二）の軍政改革において導入した。大番等の既存の軍組織とは別組織として、歩兵、騎兵、砲兵の三兵制を採用し、これに関して歩兵奉行・歩兵頭、騎兵奉行・騎兵頭、大砲組之頭が置かれた。そして同年一二月には歩兵奉行を小栗忠順が兼帯（勘定奉行）した。陸軍総裁には蜂須賀斉裕が就任したが、短期間で辞任した。小栗が実質的に指揮した。その意味では、「幕府」陸軍とは同様の西洋式軍隊での激突ということができるが、大村のような散兵戦闘術重視の発想は幕府陸軍には乏しかったと思われる。

幕府は、幕長戦争停戦後の慶応二年八月以降、軍備を増強すべく、さらなる軍制改革に着手した。陸軍局を設置、陸軍総裁（老中格）、陸軍奉行・歩兵奉行並等を設置し、旧軍組織を解体縮小して陸軍に編入するなど大幅な改革に着手した。(31)

六　その後の大村益次郎

大村益次郎はこの年慶応二年一二月一二日には海軍用係を兼ねた。慶応三年（一八六七）四月には、再び三兵教授役として暫時陪臣大隊用掛となる。一〇月には用所助役、軍政専務兼任となる。

明治元年（一八六八、慶応四年九月改元）一月用所本役、軍政専任となる。二月藩世子毛利定広（元徳）上洛に随従する。同月倒幕の大詔発せられ軍防事務局判事加勢となり、親兵を編成し、兵営を伏見に設置する。四月軍防事務局判事となる。閏四月朝命により江戸に至り、軍務官判事となる。五月従五位に叙せられ、江戸府判事を兼ねる。同五月一五日上野の彰義隊を討伐する。六月従四位下に叙せられ、鎮台府民政会計掛となる。九月総督府にて東北鎮圧の方略にあたり、一〇月東北平定につき太刀料および天盃を賜る。同月軍務官副知事となる。

明治二年五月に函館戦争が終結した。六月に朝廷より永世禄一五〇〇石を下賜される。同月木戸孝允と相談して九段に東京招魂社（現在の靖国神社）建立を決める。七月兵部省が設置され、兵部大輔に任じられる。

八月中旬軍事施設の設置場所検討のため、京坂地区に向かう。九月四日京都の宿舎で刺客に襲われ重傷を負う。一〇月大坂の病院に移り施術するも、一一月五日逝去した[32]。

Ⅴ　元治・慶応期の近代化活動

一　工業化と反射炉

(一) 中嶋治平の活動

慶応元年(一八六五)七月には、中嶋治平は、七月に藩命により通貨を分析して金銀分析表を所帯方に提出し、一一月には好生堂(医学所)分析場御用掛となり理化学に関する事務を統括するようになる。慶応二年(一八六六)二月八日中嶋治平は舎密局設立とともにその総裁に任命され、一代限りの無給通(下士身分)となる。四月一日に硝子製造所が全焼した。四境戦争(幕長戦争)に際しては鉄砲玉を改良して製造した。同年五月には中嶋治平の記録をもとに大賀大眉によって軍用パンの実用化が目指された。藩の理化学工業の発展に大いに期待されたが、惜しむべきことに、一二月二八日に彼は萩浜崎の自宅で病死した(享年四四歳[33])。

(二) 反射炉の活用

現存する萩の反射炉に関しては、従来安政五年に造られたと一般的にいわれてきた。しかし、安政五年に山田亦介が來原良蔵に対して、郡司富蔵に(おそらく長崎造船所での)高竈(高炉)等の雛形を作成させるように命じたが、このときも海軍伝習所閉鎖と藩の京都での活動(午戊の密勅)により中断され、反射炉の築造にいたらなかったことが文書に記されている。したがって、現存する試験炉(試作炉)としての反射炉は、安政三年に造られた試作炉（試験炉）とみる説（中本・森本説、道迫説）が有力であると考えられる。[34]

前述のように、文久三年（一八六三）には両大津配付の鉄筒のうち錆びて酸化の激しい損筒を反射炉で熔解し、弾丸に鋳造し直していたようであるから、この時期、大砲の弾丸の鋳造に錆びた鉄筒を熔解するために反射炉の使用がなされていたことが解る。戊辰戦争から五稜郭の戦いに至る間、長州藩内では、出征する藩・諸隊の兵の銃砲・各種砲弾・刀剣等を供給していった。萩の住民のいいつたえでは萩の反射炉では銃剣・刀剣の溶解もなされたようである。

たしかにこの反射炉は、試作炉（試験炉）であって鉄製大砲を鋳造することはなかった。しかし、他所の反射炉よりもかなり長きにわたって鉄や銅合金の溶解に使用されたことは確かのようである。むしろ、艦船の用具や弾丸・銃弾や銅合金等の比較的高熱での熔解に用いたことにより他の反射炉よりも長くかつまた経済的にも有効に使用されたとみられる。[35]

二　大砲の鋳造・購入

文久元年には火薬製造を中心とする「製錬方」が萩と山口の両所におかれ、武具方の管轄とした。文久三年には大砲鋳造方が萩、吉敷郡鋳銭司村と今福村、小郡福田の四箇所におかれ武具方の管轄とした。

元治元年の連合艦隊との戦争後は、要塞砲等の巨砲よりもむしろ野戦砲および野戦砲弾（ライフル砲弾）の製造が重視されるようになった。なお、元治元年六月に郡司徳之亟は御番所御雇鋳物師を仰せ付けられた。それは、嘉永六年末に郡司右平次の弟子として江戸砂村の藩別邸で一八ポンド砲・二四ポンド砲の鋳造勤務の後、萩において御用相勤め、施条砲（ライフル御筒）そのほかの鋳造に精勤したことによる。そして、慶応元年に徳之亟は小郡鋳造所に派遣された。そこにおいて徳之亟は、兼任多忙の郡司千左衛門を補佐して、フランス式大砲（八〇ポンドペキサンス砲の可能性が高い）、四斤施条砲、八〇ポンド榴弾、二〇サンチ榴弾、四斤施条砲榴弾等を多数製造した。また、この小郡鋳造局には反射炉・焔硝蔵・水車（鑽開機）があったという。水車（鑽開機）は大砲口径の拡大（鑽開）等に使用されたのであろう。反射炉は、軍艦部品の鉄の溶解とともに、銅製大砲のための銅合金の溶解にも用いられたかもしれないが[36]、その詳細は不明である。

徳之亟は施条砲の製造に比較的早めに着手していたと思われる。というのは、郡司右平次は、文久三年にすでに四ポンド施条砲の製作に成功しているが、右平次にとってこのライフル砲は久しぶりの大砲鋳造であり、徳之亟がその製作に参加した可能性は十分あり得ると推測される。そのこともあって、徳之亟にとって四斤施条砲の製作はさほど困難ではなかったと思われる[37]。

なお、郡司千左衛門は、慶応元年に山口明倫館砲兵塾教授としての功により銀子五枚を賞せられ、さらに同二年には七月四日に柳井田門に土塁を築き、巨砲数門を配置し、防備を厳密にした。藩公はここに臨んで砲技の演習を視察した。

小倉戦争時には、八〇斤・六〇斤ペキサンス砲や八〇斤・二四斤・一八斤カノン砲が使用されている。八〇斤ペキサンス砲については元治元年の戦闘で三門が連合軍に接収されているので、その後も新たに鋳造された可能性がある。徳之亟が造ったフランス式大砲はこれかもしれない。

さらに、幕長戦争では自藩製の大砲とともに、一二ポンドアームストロング砲や米利堅ライフル（アメリカ製施条砲）、二〇ポンドライフル砲のようなグラバー等を経由して買い付けた英米等からの輸入大砲も含まれている。大砲購入には撫育金から二万両が支弁されている。この点が元治元年の攘夷戦争の時との大きな違いであろう。

福田鋳造所は明治元年八月一一日に鋳造が少数となったので、諸役を除き、萩でのみ鋳造することとなった。この段階で萩の鋳造所以外の鋳造所の大砲鋳造活動は実質的に終了したとみられる。

また、銅製大砲鋳造にあたってはその原材料となる銅が多量に必要となる。しかし、さすがに下関戦争以降、大幅に不足し、寺社等の鐘や銅製品の供出に頼らざるをえない有様であった。このようななか、大砲鋳造や攘夷戦争の準備等において功績のあった郡司右平次は、他方で、安政三年（一八五六）に奥阿武郡銅山御用掛、元治元年には御撫育方の御内用珀石御手山役人として蔵目喜銅山の銅山経営に乗り出し、銅や銅山御用炭等上納して堅固にお役を果たした。文久三年（一八六三）に三十人通となり元治元年（一八六四）には無給通（士分）となった。そして、子息唯一の士分継承を願い出た。唯一（信一）は明治元年東保儀砲隊第四軽砲司令役・遠近付となり、同年一〇月四日には萩町兵新野砲戦隊司令を命じられた[38]。

三 蒸気軍艦の購入

文久三年の攘夷戦争当時、長州藩は四隻の洋式船つまり丙辰丸（自製帆船、自製四〇〇〇両）・庚申丸（自製帆船：自製二万両）・壬戌丸（購入鉄張蒸気船）・癸亥丸（購入木造帆船）を所有していた。このうち丙辰丸を除く三隻は文久三年の攘夷戦争で撃破された。なかでも撃沈された壬戌丸は中嶋治平により引き揚げられた。元治元年の連合艦隊との戦闘においてはこれらの艦船は使用されなかったが、いずれも修繕・修復されて使用可能となっていた。

元治二年（慶応元年）二月九日壬戌丸は村田蔵六により上海で外人に売却された。慶応元年一〇月一八日には蒸気船（ユニオン丸）をグラバーより五万両の予定を実際は三万九〇〇〇両で購入した（乙丑丸）。慶応二年五月に高杉晋作がグラバーより軍艦（オテント丸）を三万六二〇五両二分で購入した（丙寅丸）。

壬戌丸は元治元年にすでに売却されたが、丙辰丸は、明治三年に萩の商人原田与吉へ貸し渡された。庚申丸と癸亥丸は明治元年一〇月二八日に売却許可が出された。庚申丸は明治二三年頃に売却された。癸亥丸は明治二年一〇月に八谷藤太が船長として越後新潟港に至り北風のため船体が土砂に埋没し破船した。乙丑丸は明治四年下関の商人小田屋藤吉に売り渡された。丙寅丸は明治四年七月八谷藤太に売り渡された。

慶応二年七月に英国より購入の軍艦（バロナ）が一〇月二九日に小郡に来着し、第二丙寅丸と命名された。この時点では幕長戦争は実質的に終結しており、しかもこの船は壬戌丸と同様のボロ船で、故障が多く年末に到着したが三ヵ月目に売り払ったとされる。

第一・第二丁卯《ていぼう》丸は、藩主の特命により新造したものであり、明治元年正月と同年五月にそれぞれ購入し、明治三年六月二八日に朝廷に献納した。明治元年四月（慶応二年という説もある）に藩主の特命により長崎で購入契約（一二万五〇〇〇ドル）した砲艦鳳翔丸は、明治四年に朝廷へ献納された。同様の契約により、明治三年八月に受け入れた雲揚丸（鉄製蒸気船二本マストブリッグ型）も、明治四年に朝廷へ献納している。[39]

《長州藩の軍艦》

安政三年（一八五六）	丙辰丸（自製木造帆船）	建造費	四〇〇〇両
万延元年（一八六〇）	庚申丸（自製木造帆船）	建造費	二万〇〇〇〇両
文久二年（一八六二）	壬戌丸（ランスフィールド）	洋銀一一万五〇〇〇ドル購入	六万九〇〇〇両
文久三年（一八六三）	癸亥丸（ランリック）	二万ドル購入	一万二〇〇〇両
慶応元年（一八六五）	乙丑丸（ユニオン丸）	六万ドル／五万両↓実費購入	三万九〇〇〇両
慶応二年（一八六六）	丙寅丸（オテント）	五万ドル↓実費購入	三万六二〇五両
同　年	第二丙寅丸（バロナ）	五万ドル↓実費購入	三万六二〇五両

明治元年（一八六八）　第一丁卯丸（ベンタ）一二万五〇〇〇ドル購入　七万五〇〇〇両
同　年　第二丁卯丸（アンシダ）一二万五〇〇〇ドル購入　七万五〇〇〇両
同　年　鳳翔丸、一二万五〇〇〇ドル購入　七万五〇〇〇両
明治三年（一八七〇）　雲揚丸、一二万五〇〇〇ドル購入　七万五〇〇〇両
購入軍艦（実費以外の軍艦は一ドル＝〇・六両で換算）合計　四九万二四一〇両

VI　撫育金制度　――近代化の財政的裏付――

一　撫育資金　――特別活動会計制度

御撫育金は、英霊公による創建以来代々容易に支弁することは避けられてきた。しかるに、文久二年頃から度重なる「神州の興廃御当家存亡に係る大事件」につきその支弁の決定が願い出られた[40]。撫育金が維新活動の財政的裏付けとなったのは有名な出来事であるが、それは幕末期の諸困難がまさに危急存亡の出来事として認識されたからに他ならない。装條銃および大砲購入、汽船（蒸気軍艦）購入についてはすでにみてきた。ここでは、幕末期に撫育資金がいかに獲得調達され、どのように支弁されたかについてみておこう。

二　越荷方収益の充当

慶応元年一一月七日幕府は征長軍の進軍を発令した。同七日長州藩は越荷方の権限を拡張し営利を専らとし藩外通商の事務を担当させ、その利益は一切海軍費に充当することを命じた。越荷とは、他国の回船がもたらす商品のことである。撫育方の資金を運用して増やすために、その商品を抵当として金融業を営み、あ

るいはその委嘱に応じて一時貨物を保管し、倉敷料の徴収を目的としたのが、越荷方および貸銀所である。寛文年間（一六六一―一六七二）に、西回り航路つまり北前船等による北国海運と瀬戸内海の海運との連携が開発された。これにより、蝦夷地や日本海側各地の産物・物資が防長二州の沿岸各港を巡って送られた。それとともに北前船や諸廻船が帰港する防長各港（江崎・須佐・浜崎・越ヶ浜・瀬戸崎・三田尻・富海・笠戸・室積・上関・室津・柳井・小松等）は繁栄した。特に赤間関は、九州航路とも密接な関係があり、それらの中継拠点として大いに栄えた。

撫育方は経済活動拠点となる港湾整備に着手し、赤間関・佐波郡中関・熊毛郡室積等に良港を開発整備した。赤間関では長府藩領ではない伊崎に新地（今浦港）を開発し、越荷方を置いて米や産物の売り捌き、他国物資の取引仲介、倉庫業、金融業等を行っていた。天保二年（一八三一）に発生した農民一揆により、藍・蠟・菜種・綿織物等の統制が緩和された。天保一一年（一八四〇）には赤間関越荷方が拡充され、他国商船の貨物を抵当として本勘および撫育金の貸付を取り扱っていた。

慶応元年一〇月八日藩は越荷方の権限を拡張し、営利を専業として藩外通商事務を担当し、北国回送貨物の荷造り、荷為替等をも管理するようになった。一一月七日に越荷方の利益を海軍費に回すよう命じたことになる。さらに慶応二年三月頃には唐反物類を越荷方捌きとしてその運上金（税金）を取り立て、これを軍艦購入費に充当した。

このようにして、撫育金と越荷方収益が藩の危急存亡の時に充当されていった。明治四年、元徳公は藩知事を辞任後、撫育署管轄の宝蔵に納められていた撫育金ならびに麻布藩邸に蓄えられた穴蔵金が、時価で百万両と見積もられた。このうち七〇万両を朝廷に献上している。(41)

三　撫育資金の会計

幕末・明治維新にかけての撫育金の使途について、軍艦と大砲・小銃の調達についてはすでにみてきた。それ以外の項目については以下のものが挙げられる。期初つまり文久元年初頭の撫育金は、その前年つまり万延元年末の各項目別石高に対し、当時の銀換算率（一石＝七〇匁）で換算修正したものであり、これに関して一貫目＝一二・五両で両建て換算している。(42)

《京都関係・要用・出兵関係―文久二年（一八六二）～明治三年（一八七〇）》

文久二年―明治三年	京都周旋費毎年一万両、八カ年	八万〇〇〇〇両
文久二年（一八六二）	救恤《きゅうじゅつ》費二〇〇貫目	二五〇〇両
文久三年（一八六三）	京都献納一万両	一万〇〇〇〇両
明治元年（一八六八）	京都守備費一万両、要用金一万六五〇〇両、越後出兵費六〇〇〇両、朝廷献上一万俵（二五〇〇石）六二二五両	三万三一二五両
明治三年（一八七〇）	救恤（米二七八六石）二万九四〇〇両、同（囲米一五〇〇石、引除米四三六〇石）五万八六〇〇両	八万八〇〇〇両
	京都関係・要用・出兵関係合計	二一万三六二五両

ここで、文久二年と明治三年には救恤のための支出（天災等による凶作救済支出）が結構なされている。文久二年には、前年からの公武周旋等の活動や他家他藩等の活動に多大の経費を必要とするため藩公の決断により「京都周旋費」として毎年一万両を支出するとともに、別途、銀二〇〇貫目を士卒の困窮救済にあて

ている。明治三年の時は、凶作による一揆と諸隊士の除隊に不満を持つ隊士の脱退騒動に対する窮民救済と暴徒弾圧とに関する費用である[43]。

文久元年（期初）および明治四年末（期末）撫育金残高（価格変動調整後）の内訳明細は、林三雄説に従って概算すれば、次のように示されるであろう。

《撫育金残高明細表》文久元年（期初）　明治四年末（期末）

用心米	期初	三九二四貫目	期末	七八五四貫目　九万八一七五両
宝蔵金等	期初	一〇万七〇三七貫目	期末	八万八五六八貫目　一一〇万七一〇〇両
越荷運用金	期初	二四二一貫目	期末	二四二一貫目　三万〇二六二両
土地等	期初	一七〇七貫目	期末	三三七一貫目　四万二一三八両
合　計	期初	一一万五〇八九貫目	期末	一〇万二二一四貫目　一二七万七六七五両

この概算からみても、明治四年当時には撫育金残高は一二七・七万両余りあり、土地（約四・二万両）を除いても一二三・五万両近く残っていたこととなる。そして宝蔵金・穴蔵金残高の時価一一〇万両余のうち七〇万両が朝廷に献上されたことになる。これより、文久二年から明治四年までの撫育金の運用（支弁）は、撫育金収支計算の支出（運用）の部における「朝廷献上」項目より上の項目で示される。

他方、撫育金の資金源つまり収入の方は、林三雄説の仮説に従えば、撫育金収支計算の収入（源泉）の部のように示される。ここで、物成外は、いわば本勘（一般会計、所帯方管轄）の物成（田畑等の年貢）以外の撫育方管轄の物成であり、宝暦検地による石高増加（四万六〇〇八石）等の蔵入地増加高（五万一六三六石）に対する物成に関する基本収入と馳走米（石高の一部献上米）や山林税等が含まれる。開作地収入は、林三雄説

撫育金総収支計算（文久３年〜明治４年）		
収入（源泉）の部	貫目	両
期初撫育金(文久1年)	115,089	1,438,613
物成外	49,400	617,500
開作地収入	5,588	69,850
越荷方	3,300	41,250
収入の部合計	173,377	2,167,213

支出（運用）の部	両
大砲・小銃	194,200
軍艦	492,410
救恤費	90,500
京都関係	100,625
越後出兵・要用金（1,440 貫目）	21,600
支出合計（朝廷献上前）	899,335
朝廷献上	700,000
宝蔵金等残高	407,100
その他の残高	160,778
支出の部合計	2,167,213

によれば、この期間に行われた開作地（七箇所）からの年収の一一年間合計として推計され、越荷方収益は、前期並み（年当り三〇〇貫目）として一一年間合計額（三三〇〇貫目）が推計されている。(44)

以上の概算は林説に依拠して筆者が計算したものであり、果たして現実はどうであったか詳細は不明である。もっとダイナミックな資金の調達と運用がなされたのかもしれない。いずれにせよ、このような撫育金制度が、幕末における長州藩の近代化を支え、文久三年以来の動乱の続くなか、長州藩とその士民を破滅の危機から救ったといっても過言ではない。

戊辰戦争以降の戦費に関しては本勘（一般会計）で処理されるが、藩は、上記の撫育金の他に、総額一八万九六八七円余（一円＝六〇匁換算で一万一三八一貫目余、一貫目＝一二・五両換算で一四万二二六二両余）の公債を発行しており、膨大な出費を要したことも付記しておかねばならないであろう。(45)

【第七章注記】

(1) 小川亜弥子『幕末期長州藩洋学史の研究』思文閣出版、一九九八年、一七八―一七九頁。鈴木正節『幕末・維新の内戦』三一書房、一九七七年、一四四―一四五頁。内田伸編『大村益次郎文書』マツノ書店、一九七七年、二二三―二二四頁。大村益次郎先生百年祭奉賛会『大村益次郎小伝』同奉賛会、一九六八年、八―一五頁。大村益次郎訳『兵家須知戦闘術門』明倫館版、慶応三年（一八六七）。長門練兵場蔵板『散兵教練書』長門練兵場、年代不明。三宅紹宣『幕長戦争』吉川弘文館、二〇一三年、五二頁、一〇一頁（三宅紹宣『幕長戦争』萩ものがたり、二〇一六年、一〇頁、二八―三〇頁）。竹本知行『幕末・維新の西洋兵学と近代軍制―大村益次郎とその継承者―』思文閣出版、二〇一四年、六一―六二頁。木村紀八郎『大村益次郎伝』鳥影社、二〇一〇年、二〇一―二〇三頁。

(2) 阪本安一『情報会計の基礎』中央経済社、一九八八年、一二四―一二五頁。大村訳前掲書、第二七章（三四丁）。『兵家須知戦闘術門』を含む三兵戦術書に関しては次に詳しい。所荘吉「砲術と兵学」中山茂編『幕末の洋学』ミネルヴァ書房、一九八四年、九〇―九六頁。絲屋寿雄『大村益次郎―幕末維新の兵制改革』中公新書、一九七一年、一〇〇―一〇四頁。

(3) 時山弥八編『増補訂正もりのしげり』赤間関書房、一九六九年、四三〇―四三三頁。末松謙澄『修訂　防長回天史』柏書房、一九六七年、六九二頁、六九四頁、六九五頁、七〇六頁、七〇八―七〇九頁、七一三頁、七一九―七二三頁、七二九―七三二頁。奇兵隊の徳地転陣に関しては次の著書・論文（配付資料）が参考になる。平尾道雄『奇兵隊史録』河出書房、一九四四年、一八〇―一八五頁。山田文雄稿「奇兵隊日誌―元治甲子十月　日載四　徳地在陣」二〇一四年。時山編前掲書、四三三頁。

(4)東行先生五十年祭記念会編『東行先生遺文』民友社、一九一六年、略伝(中原邦平述)八一—八二頁。平尾前掲書、二一三頁。末松前掲書、七四一—七四二頁、七四五頁、七五一頁、七五四頁。時山編前掲書、四三三—四三四頁。鈴木前掲書、八一—一〇八頁。

(5)末松前掲書、七五九頁、七六二—七六四頁、七六五頁、七六七頁、七六八—七六八頁、七七一頁、七七五—七七六頁。時山編前掲書、四三四—四三五頁、四三六頁、四三七頁。小郡町史編集委員会編『林勇蔵日記』二〇〇三年、四八一頁。鈴木前掲書、一〇八—一一九頁。平尾前掲書、二一五—二二〇頁。

(6)時山編前掲書、四三八頁、四三九—四四〇頁。末松前掲書、七七八—七八〇頁、七八一頁、七八二—七八三頁。鈴木前掲書、一三八—一三九頁。

(7)末松前掲書、七八六—七八九頁、七九一—七九三頁、一一二二頁。時山編前掲書、四四〇頁。土橋治重『大村益次郎—物語と史蹟をたずねて—』成美堂出版、一九七六年、二二二頁。木戸公傳記編纂所『松菊木戸公伝上』明治書院、一九二七年、年譜(其二)二頁、四六五頁、四七七—四七八頁。山口博物館編『激動の長州藩一九九〇年、一〇四—一〇五頁。鈴木前掲書、一二四—一二五頁、一三五頁。

(8)時山編前掲書、四四一—四四二頁。末松前掲書、八〇一頁、八〇二頁、八〇六—八〇七頁。木戸公傳記編纂所前掲書、五二九頁。山本勉彌・河野通毅『防長ニ於ケル郡司一族ノ業績』藤川書店、一九三五年、三九頁。小郡町史編纂委員会編『小郡町史』一九七九年、二〇九頁。

(9)時山編前掲書、四四二頁、四四三頁。末松前掲書、八一三頁、八二五—八二六頁。中原邦平『伊藤公実録[第三版]』啓文社、一九一〇年、四五二—四五三頁。三宅前掲書、四六頁、五二頁(萩ものがたり、一一—一三頁、五〇頁)。鈴木前掲書、一三五頁。小川前掲書、一八〇頁。

(10)時山編前掲書、三六一頁、四四三—四四五頁。末松前掲書、八一五—八一六頁、八三四頁、八四五—八四七頁、八五三頁、八五六―八五七頁、八七一頁、八七五―八七六頁。
(11)末松前掲書、八八九―八九〇頁、八九二頁、九一九―九二二頁、九三二―九三三頁、九八八頁。時山編前掲書、三六一頁、四四六頁、四四七―四四八頁。東行先生前掲書、年譜一六―一七頁、略伝一二五―一二六頁。
(12)末松前掲書、九八八頁。
(13)末松前掲書、九三三頁、九八九―九九四頁。東行先生前掲書、略伝一三二―一三三頁。時山編前掲書、四四八―四四九頁。三宅前掲書、六一―九二頁（萩ものがたり、一五一―二五頁）。鈴木前掲書、一五二―一五五頁。
(14)末松前掲書、九九四―一〇〇四頁。時山編前掲書、四四九頁、四五〇頁。芸州口における和木村・小瀬川・亀尾側・浅原大野四十八坂等の関係図については、三宅前掲書、九四頁（図一二）（萩ものがたり、二七頁）参照。鈴木前掲書、一五九頁。
(15)末松前掲書、一〇一一頁、一〇一七頁、一〇二六―一〇二八頁、一〇三一頁、一〇三五頁―一〇四一頁。時山編前掲書、四五〇頁、四五一―四五三頁。三宅前掲書、九三―一四一頁、一四二―一四三頁（萩ものがたり、二六―四一頁、四二頁）。山口博物館編前掲書、一一九頁。
(16)末松前掲書、一〇〇四―一〇〇七頁、一〇三一―一〇三五頁、一一一〇―一一一二頁。時山編前掲書、四四九頁。三宅前掲書一六一―一六四頁、一八三―一九四頁（萩ものがたり、四六―四八頁、五〇―五三頁）。山口博物館編前掲書一一五―一一六頁。内田編前掲書、二二八頁、三二一頁。山本・河野前掲書、一三一頁。鈴木前掲書、一六三―一六七頁。
(17)末松前掲書、一〇〇八頁、一〇〇九―一〇一一頁、一〇一七―一〇一八頁、一〇三一頁、一〇四一頁―一〇四三頁。時山編前掲書、四五〇頁。東行先生前掲書、一三五―一三七頁。三宅前掲書、一九五―二一一頁、二一二―二二七頁（萩ものがたり、五四―六三頁）。鈴木前掲書、一六七―一七一頁、一七三頁。熊本藩の停戦撤収には、

富士山丸等幕艦が攻撃しなかったことが原因とする説もある。山口博物館編前掲書、一一八頁。

(18) 日本史籍協会編『復刻　奇兵隊日記　第二』睦書房、一九六七年、六二七―六二九頁。長府博物館『企画展旧臣列伝―下関の幕末維新―』二〇〇四年、四五頁。なお、各砲台別の砲種に関しては、拙稿「元治・慶応期長州藩の近代化努力―内訌・幕長戦争と近代化努力―」『伝統技術研究』第一一号、二〇一八年、五六頁参照。

(19) 時山編前掲書、四五二―四五三頁。末松前掲書、一〇四三頁、一〇四七頁、一〇五二―一〇六〇頁、一〇七九―一〇八一頁、一〇八三―一〇八四頁。

(20) 時山編前掲書、四五三―四五四頁。末松前掲書、一〇四三頁、一〇四七―一〇九一頁。この時は木戸孝允(準一郎)が奔走し、井上聞多と遠藤謹助が通訳を担当した。木戸公傳記編纂所前掲書、七四五―七五八頁。この時のキング提督と藩公父子の写真が残されている。小山良昌『名君毛利敬親』萩ものがたり、二〇一七年、三五―三七頁。後藤和雄・松本逸也編『写真集甦る幕末―ライデン大学写真コレクションより―』朝日新聞社、一九八七年、一七八頁。

(21) 時山編前掲書、四五四―四五五頁、四五六頁。末松前掲書、一一三一頁。なお、福澤諭吉の訳書『雷銃操法』慶応二年(一八六六)九月刊(Rifle Instruction Book,1864)は、ミニエー銃(英ライフル、蘭ミニーゲペル)の操作方法に関するものである。慶應義塾編纂『福澤諭吉全集　第二巻』岩波書店、一九五九年、一―一一二頁。

(22) 末松前掲書、一一一三―一一一七頁、一一二三頁

(23) 三坂圭治『萩藩の財政と撫育制度(改訂版)』マツノ書店、一九七七年、一九五―一九六頁。林三雄『長州藩の経営管理』文芸社、二〇〇一年、二八六頁。末松前掲書、八二五―八二六頁。中原前掲書、四五二―四五三頁。三宅前掲書、五二頁(萩ものがたり、一三頁、五〇頁)。鈴木前掲書、一三五頁。小川前掲書、一九九八年、一八〇頁。詳細は、拙稿前掲(「元治・慶応期長州藩…」)、六〇―六二頁参照。

(24) 土橋前掲書、一三七頁、一四二頁。末松前掲書、八〇九頁、一一二一―一一二三頁。小川前掲書、一八〇頁。一八〇〇挺は、五月に薩摩藩名義で購入したとする説もある（鈴木前掲書、一三五頁）。古川薫『桂小五郎』文春文庫、一九八四年、三二四―三二五頁。

(25) 時山説では慶応三年は三〇〇〇挺となっているが、単価からすれば二〇〇〇挺であろう。時山編前掲書、四五九頁。林前掲書、二八六頁。末松前掲書、七六頁、八二五―八二六頁、一一二一―一一二三頁。三坂前掲書、一九五―一九六頁。一両＝一二・五貫として換算した。冨成博『江戸と幕末―意外に知らない素朴な疑問―』新人物往来社、二〇一二年、二三一頁。

(26) 末松前掲書、七八一頁、一二二七頁。時山編前掲書、四三九頁。鈴木前掲書、一三八―一三九頁。山口博物館編前掲書、一〇九頁。冨成博『維新閑話（四版）』長周新聞社、一九八七年、一五三―一五四頁。平尾前掲書、二四四―二四五頁。田中彰『幕末明治維新史研究―維新変革の政治的主体の形成過程―』青木書店、一九六三年、一一九頁。なお、主要諸隊の変遷については、東行庵『高杉晋作と奇兵隊』一九八八年、九〇頁。

(27) 鈴木前掲書、一三六―一三七頁。なお、高杉（東行先生）遺文（五月四日書簡？）は、干城隊の意義と役割について言及している。東行先生五十年祭記念会編前掲書、一六〇頁。

(28) 田中前掲書、二一七―二一八頁。これに関しては、次著にも掲載されている。田中彰『高杉晋作と奇兵隊』岩波書店、一九九三年、八三頁。田中彰『明治維新の敗者と勝者』日本放送出版協会、一九八〇年、一二九―一三〇頁。鈴木前掲書、一四〇―一四一頁。山口博物館編前掲書、一〇九頁。

(29) 木戸公傳記編纂所前掲書、五二九頁。時山編前掲書、四四一―四四三頁。末松前掲書、八〇二頁、八一三頁。

(30) 三宅前掲書、一七七―一八二頁（萩ものがたり、二八―三四頁、四三―五三頁）。土橋前掲書、二一二頁。

(31) 勝海舟『陸軍歴史Ⅳ』講談社、一九七五年、一八五頁、二六五頁。保谷徹「幕末維新の動乱と軍制改革」高

橋典幸・山田邦明・保谷徹・一ノ瀬俊也著『日本軍事史』吉川弘文館、二〇〇六年、二六〇―二八八頁。拙稿「江戸後期幕府・諸藩における西洋兵学受容と大砲技術―ペキサンス砲の衝撃と幕府・諸藩の対応―」『大阪学院大学通信』第四三巻九号、二〇一二年、五七―六〇頁。神長倉真民著『仏蘭西公使ロセスと小栗上野介』ダイヤモンド出版、一九三五年、三七二―三七五頁。村上泰賢『小栗上野介―忘れられた悲劇の幕臣―』平凡社新書、二〇一〇年、ここでは、陸軍のみ述べているが、海軍も同様に軍制改革がなされている。勝海舟『海軍歴史Ⅱ』講談社、一九七三年、一七七―二七九頁。

(32) 土橋前掲書、二一二頁―二一四頁。内田編前掲書、二二四頁。絲屋前掲書、一二一―一六一頁。竹本前掲書、二〇一―二二九頁。木村前掲書、二五九―三三九頁。

(33) 堀江保蔵「中島治平と山口藩の洋式工業」『経済論叢』第四〇巻第五号、一九三五年、一三四―一四一頁。小川亜弥子「中嶋治平―分析術の振興に尽くした生涯―」・藤田洪太郎「中嶋治平　関係年譜」・同「萩ガラスについて」・樋口尚樹「幕末期萩藩におけるパン製造について」『幕末長州の科学技術～近代化への軌跡～』第二号、二〇〇四年、一―三頁、四頁、五―二九頁、三〇―三六頁。樹下明紀「元治元年（一八六四）中島治平の薩摩、長崎出張報告書」・下瀬信雄「中嶋治平著『ホトガラヒーノ説』発見の経緯とその後の展開」・中本静暁「中嶋治平の『ホトガラヒーの説』―コロジオン湿板法による写真術―」『幕末長州の科学技術～近代化への軌跡～』第四号、二〇一一年、三―七頁、八頁、一九―二〇頁。

(34)「高竃ニ関する山田來原書簡」（京都大学経済学部図書室所蔵）。『忠正公伝』第十一編（一〇）第二章第四節（山口県文書館蔵・藩政文書・両公伝史料）。森本文規「萩反射炉の謎に迫る」・中本静暁「『萩反射炉』は安政三年に築造された試験炉である」『長州の科学技術～近代化への軌跡～』創刊号、二〇〇三年、一五―二七頁。道迫真吾「萩反射炉再考」『日本歴史』第七九三号、二〇一四年、一九―二〇頁。

(35)「異賊防禦御手当沙汰控」〔二一（二七—一三）〕、道迫真吾「萩反射炉関連史料の調査研究報告（第二報）」『萩博物館調査研究報告』第七号、二〇一一年、二一頁。萩市東田婦人会編『萩史蹟名勝之栞』白銀日新堂、一九四〇年、二七頁。

(36)時山編前掲書、三二九頁。山本・河野前掲書、三九頁。小郡町史編纂委員会編前掲書（『小郡町史』）、二〇九頁、二一〇頁。金子功『反射炉Ⅰ—大砲をめぐる社会史—』法政大学出版局、一九九五年、二〇八—二一一頁。

(37)徳之亟は明治二年に百文銭鋳造に関する願書を鋳造局御役人宛に提出している。したがってこの時期には小郡にいたようである。山本・河野前掲書、四〇頁。その後萩に戻り、新川に住んだ。山本勉弥『萩附近の史実』萩文化協会、一九五一年、二六頁。郷土史家の森本文規氏によれば、姥倉鋳造所の管理を任されていたようである。

(38)時山編前掲書、三二九頁。「文久三年一〇月差出」「元治二年差出」「明治二年差出」右平次勤功書、山本・河野前掲書、五三—五五頁。「元治元年六月　郡司右平治勤功詮議」「毛利家文庫七三藩臣履歴」一八二丁。

(39)三坂前掲書、一九七頁。時山編前掲書、三六一頁、三六二頁。防府市教育委員会『防府市史下巻』一九六九年、三七一—三七三頁。熊谷直『毛利家のシーパワーに学ぶ』成山堂書店、二〇〇〇年、一二九頁、一三七—一三八頁、一三九—一四〇頁、一四九頁、一五二—一五三頁、一五七—一五八頁、一六四頁、一六八頁、一八四—一八五頁。なお、実費以外の一ドル＝〇・六両という換算レートは冨成説によった。冨成前掲書（『江戸と幕末』）、二三一頁。

(40)末松前掲書、八三二—八三三頁。

(41)時山編前掲書、三〇八頁、四四四—四四五頁。林前掲書、二二二頁。三坂前掲書、一一九—一二一頁、一四四頁、二二〇—二二一頁。麻布藩邸の土蔵床下に蓄えられていた穴蔵金は、安政頃には古金六万両、新金一万七、八〇〇〇両があったと伝えられている（三坂前掲書、二二一頁）。

(42)林前掲書、二八六—二八七頁。三坂前掲書、二〇五頁。万延元年末（文久元年初）の石高の銀換算率は、

一石が六〇匁から七〇匁に変化したとされる。林前掲書、二八三頁。いわば、幕末後半には石高つまり米価が六〇匁から七〇匁に約一・一六六倍上昇したことになる。そこでは結構大きなインフレーションが生じていたことがうかがえる。
(43) 三坂前掲書、一九〇頁、二〇九頁。文久二年の士卒救恤に関しては、文久元年における急激な物価上昇も関係しているであろう。これに関しては、田中前掲書(『幕末明治維新史研究』)、九三頁参照。
(44) 林前掲書、二八三頁―二八九頁。小川國治『毛利重就』吉川弘文館、二〇〇三年、九七頁。この他には安永検地減石分の本勘(所帯方)への戻し、不要となった追損米、口米・延米等の付加税、永否戻り石、倍役(公務免除に伴う負担)、知行没収等による減少石、売山代銀等が含まれた。林前掲書、二六八―二六九頁。三坂前掲書、一一四―一一五頁。
(45) 三坂前掲書、二〇四頁。

あとがき

幕末期の日本において、幕府はもとより有力諸藩はアヘン戦争等にみられる欧米列強の侵略に対していかにしてわが国・郷土を守るかが危急の課題となった。幕府・有力諸藩は、西洋兵学・西洋技術の導入に意を払った。それはおもに、日本のモノづくりに関する伝統技術を用いての西洋技術の導入であり、そこには、幕府・諸藩における技術官僚と技術将校（技術系藩士―中下士・準士）の存在があった。

長州藩は、徳川時代の当初から、さらに吉宗の時代になって一層、鎖国政策の下に他の西南諸藩とともに異国船（唐船）の打ち払いを命じられ、大筒打ちが登用され、大砲が鋳造された。

これが幕末に至って西欧列強の侵入に備えていかに海防を強化するかが大きな課題となった。長州藩もまた、海防の強化をめざして西洋兵学・西洋技術の導入と藩政・兵制の改革が急がれた。

その過程において、長州藩は、文久三年（一八六三）の攘夷戦争（下関砲撃事件）、翌元治元年の欧米連合艦隊との戦闘、藩論の統一をめぐる内訌戦さらには幕長戦争へと続く藩内外における戦争から、その後さらに明治維新における全国規模の内乱という長い戦争の時代を経験した。その激動の時代の中で活躍した歴史上の人物の事跡に対し、これを脇から支えた技術系藩士たちの活動と、これを背後から支えた危機管理・特別会計制度である撫育金制度を織り込みながら幕末期長州藩の近代化について管見してみた。

＊　＊　＊　　　　＊　＊　＊

当初は、幕末における大砲技術（砲術・鋳砲技術）の発展を時系列的に追ってゆくつもりであった。その過程で、銃砲からさらに西洋兵学へ領域を広げざるをえなくなった。西洋兵学の受容・導入はまた、幕府・諸藩と同様に、科学技術の導入による近代化への志向をもたらす。この近代化への活動を支えたのは長州藩の危機管理・特別会計制度である「撫育金制度」である。このようにして、最終的に幕末期の長州藩における西洋兵学と近代化ならびにこれらを支えた特別会計制度を時系列的に整理検討することとなった。

本書はまた、当時の産業革命という最大のイノベーションに対しローテク（伝統技術）で立ち向かった幕末の徳川社会における科学技術の一端を管見するとともに、他方で、存亡の危機という限界状況の中でこれを支えた、徳川幕藩体制における一分権的自治体としての長州藩の経営・会計史的側面を点描するものということもできるかもしれない。

本書の作成にあたっては、じつに多くの方々からご教示、ご助力を賜った。逐一列挙することは断念せざるをえないが、関係の皆様に深甚の謝意を表する次第である。

〈著者紹介〉

郡司　健（ぐんじ たけし）

1947年、山口県生まれ。
大阪学院大学経営学部教授
経営学博士（神戸商科大学、〈現〉兵庫県立大学）
公認会計士試験委員（2006年12月～2010年2月）

著書
『連結会計制度論　―ドイツ連結会計報告の国際化対応―』（中央経済社、2000年、日本会計研究学会太田・黒澤賞受賞）
『国際シンポジウム報告書　海を渡った長州砲　～長州ファイブも学んだロンドンからの便り～』（編著、ダイテック社、2007年）
『海を渡った長州砲　―ロンドンの大砲、萩に帰る―』（萩ものがたり、2008年）
『現代会計の基礎と応用』（中央経済社、2019年）
他

幕末の長州藩
西洋兵学と近代化

定価（本体2200円+税）

2019年 5月 6日初版第1刷印刷
2019年 5月18日初版第1刷発行
著　者　郡司 健
発行者　百瀬 精一
発行所　鳥影社 (www.choeisha.com)
〒160-0023 東京都新宿区西新宿3-5-12トーカン新宿7F
電話 03-5948-6470, FAX 03-5948-6471
〒392-0012 長野県諏訪市四賀229-1(本社・編集室)
電話 0266-53-2903, FAX 0266-58-6771
印刷・製本　モリモト印刷

ISBN978-4-86265-746-6　C0021